# 繁荣的求索
## 发展中经济如何崛起

# The Quest for Prosperity
## How Developing Economies Can Take off

林毅夫 著

张建华 译

北京大学出版社
PEKING UNIVERSITY PRESS

图书在版编目(CIP)数据

繁荣的求索:发展中经济如何崛起/林毅夫著;张建华译. —北京:北京大学出版社,2012.9

ISBN 978-7-301-17494-4

Ⅰ.①繁… Ⅱ.①林…②张… Ⅲ.①发展中国家-经济发展-研究 Ⅳ.F112.1

中国版本图书馆 CIP 数据核字(2012)第 205562 号

| 书　　　名：繁荣的求索:发展中经济如何崛起
| 著作责任者：林毅夫　著　张建华　译
| 责 任 编 辑：郝小楠
| 标 准 书 号：ISBN 978-7-301-17494-4/F·3298
| 出 版 发 行：北京大学出版社
| 地　　　址：北京市海淀区成府路 205 号　100871
| 网　　　址：http://www.pup.cn
| 电　　　话：邮购部 62752015　发行部 62750672　编辑部 62752926
|             出版部 62754962
| 电 子 信 箱：em@pup.cn
| 印　刷　者：北京市科星印刷有限责任公司
| 经　销　者：新华书店
|             730 毫米×1020 毫米　16 开本　19.75 印张　246 千字
|             2012 年 9 月第 1 版　2020 年 12 月第 8 次印刷
| 印　　　数：32001—34000 册
| 定　　　价：36.00 元

未经许可,不得以任何方式复制或抄袭本书之部分或全部内容。
版权所有,侵权必究
举报电话:010-62752024　电子信箱:fd@pup.pku.edu.cn

# 《繁荣的求索》推荐语

《繁荣的求索》是一部重要的著作。全书写作上充满热情且条理清晰,折射出作者对全球经济议题的深刻理解,同时还提出了务实的解决方案。对于任何关注世界上穷人们困境的人,阅读这本书都是一个明智的选择。

——罗伯特·福格尔,芝加哥大学教授,1993 年诺贝尔经济学奖获得者

由永不满足的好奇心所驱使,林毅夫的生命旅程中充满了探索。在这个动荡喧嚣的年代,他对经济理论和政策的宝贵贡献如此与众不同,这源于他拥有敏锐的洞察力,愿意严格地检验一个假说,更有着提出新观点的勇气。他对发展经济学已经做出了实质性的贡献,《繁荣的求索》建立在这样的基础上,此书应该成为所有决策者和学生的必读之书。

——特雷弗·曼纽尔,南非国家规划委员会主席

这本书是一部精心力作,对发展研究影响深远,写作上亲切而令人愉悦。林毅夫用言语而非统计数字来支持他的论点;而为了阐明抽象的思想,他引用的人物格言涵盖中西:从丘吉尔到邓小平,再到(滚石乐队的)贾格尔。

——罗伯特·韦德,伦敦政治经济学院发展研究所教授

在这部著作中,林毅夫将他在研究东亚起飞中获得的智慧,与 250 年来的经济思想编织在一起。他大胆提出:如果中国能成功,为何其他国家不能?《繁荣的求索》为我们提供了一个视角:在全球范围内终结贫困是可能的。同时,本书也审慎、合情合理并务实地阐明,这一愿景如何

才能实现。不会再有别的经济学家能写出比这更优秀、更重要的作品了。

——乔治·阿克尔洛夫，2001年诺贝尔经济学奖获得者

一部分是个人化的叙事，一部分是精妙的经济分析，这部重要的作品，为在世界范围内加速经济发展提供了一个新的途径。林毅夫就中国现实和芝加哥经济学的非凡根基，连同他那丰富的经验，将光耀于世。

——丹尼·罗德里克，哈佛大学肯尼迪学院教授，
《全球化困境：民主与未来全球经济》作者

既有来自他祖国中国的经验，又有担任世行首席经济学家期间获得的宝贵洞见，连同对2008年金融危机广泛教训的反思——林毅夫关于发展政策的建议，折射出一个令人印象深刻而独特的人生之旅。

——克马尔·德尔维什，布鲁金斯学会副主席，
前联合国开发计划署执行主席

在过去的20年中，世界经济经历了重大变化：新兴市场愈发举足轻重，许多发展中国家增速远高于发达经济体。尽管很多国家的经济进步，尤其是中国、印度，已经使数亿人脱离贫困；但是发展中国家在整体上，贫困率依然处于高水平。林毅夫的书为理解经济增长的奥秘构建了一个创新的架构——新结构经济学。他从成功的经济体中得出富有洞察力的结论，并把这些结论放在一个紧密结合的知识框架里，用以反思经济增长。在发展中国家寻求发展比较优势和制定自身增长战略时，这一理论将为它们提供重要的启发。

——恩戈齐·奥孔约·伊维拉博士，尼日利亚财政部长

经济发展一直笼罩在神秘之中。林毅夫在这部非凡力作中破解了密码 他罕见地将个人经验、严密分析以及扎实的实证调研结合在一起。他的"两轨六步法"是一个强有力的秘诀，将持续成为发展文献中的

一个主角。

——史蒂芬·罗奇,前摩根·士丹利亚洲区总裁,《下一个亚洲》作者

这确实是一部令人兴奋的作品,林毅夫直接与读者对话。他了解文献,见证了第三世界国家的发展,并与发展中国家的领导人讨论;他引用库兹涅茨、卡罗尔、丘吉尔和爱因斯坦的名言;他提出了一个令我信服的"新结构经济学"。他是世界银行的首席经济学家,这给了我极大的信心。阅读它,认识林毅夫。

——托马斯·谢林,2005年诺贝尔经济学奖获得者

对发展政策正在逐渐形成共识,任何对这一问题感兴趣的人,这都是一部必读之作。林毅夫为新结构经济学提出了一个强有力的论证,这植根于他对于经济学思想演变极具说服力的分析。本书将能够引起人们的共鸣,特别是那些熟悉发展中国家政策制定中现实约束的实践者们。

——蒙特克·辛格·阿卢瓦利亚,印度政府规划委员会副主席

# 前　言

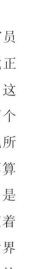

　　2008年1月，当我接到来自华盛顿特区的一位世界银行高级官员的电话，让我担任世界银行高级副行长兼首席经济学家的时候，我正在休寒假，忙于准备下一学期的教学和各种经济政策问题的研究。这个电话让我感到有些意外，但也没有让我觉得特别惊讶，因为在两个月之前世界银行行长罗伯特·佐利克访问中国时，我与他在北京他所下榻的酒店会谈了一个半小时，比计划的时间长了一个小时。这不算是一个正式的工作面试，至少在当时不像。我们会谈原本的目的只是探讨中国的通货膨胀、收入差距扩大、农村发展等国内议题。伴随着他好奇、礼貌和关注的眼神的驱使，我们的讨论逐渐深入到当前世界经济面临的主要挑战，取得更具包容性的增长和减少贫困的途径，外国援助和多边组织潜在的作用，以及其他许多问题。会谈结束时，我送了他一本一年前我在剑桥大学做马歇尔讲座的演讲集（Lin，2009）。这本演讲集总结了我对中国和其他国家经济发展与转型问题的研究。

# 一份有趣的工作

世界银行提供的这份工作既令人兴奋又让人倍感压力。我被邀请去世行任职是一个特别的机会，也是时代变迁的标志。世界银行自1944年成立以来，第一次邀请来自发展中国家的国民担任其首席经济学家，引导世行在知识方面的领导作用，并制定其经济研究议程。为了迎接经济发展的挑战，世行必须进行改变。为了有效地发挥作用，世行必须把其财力与想法、知识结合起来。我将担任的负责发展经济学的副行长一职，是通过向世界银行以及更广泛的发展经济学界提供知识方面的指导与分析服务，来增进对经济发展政策和项目的理解。其目标是提高世界银行的运营效率，满足成员国对优质服务的需求。

但是对我而言，要放弃我正在从事的令人兴奋的教学研究工作，即便是暂时的，也并不容易。作为北京大学中国经济研究中心的教授与创始主任，我已经在此工作了15年。这些年来，我与许多学生、同事及朋友建立了紧密且富有成果的关系，他们中的一些人在我的帮助下开始探索引人入胜的研究问题。此外，在完成了芝加哥大学的四年博士学习和耶鲁大学的一年博士后研究，并于1987年回国之后，我也曾积极深入参与中国的经济政策讨论。中国经济的成功既使我感到骄傲，也成为我研究兴趣的来源。我渴望继续致力于研究中国所面临的越来越具有挑战性的问题。在许多著名经济学家预言艰难时世即将来临的情况下，留在国内参与论战并寻求问题的解决方案还是相当具有吸引力的。

与此同时，世行向我提供了一个一生难得的机会，去从许多不同方面研究发展问题，还可以就增长与减贫战略问题展开全球对话。该职位的职责包括：通过提供知识来帮助许多发展中国家做出更明智的政策选择，以加速减贫与千年发展目标的进展。过去许多年来，这些知识也用于向全球的公共宣传活动提供信息。这些知识的产生则涉及研究、数据收集、分析、全球监测、预测、统计能力建设以及政策评论与建议。

负责发展经济学的副行长的工作包括了所有这些方面，资助世界银行其他部门的研究项目，提供旗舰研究报告并为国际发展以及该领域的两份顶级学术期刊设定研究议程。该部门有许多员工是世界知名的发展经济学家，而曾担任世界银行首席经济学家的都是该领域最受人尊敬的学者：诺贝尔奖得主约瑟夫·斯蒂格利茨、拉里·萨默斯、斯丹利·费希尔、安妮·克鲁格、霍利斯·钱纳里、迈克尔·布鲁诺、尼古拉斯·斯特恩勋爵和弗朗索瓦·布吉尼翁。紧随这些人的脚步是一种伟大的荣誉，也是一份艰巨的责任。

自我童年开始，我人生的追求就是帮助各国实现持续的动态增长以消除贫困和实现繁荣。我明白加入世界银行将让我有机会与其他许多人分享我在这个主题上的见解，承担雄心勃勃的研究项目去考察在经济发展中尚未解决的挑战，并揭示贫困地区经济起飞或发展滞后的原因。

这确实是一份我无法拒绝的有趣工作。

我申请一周的时间以考虑在华盛顿工作对我个人生活和职业生涯将意味着什么。同时，从北京大学离职并为我的博士生和继任者做出安排也需要时间。我已经准备好接受挑战。

## 在非洲勾起的奇特童年记忆

2008年6月，我任职一周后就飞往南非、卢旺达和埃塞俄比亚。这并不是我第一次去非洲大陆，但在很多方面，这的确是一次开创性的旅行。我的第一次正式访问为什么不去拉脱维亚、墨西哥或者尼泊尔呢？

为什么是非洲？或许是因为我将这片大陆看做是发展经济学的最后前沿——新知识与新的解决方案可以产生最大回报的地方。由于宏观经济政策大大改善、大宗商品价格提高，以及国际援助、资本流动和汇款的大幅增加，撒哈拉沙漠以南非洲的经济增长率从2000年的3.1%加速到2007年的6.1%。同样，人均国内生产总值（GDP）增长率已经从1996—2001年的每年0.7%增加到2002—2008年的每年2.7%。非洲人口每天不足1.25美元生活费的比例已经从1996年的58%下降到2005年的50%。致命疾病（如艾滋病）的患病率已经稳定，甚至在某些国家出现了下降。60%的儿童可以完成小学教育，许多国家的儿童死亡率也正在下降。

不同背景的发展机构、学术机构和主要经济学家所做的新一波实证研究甚至表明，某些非洲经济体正在临近前所未有的起飞阶段（Leke, Lund, Roxburgh and van Wamelen, 2010; Young, 2009; Pinkovsiy and Sala-i-Martin, 2009）。在过去20年间，许多国家强劲的经济表现与反弹并不是偶然的，而是它们持续努力的必然结果。至少有五个根本性的变化正在发挥作用：更民主和更负责任的政府；更明智的经济政策；债务危机的结束，不断改善的与捐赠国的关系；新技术的扩散；以及新一代的政策制定者、活动家和商界领袖的涌现（Radelet, 2010）。此外，安全形势也在改善之中。①

诚然，发展的挑战仍然是巨大的。许多非洲国家自独立以来表现出的结构转型迹象仍然非常有限，反映了其缓慢的经济进步。1960年

---

① 在撒哈拉沙漠以南非洲国家间武装冲突的数量从1999年的峰值16降至2005年的5和2006年的7，但2008年和2009年回到了11。结果，交战相关的死亡人数从1999年的64 000人缩减到2005年的1 400人，是几十年来的最低数字，但在2008年增加到6 000人（世界银行，2011）。

该地区主体是农村，农业大约占GDP的40%和劳动力的85%。虽然农村人口份额在过去50年间稳步下落，但在2000年仍然达到63%，显著高于世界其他地区。世界银行的一项研究指出："经济增长没有伴随着就业的增加，特别是每年有700—1 000万非洲年轻人进入劳动力市场加重了问题。技能的不足阻碍了非洲在全球经济中的竞争力以及非洲企业家的机会，尤其是女性，由于在获取足够的信息、创新和工具等方面受到限制，因而难以创办具有自生能力的企业。……因为高度依赖雨养农业，非洲很容易受到诸如加速的沙漠化、海平面上升以及更频繁的旱灾等极端天气的影响。非洲可能是遭受气候变化带来的危害最严重的大洲。基础设施服务仍然无法为穷人所享受——学校老师经常缺勤，资金往往也难以到达一线服务提供者手中。"（世界银行，2009，p.i）。

非洲大陆在政府治理指标上表现也不好，在交通、道路、水、电信和能源上的大量赤字导致基础设施发展滞后。由于非洲大陆的基础设施不足和企业管制，私人投资平均只占GDP的15%。非洲在全球出口中的市场份额从20世纪70年代的3.5%下降到现在的1.5%。此外，紧随2008年粮食和燃料价格危机而来的全球经济危机，也给来之不易的发展进步带来威胁。然而，我仍然觉得有理由对非洲经济的未来持乐观态度。我有一种预感，只要能寻找到解决目前复杂困难的办法，希望就会到来，而且也许只要稍微推动一下良好政策的实施就能带来像世界其他发展中国家（尤其是亚洲）那样积极的效果。

我开始我的南非实地考察旅行，目的是去参加由从事发展问题的学术与政策研究的人员聚集在一起召开的世界银行发展经济学年会。南非总统塔博·姆贝基为这次会议揭幕，有大约800名来自世界各地的研究人员参会。基于我的马歇尔讲座，我在开普敦大学做了一次演讲。我认为，减少贫困、实现动态的包容性增长的最好办法是把一个国家的比较优势作为其经济发展的指导原则。这使得经济体最具竞争力，且为穷人创造最多的就业机会。南非财政部长特雷弗·曼纽尔主持了会议，对我的演讲做了评论，并成为支持我的朋友。

之后我去了卢旺达，考察该国经济增长潜力的约束与机会，特别是在农村地区。在东部省份，我参观了农业合营、蘑菇生产与技术扩展的农民合作社。我还会见了一些政府官员，包括总统保罗·卡加梅，一位身材高大、举止平静、声音洪亮的严肃的前军官。我们讨论了卢旺达的农业现代化，特别是灌溉问题。我认为虽然动员国际资金与捐助兴建小水坝很重要，但是动员每个农民利用非农忙季节在他们的家庭农场附近自建小池塘来收集雨水同样也很重要。他们可以购买小型柴油机或电泵机抽取地下水，变雨养农业为灌溉农业。从装配和外商直接投资开始，国家可以生产泵机服务于农村市场。总统对这个简单的建议很感兴趣。他大概想到了一句非洲谚语："杀死一只蜗牛不需要使用剑。"其精髓很类似于一句中国谚语："杀鸡焉用宰牛刀。"

在埃塞俄比亚，我最初几天是在拿撒勒和裂谷地区度过的，在这里我举办了研讨会，与农业推广人员和女性农民展开讨论，并访问了出口农业与合作联盟的成员。在亚的斯亚贝巴（埃塞俄比亚的首都）我见到了商界领袖、学者以及政策制定者。我还会见了总理梅莱斯·泽纳维，另一位思维敏捷、求知欲旺盛的前军事领导人。在我们三个小时的集体研讨会前，我已经收集了在海外生产并在当地商店出售的一系列简单的普通物品，其中包括尼泊尔生产的一盒火柴和中国制造的一个塑料电开关及其他简单物品。

在讨论了诸如通货膨胀和平衡国际收支逆差等宏观经济稳定的传统问题并很快取得一致意见后，我向他展示了我在当地市场购买的物品，问他为什么埃塞俄比亚——一个大约有 8 500 万居民并具有古老而又成熟的商业传统，在其悠久的历史中抵御了各种各样的外国侵略，却从未被任何外国势力取得殖民统治的值得骄傲的国家——到21世纪仍然需要进口这样简单的轻工业产品，包括来自尼泊尔，一个贫穷内陆小国的火柴？至于"中国制造"的产品，几乎不需要任何技能和技术，但仍然被埃塞俄比亚进口。我指出作为一个中国公民，我很自豪地看到我们的工业在世界市场中占据支配地位，即使是非常基本的商品。但作为世界银行首席经济学家，以及作为一个关心埃塞俄比亚减贫事业的世界公民，我对这些进口产品所代表的许多宝贵机遇的错失感到困惑。

除了使经济体损失大笔可以用来购买至关重要的资本品、新技术或尖端药品的外汇之外，这个国家的发展战略导致了更高的就业不足与更严重的贫困。我建议政府除了努力促进出口外，还要鼓励替代进口品的简单工业制成品产业。这样做的潜在收益是显而易见的：从进口替代中获得的外汇节约与从出口促进中赚取的外汇会产生同样的效果。此外，进口替代产业将为穷人创造就业机会，并进一步地发展锻炼企业家。关键在于设计并推出一种战略，避免政府介入与埃塞俄比亚比较优势不一致的产业而浪费公共资金，这种产业不具有竞争力和自生能力，并且代价高昂。这是完全可以做到的。

在这三个非洲国家旅行，到处都可以看到我童年所看到的画面。农民非常渴望改善他们现在的生活，并为他们的孩子创造更美好的未来，这让我深受感动。他们的眼睛让我想起了在20世纪六七十年代我还是一个孩子的时候，在中国台湾所看到的农民，以及1979年第一次来到中国大陆时所看到的农民。在访问这些遥远的地方时，我似乎有一种回到了我的祖国的那个年代的奇特感觉。给我印象最深的不仅仅是他们的国家领导人对他们国家未来的信心以及对理解和学习其他国家经验的渴望，还有年轻的从业者、学者、学生和商人对知识的热切和渴望。他们每天所面对的困难似乎并没有减少他们共创美好未来的热情和信念。

卢旺达、埃塞俄比亚甚至南非从某些方面来说，在它们当前的经济与社会政治生活中都带有一种古老的亚洲味道：人口密度，传统农业，弱小的工业部门，普遍的贫困，强有力的政府以及稳定的社会，到处都是勤劳的人民，正如上一代东亚一样。

在非洲之外我也有同样的感觉。在接下来的几个年月里我去了其他发展中国家，也让我想起了几十年前的亚洲，当他们与贫困、低效治理和微薄的能力做斗争的时候，被许多顶级经济学家认为是毫无希望的。

是的，我总有一种似乎回到了童年的奇特感觉。那打动我的一幕幕场景，积极而乐观的人民，还有与不同的发展利益相关者的多次交流，这些都让我坚信：通过良好的理念、正确的发展战略以及一些金融手段，这些穷国在未来几十年将能实现亚洲式的经济增长，成为新的工业化经济体。通过与政策制定者们的交谈，我很快发现我的责任就是借鉴世界历史与其他国家的政策经验，利用经济分析帮助他们制定出充分考虑他们的愿景、优势、约束和目标的合适战略。

拥有坚定信念与谦卑，这必须认识到每个地方环境与发展潜力的差异性。正如欧洲、拉丁美洲或亚洲一样，非洲不是一个国家，而是一个多样化的大陆，有超过50个不同的国家，每个国家都有自己的历史、文化、优点和缺点。着手经济发展的政策制定者们应该记住中国改革开放的总设计师邓小平在1985年对加纳总统杰瑞·罗林斯所说的话："请不要照搬我们的经验……如果说中国有什么适用的经验，恐怕就是实事求是，也就是说，按照自己国家的实际情况来制定自己的政策和计划。"（Zoellick，2010）这本书的主要目的就是为这种以国家为中心的发展战略勾画出一个路线图。

这本书回顾了我在世界银行担任首席经济学家和高级副行长四年

中的经验、观察和所思所想，并以浅显的语言阐述了新结构经济学的发展理论和政策思考。原文以英文写成，由普林斯顿大学出版社于今年9月初在全球出版发行。中文版则由华中科技大学的张建华教授主持翻译，北京大学出版社出版。对张建华教授和北大出版社的大力支持，使中文版得以和英文版同时面世，在此表达诚挚的谢意。

林毅夫<br/>2012年9月于北京大学朗润园

## 参考文献

Lin, J. Y. 2009. *Economic Development and Transition: Thought, Strategy, and Viability*. Cambridge, UK: Cambridge University Press.

Leke, A., S. Lund, C. Roxburgh, and A. van Wamelen. 2010. "What Is Driving Africa's Growth?" *McKinsey Quarterly* (June).

Pinkovskiy, M. and X. Sala-i-Martin. 2009. "Parametric Estimations of the World Distribution of Income." NBER Working Paper 15433, National Bureau of Economic Research, Cambridge, MA.

Radelet, S. 2010. *Emerging Africa: How 17 Countries Are Leading the Way*. Washington, DC: Center for Global Development.

World Bank. 2009. "Enhancing Growth and Reducing Poverty in a Volatile World: A Progress Report on the Africa Action Plan." World Bank, Africa Region, Washington, DC.

——. 2011. *World Development Report 2011: Conflict, Security and Development*. Washington, DC.

Young, A. 2009. "The African Growth Miracle." Department of Economics, London School of Economics. Available at http://econ.as.nyu.edu/docs/IO/11950/African Growth Miracle.pdf.

Zoellick, R. B. 2010. Remarks for the High-Level China-Africa Experience-Sharing Program on Special Economic Zones and Infrastructure

一个为结构转型排序的实用指南/183

**第八章　转型经济的独有特性和轨迹/208**

　　天堂中的虚构自白：改革的政治学/211

　　回归现实：多重扭曲的经济学/220

　　经济改革的选项："大爆炸"还是渐进式？/225

　　蓬勃发展的转型：来自中国、斯洛文尼亚以及其他几个国家的经
　　　　验教训231

**第九章　在发展的高级阶段促进结构转型/243**

　　打破中等收入魔咒/248

　　与时俱进/255

　　GIFF原理与持续结构转型/258

　　理解财富和伟大背后的经济学/262

**第十章　经济繁荣的秘诀/269**

　　理解经济发展的本质与原因/272

　　现实中的产业政策/277

　　过于谨慎是最大的风险/280

**术语表/286**

**译后记/292**

# 第一章 新挑战与新的解决方案

自从成为世界银行的首席经济学家以来,我有足够的机会去思考一句美国古谚:"许愿要小心,因为梦想会成真。"无论是好是坏,我的任期恰巧与自大萧条以来无论在规模还是影响范围上都最为严重的金融与经济危机同时。没有国家能够幸免于经济减缓。大多数经济学家和金融专家们严重低估了危机发生的时间、速度以及严重性。因此,虽然已经采取了有力的宏观政策对策,但目前的形势依然充满不确定性。

不同于以前发生的其他许多危机,本次危机不是由发展中国家所造成的。对发展中国家的宏观管理来说，危机带来的挫折和挑战始料未及。其中一些发展中国家由于较少使用引发金融危机的金融衍生产品，加之有一定的财政空间和足额外汇储备，因此实施了强有力的宏观政策刺激计划。但还有很多发展中国家则经历了跨国银行分支机构带来的短期巨额资本流入、巨额经常账户赤字、价格过高的房地产市场或执行反周期财政政策的有限空间。

本次危机波动之剧烈、后果之残酷以及不平等状况在撒哈拉沙漠以南的非洲地区表现得最为明显。尽管这是全球经济一体化程度最低的地区，却或许是受危机影响最严重的地区。危机影响非洲大陆的每一个传播渠道都带来了特别严重的不利冲击。大宗商品价格的下降尽管对石油进口国而言有益，却使得许多商品出口国的出口和政府收入大幅下降。即使是那些由于价格高涨获得意外之财的国家也遭受到危机的巨大影响，因为这些国家的非石油部门很小且高度依赖于政府支出。[1]

在经济衰退之前已经飙升至历史高位的私人资本流入（超过对非洲大陆的外国援助）也出现了急剧下降。非洲股市平均下跌了40%，还有一些国家（如尼日利亚）则下跌超过60%。[2] 对于劳务出口国来说，一直处于增长且成为这些国家很大增长源泉的输出劳务汇款也出现大幅下降。只有外国援助在持续增加，但仍明显低于2005年八国集团在格伦伊格尔斯峰会上的承诺，而当时全球经济形势比现在好得多。随着援助国刺激本国经济和财政整顿计划的压力日益加剧，可以预期对非洲的援助总额在未来的几年中将会减少。这样极有可能减缓这些

---

[1] 安哥拉的国内生产总值（GDP）在2008—2009年下降幅度超过20%。
[2] 该区域的两个重要经济体加纳和肯尼亚，不得不推迟发行价值超过8亿美元的主权债券，并推迟主要基础设施项目。

国家的增长速度，阻碍其千年发展目标的进展。①

然而幸运的是，在各国的共同努力下，世界已经避免了最糟糕的情况。政策制定者们很快就意识到这次危机的空前规模与危险性。其他二战后发生的经济危机或者出现在个别发展中国家或地区（如拉丁美洲、墨西哥、东亚和俄罗斯联邦），或者只出现在一两个高收入的国家（如瑞典、日本）。它们的影响只占全球生产总值的一部分。这次危机不同的是几乎使所有的发达和发展中国家都同时受到了影响，任何国家都不可能通过单一的货币政策、汇率政策或贸易政策避免高失业率与巨大的产能过剩。

由于20国集团国家强有力的政策协调，世界才避免了又一次大萧条的发生。政策制定者通过使用各种手段对危机做出了快速和创造性的反应，其中包括可信的自由贸易承诺、大规模的财政刺激计划②、宽松的货币政策，以及对金融部门坚定的且经常是创新性的支持（流动性供应、资本结构调整、资产购买以及对各种类型的资产和负债的担保）。其目的是缓冲信贷危机和金融动荡对发达经济体的直接影响，减少经济疲弱和金融压力相互加强的反馈循环的负面影响。

---

① 格伦伊格尔斯峰会官方公报指出："为了达到国际公认的发展目的和目标，包括2002年我们在蒙特雷达成共识的那些包含在《千年宣言》（千年发展目标）中到2015年的目标，我们需要大幅增加官方发展援助以及其他资源。我们有必要兑现这一承诺，以巩固非洲最近的发展成绩，刺激经济增长，从而增加其他资源以使非洲和其他贫穷国家随着时间的推移能减少对援助的依赖。……八国集团和其他捐赠者的这一承诺将为非洲带来每年250亿美元的官方发展援助增加，一直持续到2010年，与2004年相比增加了一倍多。"这种大胆的承诺并没有能够兑现。

② 当国际货币基金组织建议所有拥有低债务水平并且保持良好政策记录的国家可以谨慎地实行约占GDP 2%的财政刺激计划时，一个重要的反应发生了。该建议是基于一个保守的乘数假设——如果每个国家各自确实实施了有针对性的财政刺激计划，那么全球经济将实现2%的增长。截至2009年1月，20国集团国家宣布的财政刺激计划加总起来占GDP总额的2.7%，减税和基础设施分别占到0.8%，其他支出占到1.2%（Freeman et al., 2009）。

## 产能过剩的祸根

国际金融机构和各国政府采取的迅速行动阻止了全球经济危机扩散并减轻了危机带来的影响。尽管政策短期效应帮助世界经济避免了大萧条,但是并没有解决系统性风险增高、资产价值下降、信贷收紧等潜在问题,这些问题已经沉重打击了企业和消费者信心,更加剧了全球经济放缓。中央银行向银行与初级交易商提供流动性并不总是非常有效,因为伴随着房地产、建筑业以及更广泛的制造业部门的产能过剩,发达国家的商业环境中充满了对资本、资产质量和信用风险的顾虑。即使在流动性充足的情况下,这些顾虑也制约了众多中介机构扩大信用额度的意愿。其结果是全球复苏力量变得十分脆弱。此外,预期的增长速度不足以解决高失业率与产能过剩的问题。而经济下滑的风险日益增加,尤其是那些与潜在的汇率冲突相关的风险,以及随之而来的贸易保护主义的风险。

事实上,世界上已经出现了一个两轨的复苏,构成全球经济70%的高收入国家还在与高失业率、巨大的产能过剩、高企的政府债务、缓慢的经济增长以及动荡的金融市场作斗争。在我看来,全球危机确实由金融部门引发,但是全球经济持续性复苏的主要挑战仍在于实体部门。产能过剩对企业盈利、私人部门投资和家庭消费可能具有持久的负面影响,而且它最终可能导致传统货币政策失效,尤其是在富裕国家。

当产能未被充分利用时,由于缺乏有利的投资机会和就业保障而影响家庭消费,低利率可能无法刺激私人投资和消费。① 同时产能过剩还会造成金融市场的恶性循环:资产价格(房地产)、私人投资和家庭

---

① 2009年在美国有140家银行倒闭,创大萧条以来的最高纪录。

消费可能持续疲软，从而产能过剩仍将持续下去。这一动态过程将会给资产价格和企业盈利造成更大的下滑压力，并增加不良贷款总量。此外，众多行业的工资仍持平或下降，这将进一步削减个人消费。家庭资产负债表恶化往往又增加了不确定性。在一些大国，投资者和消费者的观望态度造成产出的持续螺旋式下降：由于对就业保障存在顾虑和对未来缺乏信心而造成的消费减少使产能进一步过剩。

受危机重创的发达国家需要对其劳动力市场、社会福利体系和金融机构进行结构性改革，以重获竞争力和经济增长的动力。当一国产能过剩巨大、失业率居高不下时，结构性改革一般不被看好，而且在政治上也不可行。此时的出路不是采用传统的货币与财政政策，而是由发达国家进行大规模的、协调推动全球生产率上升的、打破瓶颈的基础设施项目，以产生足够的需求来吸收过剩的产能，并为结构性改革创造空间。2009年2月，我在彼得森国际经济研究所演讲时称之为"超越凯恩斯主义"。① 如果没有这样的基础设施建设，发达国家的疲弱经济增长——被称为"新常态"——将会持续下去。当面临产能过剩的时候，"廉价资金"将不会刺激私人需求。② 相反，廉价信贷将会鼓励投机性、逐利性的风险投资，使得一些资产价格激增，特别是在新兴市场通过套利交易和其他短期资本流动的形式。鉴于许多国家实体经济的低盈利能力，这种价格上涨可能不会一直持续。如果不断上

---

① 以此演讲为基础发表的文章名为 "Beyond Keynesianism: the Necessity of a Globally Coordinated Solution" (Lin, 2009)。
② 奥利弗·布兰查德正确地指出，利率并不是一个处理过度杠杆、过度承担风险或明显偏离基本面的资产价格的有力工具。他还指出："这场危机表明，利率实际上可以接近于零，这时它成为限制货币政策的严重制约因素，在困难时期运用起来束手束脚。……到了货币政策（包括信贷和量化宽松政策）在很大程度上达到极限时，政策制定者们别无选择，只能依赖于财政政策。"(Clift, 2010; Blanchard, Dell'Ariccia and Mauro, 2010)

升的债务挑战能够得到解决，那么财政政策将会更有作为。① 如果政府和私营企业的领导者能够甄别目前制约增长的关键领域并进行投资，那么当前的支出不仅会在短期内起到刺激需求和就业的效应，而且可能为经济持续、强劲增长的光明未来铺平道路。这将有助于克服由财政政策刺激未能提高生产率而产生的持续性债务问题。②

全球危机爆发时，世界银行在行长鲍勃·佐利克的领导下，迅速形成了一个三足鼎立的危机应对方案来帮助其成员国：加强社会安全网以避免对易受影响国家的长期不利影响；支持中小企业以创造就业机会；以及投资于打破瓶颈的基础设施建设项目以作为反周期的干预措施。无论全球经济如何发展，对于发展中国家而言保持经济的动态增长都是极其重要的。增长和就业是在当前维持社会稳定、减少贫困以及在未来实现它们发展愿望的关键所在。如果发展中国家能够实现持续的增长，这也将有利于全球持续复苏。那么如何实现持续增长呢？全球危机为发展经济学界提供了一个很好的机会来反思各种经济学要义与政策。

## 看似经济成功的奥秘

全球金融危机之后，"反思"成为媒体与经济学家最常用的术语。2010年4月由乔治·索罗斯捐资成立的"新经济思想研究所"在剑桥大学举行了建所庆典会议"经济危机与经济学危机"。我很高兴成为来自世界各地的200多位参会者之一，会上我观察到一些著名的经济学家、政府官员和记者对许多广为接受的经济学观点提出了质疑。我还

---

① 在很多国家"临时的"财政刺激方案需要谨慎使用，因为它无法避免大多数发达经济体最终需要进行的艰难调整（反思预算优先级以及分配制度，实施公共支出控制，进行权益改革，实施新的创收策略）。

② 见 Lin and Doemeland（2012）对李嘉图等价和超越凯恩斯主义的必要性的一个讨论。

见到了国际货币基金组织的我的同行奥利弗·布兰查德,他做了许多怀疑论者认为不可能的事情——表现出经济学家的谦逊,并承认在判断上存在错误。他写道:"宏观经济学家和政策制定者都倾向于将20世纪80年代早期以来周期波动的稳定下降归功于自己,并认为我们懂得如何执行宏观经济政策。我们没能抵制住这种诱惑,这场危机显然迫使我们对之前的评估提出质疑。"(Blanchard, Dell'Ariccia and Mauro, 2010, p. 3)

总结长期以来存在的传统观点,他还观察到:"我们认为货币政策只有一个目标,即通货膨胀;只有一个工具,即利率政策。只要通货膨胀是稳定的,产出缺口较小且比较稳定,货币政策就算履行了它的职责。我们还认为财政政策一直扮演着一个次要的角色,因为政治约束极大地限制了它的实际有效性。同时我们还认为金融监管在很大程度上是独立于宏观经济政策框架之外的。"(Blanchard, Dell'Ariccia and Mauro, 2010, p. 3)其他知名学者如斯蒂格利茨(Stiglitz, 2009)、阿克尔洛夫(Akerlof, 2009)和克鲁格曼(Krugman, 2009)也质疑了一些主流宏观经济学的基本原则,尤其是对竞争性市场可以产生足够的商业激励、有效的产出和财富的假设。

发展经济学在二战后才成为现代经济学中的一个分支学科。这一研究领域中的几波理论在提供政策处方方面经历了更为明显的失败。可以肯定的是,发展经济学确实为我们提供了一些非凡的见解。但是,世界上许多地方的持续性贫困表明,发展经济学作为经济学的分支学科,迄今为止仍不能提供令人信服的知识议程以帮助低收入国家产生和分配财富。

然而几十年后,那时的经济史学家在回顾人类过去百年历史的时候,很有可能会对这一期间(尤其是20世纪下半叶)不同国家迥异的发展绩效着迷。他们会对巴西、中国、印度、印度尼西亚、韩国、马来西亚、毛里求斯、新加坡、泰国、越南等少数国家快速的经济增长而感到吃惊。在这些国家，工业化的进程快速地改变了当地的生产、生活状况和农业经济，使数亿人在一代人的时间里摆脱了贫困。

更令人困惑的是，这些成功的国家很多都走着不同寻常的发展路线：实际上很少有国家采用了那个时期主导的政策处方。把世界人口排名第三的美国排除在外，四个人口最多的国家（巴西、中国、印度和印度尼西亚），已取得了很大的进步，平均年增长率超过6%。这大大提高了世界40%以上人口的生活水平。同样的增长也出现在其他一些南美国家（智利、哥伦比亚和秘鲁）以及一些非洲国家（毛里求斯、埃塞俄比亚和加纳）。但这些国家几乎都没有采用现行发展理论的标准政策建议。

但是未来的经济史学家也会对很多其他国家未能获得持续增长而感到迷惑不解，这些国家占世界总人口六分之一以上的十亿人还未逃脱贫困的陷阱（这部分人口被保罗·科利尔称为"最底层的10亿人"）；他们还会注意到，尽管发展中国家已经做出了不懈的努力，各多边发展机构也给予了援助，但直到2008年全球危机发生之前，除了少数几个成功的经济体之外，国家之间的贫富差距仍难觅缩小的痕迹。同样令人困惑的是，一些国家在实现了从低收入到中等收入的增长之后，就出现了长达几十年的停滞（即使不是几百年）。阿根廷、俄罗斯、叙利亚、菲律宾和南非就是著名的陷入"中等收入陷阱"的国家的例子，即当它们达到一定收入水平的时候，其增长将会放缓。

如何理解经济成功或者失败的含义？经济学家们就这一学术性问题探讨了几个世纪，最近增长委员会报告[①]也在关注这一主题。但是，

---

① 该报告发布于2008年，题目是《增长报告：持续增长和包容性发展战略》（增长与发展委员会，2008）。该委员会由20位资深的政策制定者和两位诺贝尔经济学奖获得者（迈克尔·斯宾塞和罗伯特·索洛）组成。这一研究工作得到了澳大利亚、荷兰、瑞典、英国四国政府，威廉和弗洛拉·休莱特基金会，以及世界银行集团的支持。

除了对一些广泛原则的共识和对"放之四海而皆准"方法的拒绝之外，经济学家们仍然很难确定与某个具体国家直接相关的切实可行的政策杠杆。

本次全球金融与经济危机也证实了这一情况：尽管出现全球衰退，持续高增长的国家依然可以表现得很好。这场危机以其巨大的人力、金融和经济成本，提供了一个绝好的机会去反思几十年来的增长研究和发展思潮，从成功的国家吸取政策的经验教训，并探索未来的新方案。在这个日益全球化的世界中，消除贫困已不仅仅是一种道义上的责任，也是应对当前跨越国界并导致全球不安全（疾病、营养不良、不安全、暴力）等主要问题的一个重要策略。对经济学家来说，思考发动和维持经济增长的新方式是十分重要的任务。

## 认真对待爱因斯坦的玩笑：新结构经济学

阿尔伯特·爱因斯坦曾经开玩笑说，"理论就是你什么都知道但不好用，实践就是什么都正常但谁也不知道为什么。我们把理论和实践结合起来：什么都不好用……并且谁也不知道为什么！"

从此次全球金融危机来看，发展中国家要实现持续性增长的战略还需要重新思考，其关键是理解经济增长的本质，在我看来经济发展是一个连续性的结构变化过程，它不仅包括产业和技术升级以及经济的多元化，还包括就业结构变迁（劳动力进入高生产率的部门），以及"硬件"（有形）和"软件"（无形）基础设施的改善。目前的经济学文献更多关注技术创新，但对同等重要的结构变迁问题却关注不够。

本书认真对待爱因斯坦的玩笑，重点关注政策制定者面临的长期发展挑战，并试图为政策制定者提供一个向繁荣之路进行求索的路线图。首先，论述二战结束以来发展理论的演变以及主要理论范式的兴衰。然后从经济发展史、经济分析与实践的角度深入思考经验教训，解释为什么一些国家成功地实现了增长和繁荣，而另一些国家却失败了。最后，提出一个使发展中国家获得持续性增长、消除贫困并缩小与发达国家收入差距的理论分析框架。

本书的结论是乐观的：尽管各国的特定情况与历史往往具有重要作用，但是中国、韩国、新加坡和其他国家比如毛里求斯的经济表现并没有什么真正神秘之处。我相信所有的发展中国家，包括那些在撒哈拉沙漠以南非洲的国家，在一个日益全球化的世界中可以实现连续几十年8%或以上的增长，显著减少贫困，并在一两代人的时间里发展成为中等收入甚至高收入国家。但要实现以上持续增长，它们的政府必须遵循由要素禀赋决定的比较优势，在市场经济中使用正确的政策框架推动私人部门的发展，深入发掘其在全球经济中的后发优势。[①]

本书在总结历史与经济实践经验教训的基础上提出了一个新的框架——新结构经济学（New Structural Economics）。它强调在经济发展分析和政策制定中必须考虑不同发展水平的结构性特征，并且认为国家作为一个因势利导者可以帮助发展中国家将其落后的经济结构转变成开放市场经济的现代经济结构。

新的思路依然考虑国家间不同发展水平的结构差异，并试图解释它们。这种结构差异并不是源于全球力量在国家间的分布，也不是早期发展理论所认为的是外生决定和一成不变的。在很大程度上，它们内生于国家禀赋结构（定义为诸如自然资源、劳动、人力资本和物质资本等生产要素的相对丰裕程度），并由市场势力所决定。新结构经济学反对"旧结构主义"外生决定的经济哲学，旧结构主义认为贫穷国

---

① 比较优势（comparative advantage）通常定义为一个国家、个人、公司或地区能以比竞争对手更低的机会成本生产产品的情形。它不同于绝对优势，绝对优势（absolute advantage）是指比其他任何实体以更低的单位生产成本生产产品。关于比较优势的讨论最早出现于18世纪英国经济学家大卫·李嘉图的《政治经济学及赋税原理》（1817）。

家必然是一个不平等的世界秩序的受害者，并建议通过政府干预来构建内向型经济。新结构经济学还反对盲目信仰神奇的美德以及完美的自由市场经济，主张在真实世界中发展商业需要克服外部性并发挥企业和行业之间的协同作用。

本书所提出的新结构经济学主要围绕三个要点来组织：

第一，一个经济体的要素禀赋结构（一个国家拥有的土地、劳动力、资本的数量）——在每一个特定时期是给定的，且随着时间推移是可变的——决定了它的总预算、相对要素价格和比较优势，而且随着发展水平的不同而演变。因此，一个经济体的产业结构在不同发展阶段也有所不同。每一个特定的产业结构都要求与之相适应的基础设施（包括"硬件"或"有形的"和"软件"或"无形的"）来促进其运行和交易。

第二，经济发展的每一个水平都是一条从低收入农业经济一直到高收入工业经济的连续谱上的一点。因此，传统的两个经济发展阶段（"贫穷"或"富裕"、"发展中"或"工业化"）的两分法并不适用。发展中国家产业升级和基础设施改善目标的实现，并不必然遵循高收入国家的发展路径。

第三，在每一个给定的发展水平，市场是有效配置资源的基本机制。但是，经济发展是一个动态过程，要求在每一个新的发展水平上都有产业升级和多样化以及"硬件"和"软件"基础设施的相应改善。这些升级必然产生公司的交易成本和资本投资回报引起的外部性。因此，除了有效的市场机制外，政府还必须进行协调或提供基础设置改善，并对外部性做出补偿，以促进产业多样化和升级。

这些观点应该不会有太大的争议，因为来自历史和当代的证据表明，在所有经济成功的国家中，政府都对产业升级和多样化进行了推动。但对于政府是否应该积极参与设计并执行产业政策以促进经济发展的建议则一直处于争议之中。

许多经济学家认同在结构变迁中政府干预是必不可少的这一观点,但仍然反对使用积极的公共政策推动产业升级和多样化。反对的主要原因是缺乏一个一般的框架来指导政策制定。因此,借鉴比较优势理论、潜在后发优势理论以及产业政策的成败经验,总结出一套政府干预的通用原则是十分有意义的。除了对发展理论的讨论之外,本书还提出了一个易于操作的增长甄别与因势利导框架,以帮助世界各地的政策制定者实现人类对繁荣与和平的共同追求。

随着世界从大萧条中走出来,我们需要提醒自己:国家之间的相互依存是多极增长世界的本质特征。展望未来,国际化议程的关键挑战将是如何使用恰当的宏观经济政策加速经济复苏,以提升发展中国家未来的生产率,并加强金融部门的监管,以防止新的危机,避免资产的泡沫化。

富国和穷国之间合作的经济激励和"回报"是巨大且日益增长的。可持续的全球经济增长和更稳定的世界需要有一个共赢的解决方案。世界必须避免零和博弈,如汇率战争、贸易战争或代价高昂且突然的再平衡政策,这些举措看上去有吸引力但实际上弊大于利。有效应对新的多极世界秩序需要新的国际金融安排以及高收入和发展中国家共同参与的结构性改革。

在困难时期,伟大的领导人已经表达了希望。1940年二战之初,温斯顿·丘吉尔在当选英国首相时向议会发表演讲,坦率地对他的同胞说:"我所能奉献的唯有热血、辛劳、眼泪与汗水。……但当我担负起我的任务时,是乐观而满怀希望的。"他后来还写道:"悲观主义者在机会中总是看到困难,乐观主义者在困难中总是看到机会。"前捷克总统和广受赞誉的作家瓦茨拉夫·哈维尔认为:乐观与希望的区别在于,乐观主义过于幼稚或机会主义,而希望则是做道德上正确的事情:

"希望与乐观是截然不同的。它不是坚信某事会有圆满结果,而是确定某事有意义,不管结果如何。"

今天的全球经济挑战既需要乐观也需要希望。幸运的是,我们已经从历史、经济分析与政策中吸取了许多教训去应对这些挑战。我的期望是,这本书将有助于寻找解决方案。

## 参考文献

Akerlof, G. 2009. *Animal Spirits: How Human Psychology Drives the Economy, and Why It Matters for Global Capitalism*. Princeton, NJ: Princeton University Press.

Blanchard, O., G. Dell'Ariccia, and P. Mauro. 2010. "Rethinking Macroeconomic Policy." IMF Staff Position Note, International Monetary Fund, Washington, DC.

Commission on Growth and Development. 2008. *The Growth Report: Strategies for Sustained Growth and Inclusive Development*. Washington, DC: World Bank.

Clift, J. 2010. "IMF Explores Contours of Future Macroeconomic Policy." *IMF Survey Magazine*, February 12.

Freeman, C., M. Kumhof, D. Laxton, and J. Lee. 2009. "The Case for a Global Fiscal Stimulus." IMF Position Note, International Monetary Fund, Washington, DC.

Krugman, P. 2009. *The Return of Depression Economics and the Crisis of 2008*. New York: W. W. Norton.

Lin, J. Y. 2009. "Beyond Keynesianism: the Necessity of a Globally Coordinated Solution." *Harvard International Review* 31 (2): 14—17.

Lin, J. Y. and D. Doemeland. 2012. "Beyond Keynesianism: Global Infrastructure Investments in Times of Crisis." Policy Research Working Paper 5940, World Bank, Washington, DC.

Ricardo, D. 1817. *On The Principles of Political Economy and Taxation*. London: John Murray.

Stiglitz, J. 2009. *Freefall: America, Free Markets, and the Sinking of the World Economy*. New York: W. W. Norton.

# 第二章 流派之争与范式的变迁

1986年我在耶鲁大学的经济增长中心从事博士后研究时，曾经在哈佛大学做过一次学术报告，并借此机会参观了波士顿美术博物馆。高更的名画《我们从哪里来？我们是谁？我们往哪里去？》给我留下了深刻的印象。高更认为这是能总括他思想的代表作。在这幅画中，他试图阐述生命的意义这一古老命题。这幅宽边框的画中布满了各式各样的人物，他们每一个人都从事着一项特殊而重要的活动。其中一个男人穿着简单的缠腰布正在采摘苹果。在背景之中，两个女人互相挽着手臂在漫步。而在画的左下角，一个肤色黯淡的裸体老妇人手捧头坐着，濒临死亡。

高更曾经移居塔希提岛，"以寻求一个与他的家乡法国相比更为原生态的社会"，并在这幅 1897—1898 年间绘出的画作中表述了他对人类存在诸问题的个人理解。这幅画的整体氛围折射出了某种悲观甚至虚无主义，而这正代表了 19 世纪末欧洲的精神生活，尽管工业革命使得大部分人摆脱了贫困。画中的人物所面临的并非经济上的不幸，而更多的是自我价值的存在问题。

## 为人生赋予意义

我在中国台湾长大，之后来到中国大陆，那些曾在我身边的和我所见到的穷人从未带着高更在其画中所展示的悲观情绪去生活。作为二战后出生的一代，我的童年时代在满目疮痍的昔日殖民地上度过。经历了艰难而充满不确定性的社会政治、经济动荡的年代，我通过历史和经济的镜头去理解人类最基本的尊严问题。是的，存在于中国社会记忆之中的饥饿问题正是人类苦难中至关重要的一方面。海峡两岸的中国人向他们的朋友打招呼时都会问"你吃了吗"，而不是说"你好"、"早上好"、"下午好"或"晚上好"。

从学校回家吃午饭时，如果家里的炉子是冷的，我的兄弟们甚至不会向我的母亲提出想要吃饭。我们那时仅有的正餐很微薄，通常只是几个甘薯而已。但我周围人们的群体心态中却从未表现出高更作品中所体现出的悲观、幻灭和绝望。相反，我从童年时周围的人们身上看到：人类的无助正是其动力和灵感之源。而这也正是我这些年在非洲、南亚和其他许多贫穷的地方所再次看到的。它告诉我每个国家都埋藏着繁荣的种子。

在青少年时期，我了解到了两位我心目中英雄的平生，他们成为激励我奋斗的动力源泉，他们的故事有助于我做出人生中重大的抉择。一位是李冰，他是中国2200多年前战国时期秦国的蜀郡（今四川）太守。在目睹了他的人民常年被岷江的洪水所侵扰后，他修建了都江堰灌溉工程——"欧亚大陆东部最大、计划最周密的公共工程"（Sage，1992，p. 149）。

尽管当时技术并不先进，地质构造也十分复杂，李冰仍然亲自率领数万工人，历时八年，在群山峻岭间开凿出了一条20米宽的河道，并在河岸两边修建了灌溉系统。而这一基础设施工程至今仍运行良好，它使得中国曾经最为贫困的地区变成了拥有"天府之国"美誉的富饶肥沃之地。在1979年夏天，我从中国台湾回到大陆后，最初参观的地方之一就是都江堰。当我立于悬崖绝壁之上俯览狭长的河道时，雷鸣般的巨响和脚下奔腾的河水令我感到眩晕和震撼。2200多年来这河水从未停歇，灌溉着下游肥沃的成都平原。

我心目中的另一位英雄是王阳明（1472—1529）。他是明朝伟大的思想家、儒学家、官员和将军。如同其同时代的欧洲哲学家马丁·路德（1483—1546）一样，王明阳建立了自己的哲学体系——"心学"。这一思想体系通过革命性地重新诠释儒家经典著作，将人民大众从12世纪哲学家朱熹所提倡的传统儒家思想的苛刻行为准则中解放了出来。他最为著名的教导是"知行合一"，这一学说认为"知之真切笃实处即是行，行之明觉精察处即是知"。他的哲学思想对东亚社会的影响长达数个世纪。王阳明还是一位杰出的官员和极具天赋的军事指挥官。由于他追求公正,倡导革命性的儒家教义,王阳明数次被朝廷谪贬流放。但他个人所受的磨难从未泯灭他内心的责任感。尽管他官场不顺,又缺乏军事支持,但是却平定了"宁王之乱"和数次农民起义,为人民带来了和平。他还在我的祖先250年前移居台湾之前所居住的地区发展当地教育。

我一直认为,一个人应该像李冰一样,为自己所生活的那片热土做一些促进繁荣、惠及千秋万代之事;作为一个知识分子应该像王阳明一样,拥有独立思考和知行合一的能力,并且即使在逆境之中也要为人民的利益而努力奋斗。这些努力为人生目标赋予了良好的含义。王阳明知行合一的哲学思想对于我在世界银行的工作很有帮助,因为世界银行作为一个知识银行,其宗旨就是"建立一个没有贫困的世界"。虽然生活显然不是只有物质,但解决最基本的人类需求,给予每个人以经济上的机会是摆脱悲观主义和虚无主义的绝好方式。为人们创造条件,使他们能充分发挥自己的天赋,同时根据环境现实调整心智模式,正是李冰和王阳明曾经所做的。他们以自己的方式帮助他们的同胞改善生存状况——并以此为他们自己的人生赋予意义。

我一直很幸运,能在中国海峡两岸和美国的顶级大学接受良好的教育。更加幸运的是,我有机会目睹我的出生地中国台湾,伴随着我的成长,从一个贫穷的农业社会转变为一个富强的工业社会;我也有幸参与了中国大陆从贫穷的中央计划经济转变为充满活力的市场经济的伟大改革。作为世界银行首席经济学家,多次到访贫困偏远村庄的经历,总是让我回忆起1980年我第一次从广东省的省会广州出发去往四个新设立的经济特区之一的深圳的经历。这段旅程总共花了10个小时,我乘车在泥泞的道路中行驶了300公里,并数次换船渡过了多条河流才到达深圳。那时的深圳是中国香港特区边境旁的一个小渔村。

而现在的深圳已发展为中国收入最高的现代化城市之一，拥有一千五百万居民。今天，从广州到深圳乘车走高速公路只需要两个小时，而乘坐高铁仅需要一个小时。现在，当我在世界银行的职位上到各地考察时，会遇见一些年轻天真的学生，我不禁想象他们是否也会和我一样幸运。从我曾经阅读过的文献来看，大多数经济学家认为：在20世纪60年代，非洲国家比东亚国家具有更好的经济发展的条件和机会。我想知道：在未来的几十年里，非洲、南亚以及其他地区的贫穷国家的命运是否也将改变？

回首具有显著的经济、军事甚至精神意义的都江堰，李冰的伟大成就是很难被忽视的。尤其是从英国出生的经济史学家安格斯·麦迪森曾经的计算中得知：在18世纪之前，西方世界花了约1400年才使其人均收入翻了一番（Maddison，2001）。而且以今天的生活标准来衡量，在18世纪初，世界上所有的国家都是贫穷的。

## 增长的演进

经济史学家通常将经济增长的历史演进阶段划分为三个时期。第一个时期：从人类社会出现直到18世纪中叶，这一时期占了人类历史的大部分，其标志为所谓的马尔萨斯条件：尽管人口在增长，生活水平却停滞不变。第二个时期：从约1750年到19世纪20年代，这一时期生活水平有所改善，人口统计趋势也有变化（人口出生率上升，死亡率下降）。第三个时期：19世纪20年代中期开始，英格兰首先迈入现代经济增长的阶段（Cameron，1993）。

破解现代经济增长之谜，并解释经济增长在不同国家和地区间的收敛或发散，是重要的研究课题。因为经济增长确实是世界各国和各地区生活水平差异的主要来源。正如巴罗和萨拉—伊—马丁（Barro and Sala-i-Martin，1995）所观察到的："如果我们能够认识到政府的哪些政策选项能够对长期增长率有影响，即使再小，我们对生活水平提高的贡献，也远大于对反周期政策和微调进行研究的整个宏观经济分析史所做出的贡献。"（Barro and Sala-i-Martin，1995，p.6）

西蒙·库兹涅茨是一位寻求严谨的分析工具去观察经济增长模式的先驱。在其诺贝尔奖的获奖演讲中，他将一个国家的经济增长定义为"能够为民众提供日益多样化经济物品的能力的长期提升，这种增长的能力是基于技术进步及其所需要的制度及意识形态的调整。这一定义中的三个组成部分都是非常重要的。物品供应能力的持续提升是经济增长的结果，也是识别经济增长的标志。"（Kuznets，1971）以连续技术创新、产业升级和制度调整为显著标志的人均收入可持续增长的过程，是一种现代现象。

在18世纪之前，绝大多数国家都处于相对落后的农业经济阶段，其发展不时被战火和自然灾害所阻碍，同时也为马尔萨斯陷阱（指如果人口增长快于农业增长，将会出现食品供应不能满足人口需求的阶段）所阻滞。除仅占人口一小部分的统治阶级、工匠和商人外，绝大部分人口均以农业、畜牧业或渔业维持生存。给定当时的技术和产业条件，这些经济体通过世代反复实践和积累，其资源配置已接近最优，改进资源配置效率的空间已经极为有限（Schultz，1964），进一步的经济增长只能依靠技术创新来实现，技术创新既可以是外生冲击，也可以来自经验改进。① 在这一前现代时期，经济发展以人口和经济总量水平扩张的方式为主。经济总量虽在扩张，但人均收入水平的提高幅度却相当有限（Clark，2007；Kuznets，1966；Perkins，1969）。如果以今

---

① 在现代时期之前，也曾有过少量的技术创新，例如作为发现新大陆的副产品，世界其他地区引入美洲的玉米和甘薯就可以视为外生技术冲击。而现代时期之前的大多数其他的技术创新则是工匠或农民的日常劳作的副产品。

天的眼光来看，前现代时期所谓经济发达国家和发展中国家的收入差距是相当小的——最多也仅为 50%（Maddison，2006；Bairoch，1993）。事实上，今天的一些发展中国家（比如中国和印度的部分地区）比当时的欧洲更为富裕（Cipolla，1980；Pomeranz，2000；Smith，1776）。直到 18 世纪末，以一体化程度所衡量的市场总体绩效在中国和西欧都是不相上下的（Shiue and Keller，2007）。

自工业革命在 18 世纪中叶的英国发生以后，在实验室里进行可控实验逐渐成为技术发明和创新的主要源泉（Lin，1995；Landes，1969，1998）。而对于那些蕴涵着革命性的新思想和涉及了重大、跳跃式、全新变化的发明来说则更是如此（Mokyr，1990）。对处于世界科技前沿的发达国家而言，这种技术发明方式的变革使得它们能够通过对研发领域的投资而加速技术进步，于是技术发明和创新也内生于经济发展（Romer，1986；Lucas，1988）。随着研发投入的增加，技术进步加快，产业结构得以持续升级，生产率也得到不断提升。由此，西方发达国家开始了经济起飞，南北差距也开始显现（Baumol，1994；Braudel，1984）。

兰特·普利切特（Pritchett，1997）在一篇开创性的文章中记录了这一现象，他称之为"大分歧时代"（divergence，big time）。从生产率和生活水平的演变来看，他估计从 1870 年到 1990 年，最富裕和最贫穷的国家之间的人均收入之比上升了五倍，最富裕国家的收入水平和所有其他国家的平均收入水平之间的差距增长了一个数量级。布拉德福德·德隆（DeLong，1997）观察到了同样的状况，他指出："我们今天生活在最不平等的世界中，在不同国家出生的孩子，其未来的生活图景是迥然不同的。"

在过去一个世纪里，经济增长的差异令人迷惑不解。发展中国家和中等收入国家试图赶上最先进的经济体，但鲜有成功的案例。在 19

世纪末和20世纪初,拉丁美洲、欧洲和亚洲的许多国家(特别是前苏联集团国家和中国)推出了雄心勃勃的经济赶超战略,这些战略往往依赖于现代资本密集型的重工业发展。在亚洲和中东地区以及随后的非洲,曾经的殖民地半殖民地作为新独立的国家不断涌现,这一过程同样伴随着强烈的民族主义情绪和大胆的梦想。与发达国家相比,发展中国家的经济增长速度和人均国民生产总值很低,出生率和死亡率很高,平均受教育程度也很低,基础设施非常落后。它们高度依赖于初级产品的生产和出口,并以此换取现代制成品的进口。因此,每一个发展中国家政府的核心议程都是发展技术先进的产业,以减少对进口现代产品的依赖,从而实现经济的快速起飞和消除贫困。但是这些国家中的大多数都没有达到自己的目标。

的确有一些经济体成功获得了持续加速的经济增长①,智利、中国、印度、毛里求斯、越南等少数国家最近的发展就是其中的典范。但是,许多低收入国家仍然贫穷,许多中等收入国家陷入发展陷阱,难以接近美国或西欧的生活水平。结果,世界六分之一的人口(科利尔称之为"最底层的10亿人"(Collier,2007))现在仍陷于贫困之中。

本次危机再一次证实了一个众所周知的事实:尽管遭遇全球经济衰退,危机前经济持续高增长的国家仍然表现良好。它们的动态增长使其更具有恢复力。在危机发生之前,它们就拥有良好的对外收支状况和充足的财政空间,因此在危机到来时有能力实施反周期政策以抵消外部冲击。

在这个日益全球化的世界中,消除贫困已不仅仅是一种道义上的责任,也是应对当前跨越国界并导致全球不安全(疾病、营养不良、不安全、暴力)等主要问题的一个重要策略,对经济学家来说,思考发动和维持经济增长的新方式是十分重要的任务。因而,继续寻找财

---

① 见增长与发展委员会(2008)对13个此类国家的研究。

富创造机制的新思想也是必需的。

本章将简要回顾经济增长与发展思想中各种学说的演化过程。在快速审视了学术上的进展及面临的挑战之后，本章突出显示了在长期的探寻中——特别是在过去60年中——所发生的许多变化，同时关注一个事实：没有一个国家的成功是遵循了不断改变的主流范式所提供的政策处方。本章的结论是我们需要从历史、实践和经济分析得到的经验教训中获取新的思想。

## 破解贫富之谜

从秦始皇和他的长城，到埃及法老和他们的金字塔；从马其顿国王亚历山大和他的所有城市，到法国国王路易十四和他豪华的宫殿，世界上的政治领袖经常痴迷于通过政治上的胜利和基础设施的修建，或许还有人民的生活改善，来展现他们的伟大。但直到18世纪末知识分子和学者们才开始系统地思考经济增长的战略。

一位没有经过任何经济学训练的苏格兰道德哲学家为现代经济学设定了方向，并为研究者们解答了一个可以说是在公共政策领域最为根本的问题：增长、工作创造和减贫的处方是什么？事实上，自从亚当·斯密在1776年开始探寻财富创造的秘诀起，经济学家们就表现得像推理小说中的侦探一样：想象理论，探索假说，查证事实，追踪证据，跟随线索。他们已经取得了一些成功，但也经历了很多失败。

大部分的研究进展在于识别出高增长和低增长的国家之间在初始条件、政策和制度变量上的系统差异。但在可操作的政策杠杆方面，很多研究仍然停留在猜测阶段。事实上，在斯密完成开创性工作后的200多年里，经济增长对于很多人而言仍然是一个"谜"；对于其他人而言，用赫尔普曼（Elhanan Helpman）和埃斯特利（William Easterly）

的隐喻来说，经济增长则是"难以捉摸的求索"。

被罗斯托（Walt Rostow）称为"第一个现代经济学家"的大卫·休谟（David Hume），将经济分析置于其对"人类条件"分析的中心位置。他提出的一些概念被认为"对增长的动态特征形成了合理且连贯一致的理论"。古典经济学家如亚当·斯密，阿尔弗雷德·马歇尔（Alfred Marshall）、大卫·李嘉图（David Ricardo）和阿林·扬格（Allyn Young）也跟随着他的脚步，着迷于对经济增长的研究。或许是因为被启蒙时期人类进步思想所吸引，这些古典经济学家探索了经济发展的决定因素和推动繁荣方面政策制定者能够起到的作用。他们开拓性的成就提出了现代增长理论的许多核心概念，例如要素积累、要素替代、技术变迁或专业化。

"对于一国的长期经济福利而言，没有什么比经济增长率更为重要的了。"罗伯特·巴罗（Barro, 1997）1996年2月在伦敦经济学院举办的莱昂内尔·罗宾斯纪念演讲中如是说："每年的增长率看似微小的差异经过多年叠加起来，可以导致生活水平的巨大差异。"然而，在大萧条之后，经济增长的研究步伐放缓，研究的重点从长期增长转移到短期波动。在商业周期的动态机制和长期增长研究这两个人类福利的重要领域，经济学家是相互冲突的。

随后，在20世纪40年代发生了非常巧合的事：四个独立工作的研究人员想出了第一个分析框架的不同组成部分，用以分析为何有些国家的增长速度比其他国家快。在哈罗德（Roy Harrod）和多马（Evsey Domar）研究的基础上，索洛（Robert Solow）和斯旺（Trevor Swan）提出了索洛-斯旺模型，这激起了第一波系统研究经济增长的热潮。他们的目标是了解经济增长的机制，确定其决定因素，发展出可以解释经济政策的经济增长核算方法。

爱尔兰喜剧演员斯派克·米利甘曾经说过："金钱买不来幸福，但它可以给你一种更快乐的痛苦。"他的黑色幽默也许为第一代经济增长研究人员所分享，他们强调资本的核心作用。他们的模型以新古典生产函数为主要特征，这一函数要求规模报酬不变，边际收益递减，以及投入要素之间的替代弹性。为了提供一个经济的一般均衡模型，他们采取了储蓄率不变的假设。这是一个粗略的假设，但在模型构建上是一个重大的进步。因为它明确地表明了一般均衡理论可以令人信服地应用于现实世界的问题。这些模型中的一个重要预测是条件收敛，这一预测以资本收益递减的假设为前提——穷国每个工人的平均资本更少（相对于其长期或稳态工人平均资本水平），所以穷国可以增长得更快。①

这一增长研究流派的主要优点在于把技术（除了资本和劳动）明确引入了理论分析和实证分析之中。但是当时研究工具的局限导致这一方法有一个主要的缺点：技术被看做外生给定的公共产品。模型的主要预言是，由于资本的边际收益是递减的，因此，如果不存在持续的技术进步，那么人均产出的增长将会停滞。尽管这一假设能够使模型保持"条件收敛"这一关键预言，但也显得有点怪异：技术，作为长期增长的主要决定因素，却外生于整个增长模型。②

英国剑桥学派的研究人员认为自己不同于早期的经济增长研究者。由经济学家詹姆斯·米德（James Meade）、罗伊·哈罗德（Roy Harrod）、米哈尔·卡莱茨基（Michal Kalecki）、理查德·卡恩（Richard Kahn）、尼古拉斯·卡尔多（Nicholas Kaldor）、琼·罗宾逊（Joan

---

① 条件收敛是索洛-斯旺模型的一个主要特点。之所以是"有条件的"，是因为在这一模型中，人均资本和人均产出的稳态水平决定于各国的以下特点：储蓄率、人口增长率和生产函数的位置。最近的许多实证研究表明，许多其他因国而异的变量也应被考虑进来，比如政府政策和初始人力资本存量。

② Cass（1965）和 Koopmans（1965）版本的新古典模型建立在 Ramsey 对消费最优化分析的基础上，试图研究储蓄率的内生决定问题。尽管这些研究有助于得到条件收敛，但依然没有解决经济增长决定于外生技术进步的问题。

Robinson)等领衔,他们为垄断竞争革命的提出奠定了基础。与20世纪30年代到60年代的传统理论相反,他们的工作表明增长分析的一个核心特点是,认识到绝大多数行业既不是完全竞争的,也非完全垄断。他们还质疑在增长模型中资本可以测量和加总的观点,而这一观点正是罗伯特·索洛和保罗·萨缪尔森(Paul Samuelson)等传统的新古典主义学者的核心观点。尽管英国剑桥学派的学说起初极具争议性,甚至被认为是左派观点或是意识形态推动的,但是他们对经济增长学说演变的贡献,随后也为主流经济学所认可(Robinson,1933,1956;Solow,1998)。

尽管长期增长领域的研究在20世纪40年代和50年代出现了新的萌芽,但宏观经济学家在战后时期更感兴趣的是经济周期的研究。当他们试图更好地理解稳定政策——避免突发且代价高昂的通货膨胀的货币政策和财政政策时,几乎没有经济学家致力于长期增长决定因素的分析。此外,主流经济学不得不面对演化经济学的挑战。以集大成者纳尔逊和温特(Nelson and Winter,1982)为代表的演化经济学家,在20世纪70年代发表了一系列的论文。这些论文作者关注对于企业和产业组织如何随时间演化的基本问题的批判。他们明确反对新古典经济学关于利润最大化和市场均衡的基本假设。他们认为这些假定无助于理解技术创新和企业之间的动态竞争。为了替代这些假设,他们提出:经济学应该借用生物学的自然选择概念,构建一个更准确的商业行为的进化理论。他们承认,企业一般都是受利润所驱使,并寻求提高利润的方法,但他们并不认为他们必将使利润最大化。同样,他们强调盈利更多的公司倾向于将盈利较少的公司驱逐出市场。他们的新范式和分析框架的影响是极为深远的。这不仅是因为他们能够开发出更连贯和有力的模型来解释在经济增长和技术变革的条件下,有竞争力的公司如何动态演变的,还因为他们的方法被认为与心理学和其他社会科学的研究结果是相一致的。最后，他们的研究对福利经济学和政府的产业政策也有着重要的意义。因此，演化经济学理所当然在后来成为许多反对新古典经济学的经济学家的灵感之源。

在新古典主义的传统内部，直到20世纪80年代情况才有所变化。一些杰出的研究者决定重新研究国家之间在经济表现上的差异。他们的动机可能是能够使用新的跨国数据，揭示不同国家经济绩效的主要差异，从而能够进行实证上的比较分析。安格斯·麦迪森等经济史学家的工作，唤醒了人们对经济增长重要性的认识。研究数据令人困惑，而且一直如此。对经济增长的调查结果和世界各个地区迥异的经济表现表明，增长在不同国家和地区之间的确是不均匀的：从1900年至2001年，西欧人均GDP增长了5.65倍（西方附属国增长了5.7倍），与之相比，拉丁美洲这一数字为4.2，东欧为3.2，非洲仅有1.5。① 在过去的30年当中，生活在高经济增长国家或与OECD国家人均收入水平相当的国家的人口数，已经从10亿增加到40亿，增加了3倍（增长与发展委员会，2008）。

新一波增长研究的分析建模者必须拿出一个令人信服的理论来解释技术变迁——将新古典增长理论中长期增长的主要决定因素内生化。第一步是设计一个由物质和人力资本投资的报酬递增所驱动的持续增长理论。如果收益不随着经济的增长而递减的话，这个过程可以一直进行下去（Romer，1986）。第二个，也是更有效的办法是抛弃完全竞争假设的束缚，将不完全竞争和研发理论加入到增长模型中。这种大胆的研究方法有助于解释为什么经济中的新思想不会耗尽，以及为什么从长期来看人均收入可以保持正的增长（Romer，1987，1990；Aghion and Howitt，1992；Lucas，1988）。

---

① Maddison（2006），也可参见《世界经济千年统计》（www.ggdc.net/maddison/）。

后来被称为内生增长理论的学说保持了非竞争的假设①，因为技术确实是一个不同于资本和劳动的要素，它可以以零边际成本无限次地被其他厂商利用。但重要的是要采取的下一个合乎逻辑的步骤，更好地理解技术的公共物品性质，并把它看做一个部分排他的非竞争性物品。因此，这一波研究将技术重新分类为一定程度上由私人控制的物品，而不仅仅是公共物品。通过将它定义为部分排他的非竞争性物品，给它某种程度的排他性或获利性，从而使得生产和使用技术的激励成为可能。从完全竞争走向非完全竞争，带来了方法论上的巨大回报。新古典增长模型将技术和生产要素的积累看做外生变量，而内生增长模型可以解释为什么随着时间的推移，技术会通过新思想而不断发展，从而为技术前沿模型提供了微观经济基础。

另一个令经济学家感到困惑的问题是：为什么技术扩散会在一些国家发生，并产生持续的经济增长，却没有扎根于其他国家。日本、新加坡和智利成功地采用发达国家的技术启动了自己的产业升级，而刚果民主共和国、牙买加和尼泊尔却做不到。除了初始禀赋、历史和社会政治路线的差异外，到底是什么阻碍了后者达到和前者一样的经济绩效呢？

在回答这一关键问题时，很多有趣的可能性最近得到了探讨。一种选择是为内生增长模型添加技术转移路径这一新的变量，即"内生化"不同的国家使用不同的中间资本品的机制（Jones, 1998）。另一种流行的方法是通过政治—经济模型，试图找出经济增长的根本决定因

---

① 在经济学中，物品通常被认为是具有"竞争性"的，当它被一个消费者消费时，其他人就不能同时消费这一物品。大多数私人物品（食品、衣服）符合这一定义。相反，一个"非竞争性"的物品可以同时被其他许多人使用。典型的例子包括清洁的空气和大多数知识产权这类无形物品。当一个物品被认为具有"排他性"的时候，消费者不付费就不能使用它，而如果是"非排他性"的，消费者则可以这样做。既具有"非竞争性"（多个人能够同时消费该物品，且不会减少它的价值）又具有"非排他性"（一个人不能被阻止消费该商品）的物品被称为公共物品。

素。不同于前一波的增长模型,这一系列研究方法的关注重点不是经济增长的直接决定因素,而在于制度和治理质量等因素对经济增长的影响(Acemoglu and Robinson, 2001; Glaeser and Shleifer, 2002)。经济文献中还探讨了其他几种方法,但到目前为止,这些方法对解释不同国家和不同时期的经济增长奥秘只有很少的成果(Helpman, 2004; Barro and Sala-i-Martin, 2003; Jones, 1998)。

## 罗伯特·卢卡斯与干洗店主的女儿

到底发生了什么?如何解释"经济增长之谜"?为什么有些国家在增长方面做得很好,而其他国家却做得不好?

爱因斯坦曾说:"我们可以体验到的最美好的东西是奥秘。"很多经济学家都会非常认同这句话,因为越来越多的经济学家都投身于解决这一难题。罗伯特·卢卡斯是我曾在芝加哥大学的教授,他对经济周期研究产生了革命性的影响,并以此赢得了诺贝尔经济学奖,但他同样很诧异:"经济学家怎么能对增进一国财富不感兴趣呢?"(Lucas, 2002, p.2)当研究人均国内生产总值在国家之间的不同趋势时,他还指出:"在研究数据的同时怎么能不去注意它们所代表的可能性呢?印度政府有可能采取一些行动,使得印度经济的增长像印度尼西亚和埃及那样吗?如果可以,需要什么行动呢?如果不可以,什么是'印度的本质',使得它表现如此?思考这样的问题其结果对人类福利的改善是惊人的:一旦一个人开始思考这些问题,他就很难再去思考其他任何问题。"(Lucas, 1988, p.5)

继我在芝加哥大学时的导师西奥多·舒尔茨(Theodore Schultz)和加里·贝克尔(Gary Becker)等人之后,卢卡斯认为:从传统农业经济向现代经济增长模式的成功转型,关键取决于人力资本的加速积累。卢卡斯曾试图将这个想法放在经济增长的总量模型中，从而使其表现"更符合经济发展的事实，而不是集中于经济增长动力的其他虚幻的方面。"（Lucas，2002，p. 16）

认识到"经济增长的源泉也许甚至是特征为人力资本的增长这一观点仍然时常被人误解，一个看不见的原因对经济增长产生了重要的可见影响，这或多或少会让人觉得是一种解围的说法"，卢卡斯提出了一个通用的框架，来解释增长为何是持续的，以及在不同的国家增长率为何有所不同（Lucas，2002，p. 16）。他所提出的模型框架包含物质和人力资本的积累，这种积累可以通过知识扩散或"干中学"完成，贸易可以使这一过程加速。① 卢卡斯举例说明，一个欠发达国家要想转变成为一个现代的经济体，必须经历人力资本加速积累的过程。社会及其公民必须对于"发展创造的各种新的可能性"持开放态度（Lucas，2002，p. 18）。

他还通过现实生活中有趣的轶事，强调人力资本积累的重要性。例如，他喜欢讲他在芝加哥住所附近的一个干洗店主的女儿的故事。当他把他的衬衫送去这家新开的由一位"英语水平仅够应付生意往来"的韩国女人经营的洗衣房时，她3岁的女儿正坐在柜台上学习算术。小女孩很擅长算术，而且显然对此也很感兴趣。他推测：15年后，那个女孩将和教授们的孩子以及政治家的后代一起，在芝加哥大学或加州理工学院学习！

虽然我完全同意人力资本积累在促进经济持续增长方面的重要性，但我也相信，真正区分现代经济增长和传统经济增长的是：在商业实践和发展中融入创新的方式和速度。18世纪开始，一些国家从以经验

---

① 卢卡斯在1997年耶鲁大学的库兹涅茨讲座上提出了类似的观点。他认为：在工业化早期阶段，人力资本的增长和人口结构的转型的交互作用是重要的原因。他还使用了扩散模型说明了工业革命所造成的收入不平等可能已经达到了顶峰，在21世纪收入差距可能会有所下降。

为基础的外生性创新，转变为依靠科学和实验的内生性创新。这种转变加快了技术创新、结构转型与收入增长（Landes，1969；Lin，1995）。

这个发现对不同的国家有不同的含义：为了从技术创新的新机制当中获益，发达国家需要投资于研究，发明新的技术和产品，并投资于人力资本。人力资本的提高又进一步加强了其科学家进行研发的能力，并使得该国劳动者能够将新技术应用到生产过程中去。

为了充分利用新技术和新产业所释放出来的潜力，发达国家也必须不断改善其制度，从而为新发明和新基础设施提供足够的资金和激励，以降低交易成本，并将其生产能力维持在生产可能性边界上。为什么要这样做呢？由于工业化的高收入经济体往往在有着规模经济的资本密集型产业上具有比较优势，它们所需要的各类"硬件"基础设施（电力、通信、公路和港口设施等）和"软件"基础设施（监管和法律框架、文化价值体系等），必须适应于不断变化的国内和全球市场的远距离、大规模交易。

随着这些国家继续在工业化和技术发展的产业阶梯上攀登，因为资本设备的不可分割性，它们也扩大了生产规模。它们的企业变得越来越大，因而需要更大的市场。而这又需要电力、交通和其他基础设施的相应变化。随着企业到达全球的技术前沿，它们越来越需要创造自己的新技术和新产品，因而也就面临更多的技术突破和市场对新产品的接受度的不确定性风险。随着公司规模和市场范围的扩大，以及产业结构升级所带来的风险性质的变化，硬件和软件基础设施的需求也相应改变。如果该国的基础设施没有得到同步改善，产业升级将是低效的甚至止步不前。[1]

---

[1] 金融领域是这一独特的动态机制的一个很好的例子：在发达国家，资本密集型大企业和高科技企业在经济中具有主导地位，金融体系主要由股票市场、风险资本和大银行组成，它们在动员/配置金融资源、分担风险以及促进经济增长上更有效率。相比之下，劳动力密集型小企业在发展中国家是经济增长的主要动力，与之相适应的金融结构应该是由小型地方性银行主导。

发展中国家的情况有很大的不同，坦率地说是更加容易。它们在利用技术选择、产业和制度进行创新方面具有后发优势。它们可以简单地从高收入的工业化国家，模仿或引进使用现有的技术、产业和制度。如果发展中国家的领导人能够与私营企业一道，找到一个有效的方式来建立一个政策框架，允许私营企业发挥其潜力，并赶上发达经济体，这样的国家将享有比发达国家更快的创新速度和增长速度。

## 收敛与发散的解释

在近几十年，经济增长的理论和实证研究方面取得了一些进展。在理论方面，内生的技术创新和规模报酬递增的分析，为经济学家提供了一个丰富的框架去解释高收入工业化国家的经济增长机制，并解释为什么它们的经济增长率会一直高于其人口增长率。从索洛的工作中，我们知道了资本积累（包括物质和人力资本积累）和技术进步的重要性。从贝克尔（Becker，1992）、赫克曼（Heckman，2006）、卢卡斯（Lucas，2004）和舒尔茨（Schultz，1962）等人的贡献中，我们也了解到通过新知识的扩散或"干中学"积累人力资本的重要性，而且通过贸易刺激和大学毕业生工资溢价还可以加速这一过程。从诺斯（North，1981）的著作以及阿西莫格鲁等（Acemoglu et al., 2001）、格雷夫（Greif，1993）、格雷泽和施莱弗（Glaeser and Shleifer，2002）的理论和实证研究中，我们了解到增长主要是由创新和制度驱动的，在这些国家中，创新活动受到鼓励，创新条件得到满足。从罗默（Romer）、卢卡斯和内生增长理论家那里，我们了解到需要将经济增长理论的关注点集中到知识的积累和创新上。总之，我们知道了很多关于经济增长的基本要素，尤其是发达国家中的这些要素。

在实证研究方面，像宾夕法尼亚大学世界表这样的标准化数据集，使得系统研究高增长和低增长国家之间的差异成为可能。具体而言，这些差异有：

- 初始条件：如生产率、人力资本、人口统计结构、基础设施、金融发展和收入不平等。
- 政策变量：如贸易开放度、宏观经济稳定性、公共支出的水平和组成、税收和监管。
- 制度变量：如总体治理指标、行政管理能力、法治状况、产权保护和腐败状况。

基于跨国回归的各种研究已经证实了条件收敛的想法：即其他因素保持不变时，初始收入水平较低的国家随后的经济增长率通常较高。投资和人力资本（如小学和中学的入学率）在产出中所占的份额通常与经济增长正相关。与此相反，人口增长（或生育率提高）和政治不稳定（以革命、政变或战争的频率衡量）通常与经济增长负相关。市场越扭曲（以外汇的"黑市溢价"或其他贸易障碍衡量），增长率越低。而金融市场越发达（例如，以流动性资产相对于收入的规模衡量），增长率越高（Mankiw，1995）。

但也许是因为歌德所说的"疑问随着知识的增长而增长"，增长的研究在识别不同国家可操作的政策杠杆以促进和维持经济增长方面，仍面临显著的方法论上的困难和挑战。迪顿表达了经济学家们绝望的情绪："实证主义者和理论家似乎比过去四分之一个世纪中的任何时候都离得更远。然而，重新统一几乎不可能实现，因为没有这种分离就没有了长期的科学进步。"（Deaton，2009，p.45）几十年来，理论的进步和新技术的发展，已经产生了完美和抽象的模型，但对于政策制定者来说，如何刺激经济增长却没有任何具体的方法可循。

此外，与大多数新古典模型的预测相反，不同国家经济增长的收敛是有限的。以用购买力平价衡量的 2008 年人均国内生产总值为例，美国（世界上最富有和最大的国家之一）比邻近的墨西哥高3倍，比印度高16倍，比刚果民主共和国高145倍。而且这种差距仍在扩大。在上个世纪的大多数时候，无论是相对值还是绝对值，发展中国家的收入都远远落后于发达国家。① 然而，实证研究表明，工业化国家和发展中国家之间的发展差异不是必然的：在过去的两个世纪，一些国家已经成功赶上了最先进的经济体（德国、法国和美国是在19世纪后期赶上的；北欧国家以及增长委员会报告中提及的包括日本在内的13个经济体是在20世纪赶上的）。

在过去的一个世纪中，日本取得了令人印象深刻的增长记录。根据麦迪森的研究（Maddison，2006），日本的人均国内生产总值在1900年只是美国的29%（以1990年国际元计），而在2008年已经达到了73%。其他国家也在赶超美国方面取得了进展。瑞典将其相对于美国的人均国内生产总值从54%提高到78%。法国的人均国内生产总值保持在美国的70%左右。相比之下，前苏联国家的人均国内生产总值从相对于美国的30%跌至25%。

历史证据表明，成功的经济体的增长过程遵循相类似的模式：像英国或美国这样的领跑者发挥才智创造出具有创新性的新产品、新产业和新的商业模式，使它们能够快速提高生产率。像德国、法国和日本这样的后来者可以通过雁阵模式简单地模仿成功的国家，并迎头赶上。这就是为什么西方国家花了300年才完成的创新和产业化，在日本不到100年就完成了，而东亚（尤其是韩国、新加坡、中国台湾和中国香港特区这些在20世纪下半叶才接近西方发达国家收入水平的国家和地区）只用了40年。最近，由巴西、俄罗斯、印度和中国组成的金砖四国也实现了经济起飞。几乎其他任何成功的国家（从毛里求斯

---

① 从1870年到1990年，最富裕和最贫穷的国家的人均收入之比大约增加了五倍（Pritchett，1997）。

到智利）都可以理解为遵循了相同的模式。

然而，除此之外，大多数发展中国家自二战以来未能实现其经济增长目标。事实上，尽管它们的政府已经做出了不懈的努力，各多边发展机构也给予了援助，很多国家还是遭遇了频繁的危机。这些普遍的失败经历突出显示了理解以下问题的必要性：在次优的宏观经济政策、薄弱的制度以及缺乏完善的私有产权保护的情形下，发展中国家应如何促进技术流动和释放经济增长的潜力。

增长理论无法预测出大规模的经济发散表明了其所提出的理论没有捕捉到一个发展中国家经济收敛的根本决定因素。一些研究者最近认为，国家经济绩效的演变符合条件收敛，即当所有代表稳态时差异的其他宏观经济变量保持不变时国家之间将会收敛。换而言之，世界收入分布在国家之间存在收敛俱乐部。①

基于深入的国别研究和历史经验的比较分析，可以更容易地解释经济增长发散之谜。成功赶超国家的关键因素似乎在于它们有能力改变自己的人力和物质资本禀赋，加快适应新观点的步伐，加速产业升级进程，改善软件（如制度）和硬件基础设施（如交通和通信）。但知识进步一直是在发展经济学中推进最慢的领域。理解和复制让后来者赶超发达经济体的经济战略和政策，仍然是世界各地的经济学家和政策制定者所面临的一个重大挑战。

## 对发展的思考：一个有关进展、潮涌、时尚和流行的故事

瑞士语言学家费迪南德·索绪尔在1913年他去世前的19世纪末20世纪初建立了语言学的一个分支，称为"结构语言学"。他可能会

---

① 这是 Barro and Sala-i-Martin（1992）和 Baumol（1986）表达的观点。Prescott（1999）更为乐观地表示，持续的发散是不可能的，世界收入分配最终将会收敛。

惊讶地看到，随后与"结构主义"（structualism）一词相联系的社会科学和人文科学如此众多。他的目标是制定一种思维方式和分析方法，重点研究大型系统（如人类语言和文化习俗）的最小组成元素的关系和功能。具体而言，索绪尔的语言研究的焦点并不是说话本身，而是使语言运行的基本规则和惯例。他常说，他主要是"关注深层次结构"，而不是表面的现象。他的兴趣在于语言的基础构造，这对于所有说话者而言都是共通的，而且在无意识层面上发挥作用。他的研究是相当成功的，留下的思想遗产为该领域的许多发展奠定了基础。

其他领域的研究人员跟随他的脚步，扩展了结构主义的传统意义。法国人类学家列维·斯特劳斯明确提出了结构分析的四个标准：第一，它会检查文化现象背后无意识的运行基础；第二，它将基础元素作为"相关的"，而不是独立的实体；第三，它考察整个系统，而不是单个元素；第四，它提供一般的法则解释现象背后的组织模式（Levi-Strauss, 1963）。

结构主义一词出现于经济学领域，是在奥地利经济学家保罗·罗森斯坦·罗丹于1943年发表了一篇非常有影响力的论文（Rosenstein-Rodan, 1943）之后。他当时所关心的问题并不是像中国、尼日利亚、巴西这样的贫穷国家所面临的困难，而是"东欧和东南欧的工业化问题"——这篇论文的标题。该文指出，发展的良性循环根本上取决于单个企业层次上的规模经济与市场规模之间的相互作用。具体而言，只有当市场规模足够大，从而现代生产方式的生产率优势能够补偿更高的工资时，现代生产方式才会比传统方法更有效率。然而市场规模本身却取决于现代生产方式的采用程度。因此，如果一开始现代生产方式能够以尽可能大的规模被采用，那么经济发展过程就将实现自我加强和自我持续；反之，经济将不可避免地陷入停滞。这篇论文引起了很多类似想法的呼应，这些理论之后被称为经济发展的结构主义方法。

在20世纪40年代和50年代,不同背景的研究者在多篇有着相似理论基础的文章中坚定认为,低收入小国面临的问题其本质从根本上不同于那些工业化大国。由此,他们试图在更广泛的结构主义知性伦理中为经济学定位,拒绝社会理论中的简化和还原方法。通过研究塑造人类选择的约束(而不是选择本身),他们确定了第三世界国家工业化迟缓的三个相互关联的结构特点:尽管发展中国家与发达经济体的工资存在很大差距,但在世界舞台上它们不可能相互竞争;发达国家倾向于建立贸易壁垒来保护自己的市场,限制低收入国家出口;发展中国家的生产活动依赖于进口资本设备。

正如美国诗人华莱士·史蒂文斯所说的至少有"看黑鸟的十三种方式",早期的经济学中的结构主义也有很多种研究方法。一些评论家认为,史蒂文斯这首诗的结构不仅是要呈现一种独特的文艺美学,还要对读者对不同主题的思考方式提出质疑。通过在13节诗中反复使用象征性的黑鸟,诗人引导我们进行自我追问。同样,经济学的结构主义不仅是要用明确的理论阐述如何理解穷国,还为挑战有关这一问题的传统思想提供启迪。事实上,并没有一种全面的综述可以公正地评价包罗万象的"结构主义"经济思想。因此,下面的几段话只是让读者一览其最具代表性的作品,并从中得出一些共同的主题。

经济结构主义最终成为一个几代具有不同意识形态倾向的研究者和思想家分析的广泛主题。他们试图系统地研究在二战后的特定历史和理论背景下,发展中国家的各种问题。他们的著作产生的背景是凯恩斯主义干预经济学说的兴起,苏联国家计划的经验(当时似乎取得了丰硕成果),许多前殖民地国家的政治独立,以及新的民族主义政府渴望以建设现代化的新国家来证明自己的能力。

由罗森斯坦·罗丹的作品所带动的学术传统发展为三个相互重叠

的阶段（Dutt and Ros, 2003）。尽管存在分歧，这些第一代的结构主义经济学家（在这本书中也被称为"旧结构主义"）认为：正是由于发展中国家市场中的结构刚性和协调失灵，现代先进工业无法自动发展起来。这一市场失灵的主题就成为二战后出现的"发展经济学"的核心。① 它认为，由于市场包含内在不可克服的缺陷，政府必须在加速经济发展过程中起到强有力的辅助作用。当时许多发展经济学家都支持政府通过推动工业化进程、直接配置资源进行投资、为抢占"制高点"而在大的现代化工业部门建立公有制企业等方式来克服市场失灵。

第一阶段是从1945年到20世纪50年代中期。这一阶段强调：穷国的特点是低储蓄、低投资率和高人口增长率。而造成这些问题的主要原因是规模经济和外部效应带来的市场失灵（Rosenstein-Rodan, 1943；Nurkse, 1953）。这一组的其他代表性学者强调这些国家的二元经济性质，即存在一个巨大的维持生存的农业部门，它具有几乎无限的劳动力供给；此外还有一个非常小的现代工业部门（Lewis, 1954）。

第二阶段是从20世纪50年代中期到60年代末。这一阶段的代表性研究是缪尔达尔（Myrdal, 1957）、赫希曼（Hirschman, 1958）、钱纳里和布鲁诺（Chenery and Bruno, 1962），以及富尔塔多（Furtado, 1964）。除了早期的研究主题，第二阶段的研究还强调富国和穷国之间的结构性差异。他们指出，许多特定部门（如农业部门）的供给约束，

---

① 发展经济学这一新领域被视为覆盖了"传统经济学"并不适用的欠发达国家（Hirschman, 1982）。早期贸易和发展理论以及政策处方是基于有关发展中国家的一些被广泛接受的特征事实（Krueger, 1997）。这些事实包括：发展中国家的生产结构极大地面向初级商品的生产；如果发展中国家采取自由贸易政策，比较优势将永远停留在初级商品生产上；全球市场对初级商品的需求收入弹性和价格弹性很低；资本积累是经济增长的关键，但在早期发展阶段，资本积累可能要依靠资本品的进口来实现。基于这些特征事实和前提，自然得出：增长的关键是实施工业化，工业化应主要包括进口制成品的国内替代生产（Chenery, 1958）。

是造成刚性进口比率的原因。解除这些约束需要进口更多来自富裕国家的现代化机械设备，但穷国由于国内储蓄和外汇短缺而做不到这一点。

此外，第二组的早期结构主义学者认为贸易是不可能成为增长的引擎，因为任何增加出口的做法都会由于出口商品在国外市场上缺乏需求弹性而导致贸易条件恶化。20世纪30年代大萧条中国际贸易的剧烈收缩似乎证实了这一关于出口的悲观主义思潮。例如，拉美的政治领导人和社会精英受到大萧条中经济困窘、贸易条件恶化以及阿根廷人普雷布什（Prebisch，1959）和德国人辛格（Singer，1950）的强烈影响，认为初级出口商品贸易条件的恶化直接导致了财富从这些资源密集型的发展中国家流向了资本密集型的发达国家，因此发展中国家避免被发达国家剥削的唯一途径，就是通过所谓的进口替代来发展本国制造业。

虽然前两代的旧结构主义经济学家就发展中国家经济发展问题的症结达成了广泛共识，但对于究竟执行何种具体政策才能最终跳出贫困陷阱、实现发展的良性循环，却仍各执己见。罗森斯坦·罗丹倾向于将"大推进"（协调良好的大型政府投资规划）作为解决之道。出生于爱沙尼亚的诺克塞（Ragnar Nurkse）也看到了狭小的国内市场对经济发展的阻碍作用，由此提出，只有同时进行一系列新投资，才能创造出所需要的足够需求。在他的"平衡增长"理论中，资本稀缺被认为是制约发展的主要限制条件，而发展在他看来则主要指市场扩大和生产增加。

包括赫希曼在内的其他一些经济学家则认为，问题并非资本的稀缺，而是企业家才能的欠缺，而这种欠缺正是发展中国家制度因素的反映。他们由此认为，应该采取一种"非平衡式的增长"，即穷国的投资不应均匀分散，而应集中于经过仔细挑选、具有较强产业前后关联度的关键产业部门。① 总之,很多发展中国家政府都视经济增长为首要任务。

然而,结果令人失望。这些发展中国家的人均收入水平不仅未能赶上发达国家,反而停滞不前甚至出现倒退,与发达国家的差距越拉越大。在很多发展中国家,这些意图良好的政府干预措施都宣告失败。20世纪60年代和70年代普遍执行以进口替代以及产业保护为核心发展战略的拉丁美洲、非洲及南亚便是例证。

随着基于旧结构主义教义的政府主导经济发展战略在很多国家纷纷失败,自由市场理论开始胜出并逐步影响了发展经济学思潮,这一趋势因宏观经济学领域的新革命而进一步加强。20世纪70年代的滞胀、80年代的拉美债务危机和社会主义计划经济体制的崩溃,无不对盛行一时的凯恩斯主义宏观经济学提出了新的挑战。理性预期革命出现并驳斥了政府以财政和货币政策促进经济发展的作用的理论基础。

当遵循旧结构主义范式的拉美国家在1982年面临债务危机时,情况变得更糟。当时国际金融市场意识到布雷顿森林体系的崩溃使得一些可以无限获得外国资本的国家无法清偿其债务。危机发生前,墨西哥和其他几个拉美经济体正因占世界相当比例的债务而不堪重负,一连串相互联系的外生冲击更使得它们雪上加霜(Cardoso and Helwege, 1995)。这次危机促使一些多边借贷机构以及双边借贷者(尤其是美国)要求拉美各经济体进行一揽子综合性改革,并提出一整套因循新古典范式的自由市场政策,这套改革方案后来被称为"华盛顿共识"

---

① 后向关联是指一家企业与其供应商之间的商品、服务和资金流通渠道构成的经济网络。当一个产业的增长导致其上游产业增长时,我们称之为存在后向关联。典型的例子是纺织业的增长可能鼓励棉花产业的增长,导致棉农收入提高,从而为农村地区创造更大的商品和服务需求。前向关联指的是连接生产商或供应商与其消费者的分销链。当一个产业的发展导致使用其产出作为投入品的产业出现增长,或者当一个产业的产出催生了另外一个新的产业时,我们称之为存在前向关联。例如,可以看到很多国家的农业或制造业的发展,都有助于促进作为服务业的交通运输部门的发展。

（Williamson，1990）。

　　旧结构主义的支持者当时的感受就如同19世纪美国工程师阿尔弗雷德·霍特在一次工程师协会的会议上所说的："任何在不知所措时可能出错的事，迟早都会出错。"这听起来像是著名的墨菲定律的翻版。最后，在20世纪80年代末期，被弗朗西斯·福山（Francis Fukuyama）称为"历史的终结"的前社会主义国家经济的崩溃宣告了旧结构主义经济发展理论的终结。这一重大事件似乎标志着自由市场经济学在与政府干预和中央计划经济体制的支持者的对阵中获得完全胜利。当时，绝大多数主流经济学家认为，政府干预经济几乎注定要失败，因为干预不仅使资源配置、供给和价格不可避免地被扭曲，而且还使经济主体缺乏行之有效的激励机制。

　　20世纪80年代早期，结构主义学者曾试图通过修改和调整发展经济学，使之更符合贫穷国家的实际现状，以此应对新古典经济学家的批评（Taylor，1983，1991）。他们从英国剑桥学派和演化经济学的增长理论中获得启发，并努力使得结构主义最初的一些发现与严谨的经济学分析的最新进展相一致。近几年这一方面的主要贡献包括奥坎波和泰勒（Ocampo and Taylor，1998）、杜特和罗斯（Dutt and Ross，2003）以及奥坎波（Ocampo，2009）等。泰勒独特的"新结构主义"被吉布森（Gibson，2003）称为"迟到的结构主义"，获得了相当多的关注。但该理论仍无法与当时主导政策界的"新的"新古典主义学说真正同台竞技，这进一步宣告了自由市场方式的胜利，同时也将发展思想集中到华盛顿共识所建议的政策上。

　　发明了"华盛顿共识"这一术语的经济学家约翰·威廉姆森将其表述为"对大多数在华盛顿的人关于拉美（并非所有国家）在1989年（并非任何时候）该如何作为的各种主张的总结"，但它很快被认为是"位于华盛顿的一些国际金融组织强加于那些不幸国家，并使这些国家走向危机和痛苦的一套新自由主义政策。……这里的三大思想是宏观经济学训练，市场经济，以及对世界市场开放（至少对贸易和外商直接投资开放）。这些想法早已被奉为 OECD 国家的正统理论，但也存在一种反对全球化的声音，声称发展中国家来自不同的世界，使得它们能从以下三个方面获益：（1）通货膨胀（可以收获通货膨胀税和扩大投资）；（2）在发动工业化方面发挥主导作用；（3）进口替代。而华盛顿共识称这种隔离时代已经结束。"①

这真是一种全新的发展思路吗，或者只是另一波发展热潮？有一件事是可以肯定的：在增长、就业创造和经济稳定方面，其结果是令人失望的。因而，一些经济学家将 20 世纪 80 年代到 90 年代称为"失去的十年"（Easterly，2001）。毫无疑问，这些观点很快也变得极具争议。② 有些人甚至注意到：华盛顿的经济学家关于经济政策总是持有不同意见，从来就没有达成过什么共识。反全球化的批评者认为：高收入国家和多边组织不应为世界设置一个新自由主义的经济议程。

即使是主流经济学家对新的政策议程也有不满。在基于华盛顿共识的结构调整方案的经济和社会成本方面，约瑟夫·斯蒂格利茨注意到，在方案的设计方面存在着严重的错误："今天，很多人在心中都意识到，如果社会安全网没有建立，由此带来的社会后果将压过短期的经济成果。例如，由于取消补贴，印尼的骚乱所带来的损失将远远超过轻微的财政状况改善。"（Stiglitz，2003，p. 35）丹尼·罗德里克指出："关于改革的后果的一致看法是，事情的结果往往超出我们的预料。即使最为热情的支持者也承认，拉丁美洲的经济增长一直低于预

---

① 华盛顿共识所涉及的十项改革包括：财政自律；重新安排公共支出的优先次序，尤其是改变不加选择地发放补贴的方式，将其用于基本医疗和教育开支；构建一个税基广泛、边际税率适度的税收体系；利率自由化；采用具有竞争力的汇率制度；贸易自由化；对内外商直接投资自由化；私有化；放松管制；以及保证产权（Williamson，2002）。

② 对于相关批判的总结参见 Naím（2000）和 Birdsall and de la Torre（2001）。

期。……不仅在撒哈拉沙漠以南非洲成功的案例不多见,20世纪90年代以市场为导向的改革也被证明不适合处理这一大陆所卷入的日益严重的公共医疗危机。"(Rodrik,2006,p.974)

许多评论家认为华盛顿共识代表了新自由主义政策,如资本账户自由化(威廉姆森称自己已有意将这个选项从他的列表中剔除)、货币主义、供给学派经济学或小政府(政府不必管福利提供和收入再分配)。但它未能达成目标的主要原因是:它倡导了一系列理想化的市场制度,其中有一些制度甚至有可能在发达国家都不存在。这对大多数发展中国家来说,当然不是一个有效的经济战略,因为发展中国家存在多种层面的扭曲,需要逐步通过转型摆脱这些次优、再次优,以及再再次优的情形。华盛顿共识的框架也忽略了发展中国家的政府可以发挥关键作用,克服技术创新、产业升级和结构变迁中存在的协调与外部性问题。①

另一个与之相关但另辟蹊径的发展思想是由罗纳德·科斯和道格拉斯·诺斯建立的新制度经济学(Coase,1937,1960;North,1981,1990,1994)。它强调产权、良好的治理、有利的商业环境和其他制度的重要性,并将这些内容视为一个运转良好的市场经济的基础。它的理论基础是承认交易是有成本的,而且交易有各种存在缺陷的可选方案,必须将这些都考虑在政策的设计和实施中。这是一个试图使用经济学的语言和工具来解释社会制度的形成和演化的学说。

他们认为制度有四个层次:第一层,由深入其中的非正式制度(如传统、习俗、价值观和宗教)所组成;第二层,正式规则得以确立,司法秩序中最强的组成部分是一国的宪法;第三层,治理或正式规则得到实施,经常在第二层制度运行失效的情况下启用,这也是经济个体正式交往并签订合同的层次,其关键作用是"创造秩序,从而

---

① 我将在本书后面几章进行详细的讨论。

减轻冲突并实现互利共赢"(Williamson, 2000, p. 599)。最后是第四层,即市场层次,也是交易实际发生和价格随之调整的层次。

新制度经济学探讨了交易成本的起源和重要性,以及设计规则以确保商业激励的必要性。但它也提出建议,只有持续的(通常也是缓慢的)"软件"基础设施投资才能使市场正常运行。它的主要缺点是其经济发展方法太宽泛,这将导致刚性的政策建议;它的建议太过于基本和琐碎,使得缺乏资源、能力和时间的发展中国家政府不知所措。

在一份关于20世纪90年代教训的具有里程碑意义的报告中,世界银行强调了经济增长的复杂性,并认识到它不是用简单的公式就能解决的。其中指出:许多发展中国家在20世纪90年代进行的改革重点过于局限在对资源的有效利用,而不是在能力扩张和增长上。虽然它们致力于更好地利用现有能力,以建立长期持续增长的基础,但它们没有提供足够的激励来扩张这种能力。① 由此我们可以得到的结论是"不存在唯一的通用法则。……[我们]需要从公式中摆脱出来,寻求难以捉摸的'最佳实践'"(世界银行, 2005, p. xiii)。

## 寻找新答案的挫折

"好的,咱们走吧!(他们站着不动。)"塞缪尔·贝克特在他著名的戏剧《等待戈多》中用没发生什么大事的重复情节描述了生命的无意义。主角弗拉基米尔比其他人有着更强的道德判断力,但是也被赋予了犹豫不决的强烈特征,而且在思考自己的不足中不断遭受内疚的痛苦。他问道:"别人受痛苦的时候,我是不是在睡觉?"当他发现他

---

① Zagha等(2006)指出:"尽管改革有助于获得效率提升,但除非加强生产激励,并努力克服市场失灵或政府失灵对资本积累和生产力提高的制约,否则经济难以持续增长。"(p. 9) Pritchett(2006)则认为:经济学家应放弃追求一个单一的经济增长理论,重点开发一系列根据各国具体情况制定的增长和转型理论。

对改善他人的苦难无能为力时，他感到羞愧和耻辱。他害怕"明天"，当他"醒来"的时候，他将没有什么有意义的事可供回忆。他问其他人："你们打算去哪儿？"

经过这么多年的研究，许多经济学家也深有同感。发展思想大体上是令人失望的，而增长研究尤其如此。特别是从政策制定者的角度寻求具体行动计划来促进繁荣时更是如此。这就促使我们对现有知识的有效性和实用性进行重新评估，并寻找一种全新思路。新的共识对简单的公式和寻求"最佳实践"缺少信心，而更大程度上倾向于对不同的国家进行深入的经济分析，以确定每个国家的一个或两个最为关键的制约经济发展的因素。

豪斯曼、罗德里克和贝拉斯科提出的增长诊断框架（Growth Diagnostics Framework）是这类研究的一个例证。这一框架致力于甄别任一发展中国家一到两个经济增长的紧约束条件，然后集中考虑如何解除这些条件。其主要的原理是确保经济改革跟经济环境是一致的。"在认识到需要进行众多改革时，政策制定者要么尝试一次性解决所有问题，要么从那些对该国增长潜力没有重大影响的改革入手。而经常出现的情况是，各项改革互相干扰，一个领域的改革在另一个领域产生预想不到的扭曲。通过关注对经济增长形成最大障碍的一个领域，这些国家更有可能取得改革的成功。"（Hausmann, Rodrik and Velasco, 2006, p.12）

该思路提供了一种决策树方法，来帮助每个国家甄别其紧约束。尽管这一方法并不能甄别不同改革策略的政治成本和收益，但它对于备择假设的关注有助于政策制定者认清可供采纳的选项，以应对政治约束。作者写道："我们主要关注短期约束。在这个意义上，我们的关注点是如何引发增长，并甄别随经济扩张必然会出现的约束，而不是预言增长在未来将面临什么约束。"（p.12）

这一思路的关键教训是：就促进增长而言，不同国家（甚至同一国家在不同时点上）需要不同的政策选择；经济增长需要的那些"大的原则"——稳健的货币、产权、开放、自由市场——的表现形式是多种多样的，而且它们的实现依赖于各国特定的环境和信息。特别是，这些原则不需要以某种特定的制度或政策形式呈现。每个国家都被认为存在一些对增长潜力构成束缚的约束，如果不能有效辨别并解除这些约束，经济发展将会受阻，即使其他生产要素是令人满意的。增长诊断方法无疑是增长分析的一个重要进步。然而它的模型并不能充分地将"紧约束"的概念具体化。① 对变量的定义是有意不准确的，这使得要操作这一方法变得非常具有挑战性。

另外一个有影响力的新思路是麻省理工学院贫困实验室的研究员所采用的，他们认为，对增长的探索应该重新以评估一个发展计划或者项目的影响（以明确的不同条件下可能发生的结果作为参照）为中心。他们相信，为了确保最有效的项目能被提高至国家或国际水平，就需要对这些影响进行可靠的评估，于是他们设计了随机控制试验（RCT）或社会试验的研究方法。在该方法中，一些单元被随机分配以政策干预，而其余的形成对照组，再比较两组平均结果的差异。该方法的支持者们将其视为甄别政策效果的唯一方式，因为它避免了基于经济理论或其他理论的假设。他们声称该方法可以被用来识别哪些政策方案起到了作用，而哪些没有。

然而，随机控制试验的方法也在方法论上存在问题，这使得它不适合对其发展战略和政策进行推广。虽然随机控制试验可以被用于了

---

① 用于甄别增长的紧约束的方法依赖于影子价格。即使在影子价格可以广泛得到的国家，也不清楚是否能够准确甄别每个国家最需要的进展在哪个领域。例如，对于一个技术和人力资本存在互补关系的低收入国家，可以构造一个简单的增长模型；在这样一个国家，教育和技术的回报都会比较低，因为资本和人力资本水平都较低。仅考虑影子价格、忽视国别比较就会给出不需要提高教育水平、鼓励技术采用的建议。

解一些具体的微观项目的有效性，但这些试验往往不是从对一个特定的方法如何填补有关优先顺序的最重要的知识缺口的清晰战略评估出发。此外，我在世界银行的同事，著名的贫困问题专家马丁·拉瓦雷指出：只有当与发展相关的背景和干预措施是非随机的时候，随机控制试验才是可行的。例如，对基础设施及其相关项目的分布位置不可能进行随机设置，而这是穷国发展战略的核心。"这种随机分配的想法是与大多数发展计划相对立的，因为其政策目标通常是针对特定类型的人群或区域。"（Ravallion，2009，p. 2）即使假定随机控制试验可以将本地化的发展经验移植到不同地理条件或文化的其他地区，这一方法在为政策制定者设计发展战略方面也提供不了有用的全面指导。

## 新的战略思考的必要性

回顾自亚当·斯密和大卫·休谟以来增长研究和发展经济学所面临的困难，我有三个令人困惑的发现。首先，所有这些对经济增长的不同研究方法都揭示了一些令人感兴趣的问题，但它们很难解释不同国家在产业升级和结构变迁当中为何有的成功，有的失败。显而易见，不同国家之间在人均产出和国民收入方面的差异仍然是令经济学家和政策制定者困惑的问题。众所周知，可持续的经济发展必然要求一国从资源依赖的农业经济向工业经济乃至后工业经济阶段的结构转型。然而，二战后鲜有发展中国家完成了这一转变。

一方面，很多发展中国家仍然依赖于农业和初级产品的出口，或者没能超越有限的传统产品生产而拓宽制造业的基础。经济学分析至今也没能系统解释：为什么一些国家能够从一个低收入的农业经济体进入中等收入甚至高收入的工业社会，而大多数国家仍然深陷于赤贫之中，或止步于中等收入阶段。很多国家实施了进口替代战略，结果导致财政预算负担过重、寻租行为盛行以及被保护部门生产率低下。然而，进口替代似乎是每一个低收入的农业经济体在国际市场上的新产业中变得具有竞争力的必要步骤。由于新产业发展与生俱来的协调性和外部性问题，仅仅为私营企业创造公平的竞争环境以及更好的投资环境显然不足以启动持续的动态增长。亚当·斯密等人所提出的重大问题在今天仍然存在：一个国家如何才能加速其经济增长和财富创造的进程，从而从低收入的农业国向工业化的中等收入国家转变，继而成为后工业化阶段的高收入国家？在这一转型过程中，公共部门和私人部门各自的作用是什么？

另一方面，已将其产业结构从农业主导转向制造业和服务业主导，并且人均收入大幅提升的中等收入和高收入国家，仍然面临着持续的产业和技术升级这样的严峻问题。其中一些国家已经陷入低增长的中等收入陷阱，而其他一些国家也正在与高失业率和经济不稳定进行斗争。

其次，发展政策也在随着发展经济学思想而不断演进。事实上，国际发展机构的政策建议也密切跟随着占主导地位的发展经济学范式而变化，有时甚至成为其主要支持者。成立于20世纪50年代的世界银行，在当时由欧洲重建主导的全球政治环境下，其工作重点主要是基础设施的重新建设。随着20世纪60年代和70年代独立国家的不断涌现，冷战主导了国际议程，世界银行的首要目标也转向了对重工业和基础设施的开发，投资经营成为其主要业务。

在20世纪80年代出现的新兴国家的宏观经济失衡和拉美债务危机直接导致了华盛顿共识的出台。结构调整计划成为世界银行和低收入国家之间互动的主要手段。随着柏林墙被推倒以及对新的公共政策共识的探索，世界银行转为对经济发展采取整体分析。它采用了综合发展框架，专注于成员国的社会发展和减少贫困。它还寻求在与政府官员的对话中加入更多的参与者（包括国会议员、民间社会组织和私营企业家）。近年来，随着全球化问题成为主要的国际议程，世界银行的政策也致力于实现千年发展目标，提高治理水平，以及通过严格的效果评估以确保成果落到实处。

最后，那些沿着产业和技术阶梯不断上升的国家，很少遵循了当时占主导地位的发展范式的政策处方。包括2008年增长委员会报告确定的13个国家中的很多在内，最成功的发展中国家通过拒绝传统理论，扩大了其制造业基础，并成功转向更复杂的工业品的生产。在其发展过程中，它们奉行出口促进战略，而不是旧结构主义学说所倡导的进口替代战略。这些国家的政府积极帮助私营企业进入新的产业，而不是仅仅依靠华盛顿共识所倡导的市场竞争。这些国家的政府没有首先在卫生和教育领域进行随机控制试验或社会试验，但人民的健康和受教育水平却得到大幅提升。这就使得经济学家所提出的政策建议的针对性和相关性出现严重问题。

尽管不可否认知识一直在进步，然而现今的一些关于增长和发展的关键问题与前几代研究者所面临的并没有什么不同：如果经济增长主要是由创新驱动，为什么有一些国家在创新和适应变革方面很成功，而其他国家却并不成功？究竟是什么力量促进了经济收敛，又是什么因素阻碍了实质性的进展？使低收入国家成为中等收入国家甚至高收入国家的结构变迁条件是什么？经济增长最重要的决定因素是什么，是初始条件，还是制度，抑或是政策？政府和市场在动态增长中所应扮演的最合适的角色是什么？

用一个更广泛的理论框架来补充现有知识的时代已经到来。这一理论框架应该为经济持续增长的决定因素提供结构化分析——具体而言，就是识别出使穷国发展水平不断提升，使富国能继续创造机会和财富的决定因素。我们需要对哪些因素起作用，哪些不起作用进行概念化的分析,以便使一些大胆政策的实施效果不再像不可预知成功的传说,就如同李冰在两千多年前决定修建都江堰大坝时的情形。虽然经济学家们可能永远都无法达到他的高瞻远瞩,但如果他们拥有良好的判断力,就一定会从历史和经济理论中学到很多东西。中国古代哲学家老子曾在《道德经》中写道:"前识者,道之华而愚之始。"翻译成现代语言,这句话的意思是:"任何一个已经得到表述的理论都不是真理本身,而只是真理在一定条件下的表现形式而已,如果把这个理论当成真理本身,就属于认识上的愚笨。"① 作为一个政策制定者,在系统性地做出决策之前,最好对政策所要解决的问题的本质有一个清晰的理解,而不要过分依赖于书架上的那些现有的经济学理论教义。下一章将讨论政策制定的失败案例,并希望能从发展政策的诸多失误中吸取教训。

## 参考文献

Acemoglu, D. and J. A. Robinson. 2001. "A Theory of Political Transitions." *American Economic Review* 91: 938—963.

Acemoglu, D., S. Johnson, and J. A. Robinson. 2001. "The Colonial Origins of Comparative Development: An Empirical Investigation." *American Economic Review* 91: 1369—1401.

Aghion, P. and P. Howitt. 1992. "A Model of Growth through Creative Destruction." *Econometrica* 60 (2): 323—351.

Bairoch, P. 1993. *Economics and World History: Myths and Paradoxes*. Chicago: Chicago University Press.

Barro, R. J. 1997. *Determinants of Economic Growth: A Cross-Country Empirical*

---

① 关于谨慎运用过去的经验和已有的理论来解决当前问题的讨论,可参见我在《本体与常无:关于经济学方法的对话》(2012,中文第一版原名《与林老师对话:论经济学方法》(2005))中的讨论。

Study (*Lionel Robbins Lectures*). Cambridge, MA: MIT Press.

Barro, R. J. and X. Sala-i-Martin. 1992. "Convergence." *Journal of Political Economy* 100 (2): 223—251.

——. 1995. *Economic Growth*. Cambridge, MA: MIT Press.

——. 2003. *Economic Growth*, 2nd ed. Cambridge, MA: MIT Press.

Baumol, W. 1986. "Productivity Growth, Convergence, and Welfare: What the Long-Run Data Show." *American Economic Review* 76 (December): 1072—1085.

Baumol, W. 1994. "Multivariate Growth Patterns: Contagion and Common Forces as Possible Sources of Convergence." In *Convergence of Productivity*, *Cross-National Studies and Historical Evidence*, eds. W. Baumol, R. Nelson, and E. Wolf, 62—85. New York: Oxford University Press.

Becker, G. S. 1992. "Education, Labor Force Quality, and the Economy: The Adam Smith Address." *Business Economics* 27 (1): 7—12.

Birdsall, N. and A. de la Torre. 2001. *Washington Contentious: Economic Policies for Social Equity in Latin America*. Washington, DC: Carnegie Endowment for International Peace and Inter-American Dialogue.

Braudel, F. 1984. *Civilization and Capitalism*, *Fifteenth-Eighteenth Century*, *The Perspective of the World*, Volume 3. New York: Harper and Row.

Cameron, R. 1993. *A Concise Economic History of the World*, 2nd ed. Oxford, UK: Oxford University Press.

Cass, D. 1965. "Optimum Growth in an Aggregative Model of Capital Accumulation." *Review of Economic Studies* 32 (July): 233—240.

Chang, P. K. 1949. *Agriculture and Industrialization*. Cambridge, MA: Harvard University Press.

Chenery, H. B. 1958. "The Role of Industrialization in Development Programmes." In *The Economics of Underdevelopment*, eds. A. N. Agarwala and S. P. Singh, 450—471. Bombay: Oxford University Press.

Chenery, H. B. and M. Bruno, 1962. "Development Alternatives in an Open Economy: The Case of Israel," *Economic Journal*, vol. 72, pp. 79—103.

Cipolla, C. M. 1980. *Before the Industrial Revolution: European Society and Economy, 1000—1700*, 2<sup>nd</sup> ed. New York: Norton.

Clark, G. 2007. *A Farewell to Alms: A Brief Economic History of the World*. Princeton: Princeton University Press.

Coase, R. H. 1937. "The Nature of the Firm." *Economica* 4 (16): 386—405.

——. 1960. "The Problem of Social Cost." *Journal of Law and Economics* 3 (1): 1—44.

Collier, P. 2007. *The Bottom Billion: Why the Poorest Countries Are Failing and What Can Be Done about It*. New York: Oxford University Press.

Commission on Growth and Development. 2008. *The Growth Report: Strategies for Sustained Growth and Inclusive Development*. Washington, DC: World Bank.

Deaton, A. 2009. "Instruments of Development: Randomization in the Tropics, and the Search for the Elusive Keys to Economic Development." Working Paper 1128, Princeton University, Woodrow Wilson School of Public and International Affairs, Center for Health and Wellbeing, Princeton, NJ.

DeLong, J. B. 1997. "Slouching Towards Utopia?: The Economic History of the Twentieth Century." Available at http://econ161.berkeley.edu/tceh/Slouch_title.html.

Dutt, A. K. and J. Ross, 2003. "Development Economics and Political Economy," in: A. K. Dutt and J. Ros (eds.), *Development Economics and Structuralist Macroeconomics: Essays in Honor of Lance Taylor*, Northhampton, Ma., Edward Elgar, pp. 3—28.

Furtado, C. 1964. *Development and Underdevelopment*, Los Angeles: University of California Press.

Easterly, W. R. 2001. "The Lost Decades: Explaining Developing Countries' Stagnation in Spite of Policy Reform 1980—1998". *Journal of Economic Growth*, 6 (2): 135—157.

Gibson, B., 2003. "An Essay on Late Structuralism," in: A. K. Dutt and J. Ros (eds.), *Development Economics and Structuralist Macroeconomics: Essays in Honor of Lance Taylor*, Northhampton, Ma., Edward Elgar, pp. 52—76.

Glaeser, E. and A. Shleifer. 2002. "Legal Origins." *Quarterly Journal of Economics*

117 (November): 1193—1229.

Greif, A. 1993. "Contract Enforceability and Economic Institutions in Early Trade: The Maghribi Traders' Coalition." *American Economic Review* 83 (3): 525—548.

Hausmann, R., D. Rodrik, and A. Velasco. 2006. "Getting the Diagnostics Right." *Finance & Development* 43 (1): 12—15.

——. 2008. "Growth Diagnostics." In *The Washington Consensus Reconsidered: Towards a New Global Governance*, ed. N. Serra and J. E. Stiglitz, 324—354. New York: Oxford University Press.

Heckman, J. J. 2006. "Skill Formation and the Economics of Investing in Disadvantaged Children." *Science* 312 (5782): 1900—1902.

Helpman, E. 2004. *The Mystery of Economic Growth*. Cambridge, MA: Harvard University Press.

Hirschman, A. O. 1958. *The Strategy of Economic Development*. New Haven, CT: Yale University Press.

——. 1982. "The Rise and Decline of Development Economics." In *The Theory and Experience of Economic Development*, eds. M. Gersovitz and W. A. Lewis, 372—390. London: Allen and Unwin.

Jones, C. I. 1998. *Introduction to Economic Growth*. New York: W. W. Norton.

Koopmans, T. C. 1965. "On the Concept of Optimal Economic Growth." In *Study Week on the Econometric Approach to Development Planning*, ed. Pontificia Accademia Scientiarum, 225—287. Amsterdam: North Holland Publishing Co.

Krueger, A. O. 1997. "Trade Policy and Economic Development: How We Learn." *American Economic Review* 87 (1): 1—22.

Kuznets, S. 1966. *Modern Economic Growth: Rate, Structure and Spread*. New Haven, CT: Yale University Press.

——. 1971. "Modern Economic Growth: Findings and Reflections." Nobel Prize Lecture presented in Stockholm, Sweden, December 11.

Landes, D. S. 1969. *The Unbound Prometheus: Technological Change and Industrial Development in Western Europe from 1750 to the Present*. London: Cambridge University

Press.

———. 1998. *The Wealth and Poverty of Nations: Why Some Are So Rich and Some So Poor*. New York: Norton.

Lévi-Strauss, C., 1963. *Structural Anthropology*, New York, Doubleday Anchor Books.

Lewis, W. A. 1954. "Economic Development with Unlimited Supplies of Labor." *The Manchester School*, May.

Lin, J. Y. 1995. "The Needham Puzzle: Why the Industrial Revolution Did Not Originate in China." *Economic Development and Cultural Change* 41 (2): 269—292.

———. 2012. *Benti and Changwu: Dialogues on Methodology in Economics*. New York: Cengage.

Lucas, R. E. 1988. "On the Mechanics of Economic Development." *Journal of Monetary Economics* 22 (1): 3—42.

———. 2002. *Lectures on Economic Growth*. Cambridge, MA: Harvard University Press.

———. 2004. *Lectures on Economic Growth*. Cambridge, MA: Harvard University Press.

Maddison, A. 2001. *The World Economy: A Millennial Perspective*. Paris: Organisation for Economic Co-operation and Development.

———. 2006. *The World Economy*. Paris: Organisation for Economic Co-operation and Development.

Mankiw, M. G. 1995. "The Growth of Nations." *Brookings Papers on Economic Activity* 1: 275—326.

Mokyr, J. 1990. *The Lever of Riches: Technological Creativity and Economic Progress*. New York: Oxford University Press.

Myrdal, G. 1957. *Economic Theory and Under-developed Regions*. London: Gerald Duckworth & Co.

Naím, M. 2000. "Washington Consensus or Confusion?" *Foreign Policy* (Spring) 118: 86—103.

Nelson, R. R. and S. G. Winter, 1982. *An Evolutionary Theory of Economic Change*. Cambridge, MA, Harvard University Press.

North, D. 1981. *Structure and Change in Economic History*. New York: W. W. Norton.

——. 1990. *Institutions, Institutional Change and Economic Performance*. Cambridge, UK: Cambridge University Press.

——. 1994. "Economic Performance through Time." *American Economic Review* 84 (3): 359—368. Nurkse, R., 1953. *Problems of Capital Formation in Underdeveloped Countries*. New York: Oxford University Press.

Ocampo, J. A. and L. Taylor, 1998. "Trade Liberalization in Developing Economies: Modest Benefits but Problems with Productivity Growth, Macro Prices, and Income Distribution," *Economic Journal*, vol. 108, pp. 1523—1546.

Ocampo, J. A., Codrina Rada, and Lance Taylor. 2009. *Growth and Policy in Developing Countries: A Structuralist Approach*, New York, Columbia University Press.

Perkins, D. H. 1969. *Agricultural Development in China, 1368—1968*. Chicago: Aldine.

Pomeranz, K. 2000. *The Great Divergence: China, Europe, and the Making of the Modern World Economy*. Princeton: Princeton University Press.

Prebisch, R., 1959. "Commercial Policy in Underdeveloped Countries," *American Economic Review*, vol. 49, no. 2, May, pp. 251—273.

Prescott, E. 1999. "Interview with Edward Prescott." In *Conversations with Economists: Interpreting Macroeconomics*, ed. B. Snowdown and H. Vane, 258—69. Northampton, MA: Edward Elgar.

Pritchett, L. 1996. "Population growth, factor accumulation, and productivity." Policy Research Working Paper 1567, World Bank, Washington, DC.

——. 1997. "Divergence, Big Time." *Journal of Economic Perspectives* 11 (3): 3—17.

Ravallion, M. 2009. "Should the Randomistas Rule?" *The Economists' Voice* 6 (2): 1—5.

Robinson, J., 1933. *The Economics of Imperfect Competition*, London, Macmillan.

Robinson, J., 1956. *The Accumulation of Capital*, London, Macmillan.

Rodrik, D. 2006. "Goodbye Washington Consensus, Hello Washington Confusion? A Review of the World Bank's *Economic Growth in the 1990s*: *Learning from a Decade of Reform*." *Journal of Economic Literature* 44 (4): 973—987.

Romer, P. M. 1986. "Increasing Returns and Long-Run Growth." *Journal of Political Economy* 95 (5): 1002—1037.

——. 1987. "Growth Based on Increasing Returns Due to Specialization." *American Economic Review* 77 (2): 56—62.

——. 1990. "Endogenous Technological Change." *Journal of Political Economy* 98 (5): S71—S102.

Rosenstein-Rodan, P. N. 1943. "Problems of Industrialisation of Eastern and South-Eastern Europe." *The Economic Journal* 53 (210/211): 202—211.

Sage, S. F. 1992. *Ancient Sichuan and the Unification of China*. Albany, N. Y.: State University of New York Press.

Schultz, T. W. 1962. *Investment in Human Beings*. Chicago: University of Chicago Press.

——. 1964. *Transforming Traditional Agriculture*. Chicago: University of Chicago Press.

Shiue, C. H. and W. Keller. 2007. "Markets in China and Europe on the Eve of the Industrial Revolution." *American Economic Review* 97 (4): 1189—1216.

Singer, H., 1950. "The Distribution of Gains Between Borrowing and Investing Countries," *American Economic Review*, vol. 40, no. 2, May, pp. 473—485.

Smith, A. 1776. *The Wealth of Nations*. Chicago: University of Chicago Press.

Solow, R. M. 1998. *Monopolistic Competition and Macroeconomic Theory*, Cambridge, U. K., Cambridge University Press.

Stiglitz, J. 2003. "Challenging the Washington Consensus: Interview with Lindsey Schoenfelder." *The Brown Journal of World Affairs* 9 (2): 33—40.

Taylor, L., 1983. *Structuralist Macroeconomics*: *Applicable Models for the Third*

World, New York, Basic Books.

Taylor, L., 1991. *Income Distribution, Inflation, and Growth: Lectures in Structuralist Macroeconomics*, Cambridge, Ma., MIT Press.

Williamson, O. E. 2000. "The New Institutional Economics: Taking Stock, Looking Ahead." *Journal of Economic Literature* 38 (3): 595—613.

Williamson, J. 2002. "Did the Washington Consensus Fail?" Speech at the Center for Strategic & International Studies, Washington, DC, November 6.

World Bank. 2005. *Economic Growth in the 1990s: Learning from a Decade of Reform*. Washington, DC: World Bank.

Zagha, R., G. Nankani, and I. Gill. 2006. "Rethinking Growth." *Finance & Development* 43 (March): 7—11.

# 第三章 经济发展:来自失败的教训

2008年8月我代表世界银行出访加纳(前黄金海岸,第一个从欧洲殖民地中获得独立的非洲国家),得到的一份背景资料是加纳夸梅·恩克鲁玛总统在1957年加纳独立之际的六分钟演讲的录音副本。录音咝咝沙沙的,有时微微变音,并有间歇的中断,但这些并不重要。半个多世纪过去了,再次听录音,依然可以感受到当他走上讲台,面对聚集于首都阿克拉的最大规模人群之一,宣布从前的英国殖民地已重获自由,将成为一个主权国家时,这位被称为"20世纪50年代和60年代的纳尔逊·曼德拉"(Biney,2008,p.129)的伟大领袖所带有的喜悦、兴奋和乐观情绪。

  恩克鲁玛是一个受过社会学和教育学教育的天才演讲家，被他的同胞亲切地称为"救世主"。他豪迈地发言，为人民的雄心壮志溢于言表："终于，战斗已经结束了！因此加纳，你亲爱的祖国将永远自由……新非洲将准备为自己而战，表明黑人仍然也能够管理自己的事务。我们将向世界其他民族证明，我们正在准备打好自己的基础。……加纳永远是自由的，在这里我将邀请乐队演奏加纳国歌。……我依靠人民来帮助我重塑这个国家的命运。我们准备振兴它，使它成为一个被世界每一个国家都尊重的国家。……我的眼睛能看多远不重要，重要的是我可以看到在这百万人中的你们，我对你们最后的告诫是，你们是我们坚强的后盾，因此，我们可以向世界证明，如果给非洲一个机会，他将向世界展示他是了不起的！我们已经觉醒，我们将不再沉睡。今天，从现在开始，将有一个新的非洲屹立于世界！"（Nkrumah，1957）

  可以想象这些话被讲出来时的气氛有多么激动人心。这个录音展示了一种罕见的集体荣誉感。几乎每一句话后人群中都会爆发出掌声和欢呼声，人们对未来充满信心，并因由独立可能带来的经济的无限可能性而兴奋。乐观情绪在非洲和整个发展中世界被广泛分享。正如历史学家弗里德里克·库珀所解释的："这［是］加纳特别辛酸的一段历史，因为它是先驱。夸梅·恩克鲁玛不仅是一位政治领袖，他也是一位独立主义的、反帝国主义的、泛非主义的先知。他经常引用的那句'你们要寻求的首先是政治的王国'，不只是对加纳人要求参与国家事务的一种呼吁，也是对领导人和普通公民使用权力以将殖民地社会转变为生机勃勃的、繁荣的机会之地的一种请求。"（Cooper，2002，p. 161）相同的愿景也体现在多年前尼赫鲁时期的印度、毛泽东时期和孙中山时期的中国、苏加诺时期的印度尼西亚，以及其他以政治和经济现代化作为发展口号的从前被统治的社会中。

成为加纳第一任领导人后不久,恩克鲁玛发誓要推进工业的发展。和战后许多政治领导人一样,他认为苏联的工业化证明了中央计划体制是欠发达国家快速实现工业化和现代化的一种方式。支撑加纳第二个发展计划的经济战略在1959年开始实施,旨在通过发展先进的高度资本密集型产业,以创纪录的时间实现现代化。

在1960年7月4日的一次演讲中,恩克鲁玛宣布他的政府将启动一项加强工业化项目,其中,农业的多样化和机械化,将为该国的经济和社会生活的转型提供主要的基础。当主张建立涵盖钢铁、炼铝、制糖等各种工厂时,他承诺:"这种发展势头将增强,从而在相对较短的时期内,加纳将成为一个现代化的工业国家,为所有人提供机会和与世界任何国家可比的生活水平。"(Nkrumah,1960)加纳当时是一个低收入的国家,那时世界钢铁市场的主要参与者是法国、日本和联邦德国。事实证明,美好的愿望和雄心壮志如果没有适当考虑经济现实将导致工业化和发展的失败。

是什么造成了这样令人失望的结果?

本章将探讨经济发展失败的原因。很多关于经济发展失败的根源的现有认识主要集中于问题的症状或后果,而不是问题真正的根源。本章强调这样一个事实,建立资本密集型项目,控制制高点以赶超发达国家工业的目标是令人称赞的,但结果往往是得不偿失的。本章还将解释其原因。

尽管现代化的美好意图鼓舞着像恩克鲁玛一样的政治领袖,但是作为一个以资本相对稀缺为特征的经济,却选择过于资本密集的项目来达到这一目标。因此,它们是不符合经济的要素禀赋分布和结构所决定的比较优势的。结果,处于优先领域的企业在开放的竞争市场中没有自生能力。这些企业的初始投资和持续运行需要政府的能力和意愿来调动大量的资源进行投资，依靠各种持续的保护以及各种扭曲的补贴和直接干预。其结果是灾难性的，最终毁了他们的梦想和声誉。

这样的错误不是存在于很多发展中国家所仿效的战略的设计和实施，而恰恰在于这些国家的政策制定者所设置的发展目标，这些目标与当时各自国家的发展水平及其禀赋结构不一致。基于这种不切实际的发展目标所产生的经验教训，本章将简述一种经济分析，解释不符合比较优势的战略注定要失败的原因，并强调超越传统的经济智慧的必要性。

## 自生能力是经济成功的隐藏要素

恩克鲁玛并不孤独。当阅读世界历史时，我常常悲叹于许多政治领导人追求带有真诚和高尚的意图的目标，但却为自己的国家、人民有时也包括自身，造成灾难性的后果。他们把一个国家的发展迹象作为其发展的原因，并动员国内资源，有时也调动国际资源，来建设宏大的项目，以向世界证明这些国家已经结束了过去并达到了新的发展高度。他们的梦想是伟大的，但注定是得不偿失的，因为他们是建立在沙地而非坚实的基础之上。

加纳在恩克鲁玛时期锁定现代先进的资本密集型产业如钢铁或炼铝的动机是明确和可以理解的。"帝国主义、殖民主义没有给加纳留下资本积累，而加纳人民曾帮助西方世界实现他们的产业革命。"恩克鲁玛的人民大会党在他们1962年的"工作和幸福的计划"（人民大会党，1962，pp. 393—394）中这样写道。因此，只有政府可以找到促进"集约化、多元化的农业，快速工业化，以及提高经济生产率的服务和产业"（pp. 393—394）的方式。不幸的是，加纳发展在先进的欧洲国家盛行的新产业的大胆计划不是建立在对经济基础的任何分析上。作为一个有远见和有魅力的政治领袖，恩克鲁玛曾与许多伟大的思想家建立了紧密的人际关系，其中包括一位经济学家、后来的诺奖得主W. 阿瑟·刘易斯，他在20世纪60年代初是恩克鲁玛团队的顾问。然而，即使是刘易斯后来也不得不承认，恩克鲁玛的崇高志向从该国的现实来看是无法实现的。

加纳的发展计划包括创立一个名为"产业发展公司"的国有企业和一个工业发展的量化目标：建立600家企业，沿袭旧结构主义的方式实现经济发展，即"大推进"①。加纳既没有技术能力，也没有具有竞争力的成本结构或融资，来实现其雄心勃勃的目标。即使以乐观的假设，该计划估计国内资源也仅仅能满足该项目25%的融资需求。因此，由公共部门对外借款将构成融资框架的很大一部分。②

在其大胆的资本密集型项目的推进下，第二个发展计划（1959—1964年）期间，加纳实现了较高的投资率，达到平均实际收入的22%。其重工业产能规模是巨大的，新创建的资本密集型产业具有巨大的规模经济。但其产品在国内市场却面临需求不足，同时在国际市场上也毫无竞争力。结果，它们很快以产能过剩和严重损失而告终。

为了生存，这些产业需要政府持续的保护和补贴，这将造成扭曲和其他宏观经济问题：公共企业累计的财务亏损加剧了该国的储蓄赤字，并导致国际收支失衡、高通胀和严峻的宏观经济危机。1964—1966年该国人均国内生产总值创下了连续三年负增长的纪录，通胀率

---

① 旧结构主义政策的一个变体，"大推进"理论的目的是在发展中国家实现工业化。它的支持者认为，狭小的国内市场规模是主要制约因素，并主张政府大力干预以加速这一进程。他们建议在一个特定的部门协调和同时进行公共投资，作为一种在其他部门产生需求和扩大市场规模的方式（Rosenstein-Rodan，1943）。

② 恩克鲁玛自己也承认这一点。在1959年3月4日向议会介绍该计划时，他说："是的，但是，显然我们有能力执行这个伟大的发展计划，而这将在很大程度上受到我们能够从海外获得的资金的影响"（加纳，1959，p.2）。不断恶化的贸易条件使事情变得更糟：在1957年加纳获得独立时，一吨可可豆可以购买约110万桶原油。到了1966年可可价格暴跌，相同数量的可可豆只值40万桶原油（Yeboah，1999）。

从1957年的1.0%上升至1965年的22.7%（Aryeetey and Fosu, 2008）。当国家面临经济崩溃时，"救世主"恩克鲁玛在1966年的军事政变中被赶下台。加纳进入了一段经济低迷、政治和社会动荡的较长时期。其实际人均GDP，在恩克鲁玛被推翻的那一年大概是1 354美元，20年后下降至988美元，到2008年仅仅是1 650美元（Maddison）。

加纳并不是唯一一个曾有过高尚却带来灾难性后果的现代化追求的国家。在第二次世界大战后毛泽东时期的中国、纳赛尔时期的埃及、尼赫鲁时期的印度、苏加诺时期的印度尼西亚，几乎每一个非洲、亚洲和拉丁美洲的发展中国家都采取了类似的战略以实现国家的工业化，结果遭遇了同样的命运（Lin, 2009; Krueger, 1992; Lal, 1983）。在20世纪60年代中期之前，许多东欧和拉美国家的工业化已经开始。无视历史环境和初始条件，早期结构主义政策的结果是令人失望或不可持续的。

在试图了解战后加纳和其他发展中国家糟糕的经济发展表现背后的原因时，许多新古典经济学家都认为削弱经济的是明显的扭曲：垄断的国有企业的存在；向特定行业提供大量补贴；经常的政治捕获和寻租；普遍存在的金融抑制，常伴随着本国货币的高估以及资本和外汇的定量配给；等等。

所以，许多研究者寻找政治经济学类型的解释，聚焦于权力和利益集团的动态变化，就并不奇怪了。有些人认为，某些利益集团的经济、社会或政治利益的规模往往会导致他们获得足够的政治影响力，迫使政府采取对他们有利的扭曲安排（Acemoglu, 2007; Grossman and Helpman, 1994; Sokoloff and Engerman, 2000）。这种说法的逻辑推论，即私有化、更强的产权、更多的部门内外的竞争，已经被推荐给发展中国家，用于改变激励机制并消除扭曲。

经济学家们因此常常依赖于政治经济学的分析，这有各种不同的解释，从政治家们倾向于过多地透支未来（North，1981），到他们对具有再分配职能的税收感兴趣（Alesina and Rodrik，1994；Persson and Tabellini，1994），或者投资对未来政治平衡的影响（Besley and Coate，1998；Acemoglu and Robinson，2002），或者干脆是执行能力低。因为许多发展中国家和加纳一样，似乎不能简单地说被投资不足所困扰，而是投资在错误的产业上，更为近期的分析认为，"白象"的建设应被视为旨在影响选举结果的再分配。例如，罗宾逊和托尔维克（Robinson and Torvik，2005）提供的一种政治经济模型显示，"白象"是无效率再分配的一种特定类型，但当政治家发现很难向支持者做出可信的承诺时在政治上却有吸引力。他们认为正是其低效性使它们具有政治上的吸引力。为什么呢？因为它允许只有某些政治家才能够可信地承诺建造"白象"，从而进入可信的再分配。事实上，并非所有的政治家都能可信地执行这些项目，从而给那些能够做到的人以战略优势。①

从表面价值上看，这些政治经济学的猜测似乎是有些道理的。毕竟，在发展中国家强大的利益集团往往与先进的资本密集型行业相联系，它们往往从政府保护中获益良多。但历史证据表明，当造成扭曲的保护主义政策措施最初被引入发展中国家时，最强大的利益集团，即地主们，似乎反常地受害最大。尽管强大的城市企业家往往得益于保护主义政策，但他们也因许多使经济系统运转所必需的其他扭曲而受损。例如，他们经常遭受在先进产业无处不在的国家所有制的主导。此外，那些发起战略的政治领导人，如恩克鲁玛和苏加诺，由于经济表现不佳，往往失去了民众支持和政治力量。

其他发展理论学家为低收入国家的扭曲的根源提供了另一种解释，

---

① 社会有效的项目没有这个特征，因为所有的政治家都能承诺建立它们，因此它们在政治结果上有一个对称的影响。所以，如果政治利益比社会有效的项目产生的盈余更多，白象可能比社会有效的项目更受偏好。

认为政府不得不寻找一种创造性的方式，以减轻他们的税收征管问题。这种"公共财政"观点可以表述为：在发展中国家存在一个庞大的不纳税的地下经济，迫使政府不可避免地寻找一些快速的解决之道；为确保稳定的财政收入流，各国政府必须支持更容易获得税收的部门发展！（例如，Gordon and Li，2005）但这种说法是经不起推敲的。它没有解释为什么从这些先进的现代化部门征收税款的数额往往小于向它们提供的补贴，也没有说明在发展中国家税收一般如何使用。此外，"公共财政"观点忽略了其他类型的管制和要素市场扭曲的存在以及由国家所有的大型现代化企业所导致的更广泛的经济并发症。

仔细阅读众多经济发展文献中描述的引起加纳和其他国家经济发展失败的显而易见的原因，可以看到这些事实上是有关产业选择的糟糕战略的结果——也是在给定的现行国家环境下使本质上不具有自生能力的公共和私营企业维持经营的必然。这些是由崇高的发展目标决定的战略选择所内生的。但大多数经济学家未能抓住这种发展失败的真正原因。那么，其随后的政策建议——希望改变激励机制就足以推动可持续增长——或者是错误的，或者不足以帮助贫穷国家的决策者摆脱贫困陷阱，就是毫不奇怪的了。

因此，有必要探寻长期困扰许多发展中国家（如加纳）的大量经济扭曲产生和持续的真正原因。探寻应该始于承认这种发展战略没有触及问题的根本，因为他们过少地关注一个国家长期表现的一个最重要的决定因素：企业的自生能力。字典中定义的自生能力是其最基本的含义"诞生以后的生存能力"或"正常生长和发展的能力"，在商业和经济的世界里可以定义为企业在一个自由、开放和竞争的市场中获得的预期利润率。一个广泛意义上管理良好的企业，如果在一个自由、开放和竞争的市场中在没有任何外部补贴或保护的情况下能够赚取社会可接受的正常利润，则被视为是有自生能力的。

先回到二战时期后的历史和知识情景中。在全球性的战争悲剧之后，新出现在国际舞台上的许多发展中国家的领导人，相信发展最先进的产业是现代化建设和国家建设的一种手段。在既定的发展水平下，他们设计和实施了过于雄心勃勃的计划以建立"制高点"。他们试图加速先进的资本密集型产业的发展，认为这是实现国家快速工业化和现代化的一个处方。

知识界也有了新的变化，在发展经济学这个新创建的领域有一些受人尊敬的经济学家，对这样的政策提供了一个强有力的解释。与现代重工业发展的政治意图并行的，是学术圈对"市场失灵"的痴迷，尤其是在拉美国家。许多有影响力的经济学家和政策制定者（他们中有赫希曼（Albert Hirschman）、普雷维什（Raul Prebisch）、坎波斯（Roberto Campos）和弗塔多（Celso Furtado））认为由于结构僵化和协调性问题，在发展中国家工业化和增长不能自发地发生。①

然而，因为发展中国家在劳动力和自然资源而不是资本方面相对丰裕，所以当时这些贫穷国家的禀赋结构并不适应发展先进的资本密集型产业，或者说不符合它们的比较优势。在这些国家创建的企业无法与资本丰裕的发达国家的企业竞争。因此，它们在开放的、竞争的市场中没有自生能力，没有政府补贴或保护将无法生存。历史上这些错误的例子实际上可以追溯至匈牙利或者俄罗斯，它们试图在19世纪后期赶上英国的现代化工业（Gerschenkron，1962）。尽管个别国家的GDP统计数字缺乏，麦迪森（Maddison，2006）的购买力平价估计表

---

① 这些作者主张需要改变国际分工，特别是主张发展中国家需要成为制造业的生产和出口国，但他们的内向型政策观点随着时间的推移在演变。例如，普雷维什成为20世纪50年代后期过度进口—替代—工业化的早期批评者，而主张采取进口替代的工业战略与出口促进（多样化）和区域一体化混合的策略。他拒绝了"不平等的世界秩序"，深信在现有的国际经济体系中存在不对称性，包括在贸易和金融领域。但这种看法几乎没有独特的普雷维什或"旧结构主义"的特征，因为它在国际组织中也广泛存在，包括世界银行，它的创建在某种程度上是为了纠正这些不平等。

明，其人均GDP在1900年相当于英国的25%—30%。任何试图跨越这种巨大差距，在这些国家的农业经济基础之上实现现代化工业发展的努力，将依赖于国家从垄断到投入品价格扭曲的各种保护和补贴措施。

斯大林领导下的苏联能够建立先进的重工业，并成为一个军事超级大国长达半个世纪，是因为它是世界上资源最丰裕的国家，可以使用大量资源租金补贴缺乏竞争力的行业。对于大多数亚洲、非洲甚至拉丁美洲的发展中国家来说情况并非如此，然而政治领导人都跳入了相同的陷阱。当他们的人均收入只相当于高收入国家的很小一部分时，将发展目标定位在先进的现代化资本密集型产业是无法持续下去的。

在20世纪70年代中期以前，东欧一直增长很快（例如，苏联在20世纪60年代以前快速增长，在某些时期则是以惊人的速度增长）。拉丁美洲在1945—1980年间年均增长率为5.5%（如果南锥国家被排除在外则为6.0%），相比之下，自1990年以来平均每年以3.2%的速度增长。巴西和墨西哥在1980年以前约40年的时间里增长非常快，市场化改革后增长却非常缓慢。而在20世纪70年代中期之前，非洲的表现也一直不错，除南非以外，该地区在1950—1974年每年增长5.2%。这些数字促使一些分析者得出结论，前期并非失败。但这可能是一种误读：结构主义政策之下初始时期的高增长是一种投资导向的增长结果，这种模式是不能持续的，因为政策制定者的目标产业和私营企业往往不符合比较优势，并要求保护或补贴。一旦国内资源和国外借贷的可能性用尽，经济增长放缓也就不足为奇了。随着增长表现的衰弱，经济危机是难以避免的。

然而令人不愉快的事实是：很多经济学家已经研究了大量最终导致贫穷甚至灾难性经济表现的产业政策失败的例子，但却很难给出令人信服的解释。虽然他们的政治经济理论阐述得相当不错，但其基本假设常常与那些似乎决定了世界各地政治领导人决策和行为方式的激励框架不一致。很难相信冒着生命危险带领自己的国家走向独立和自由的第一代革命领导人，像恩克鲁玛、苏哈托、尼雷尔和纳赛尔，会有意地发展大量的低效产业项目，给各自国家的经济以及他们自己的政治生涯和历史声誉带来毁灭性后果。

此外，与许多政治经济理论家的说法相反，在发展中国家独立（或革命）后的许多年，这些国家的产业精英并没有真正代表统治阶级。这些国家一般以农业或资源为基础。在夺取政权之前，执政党通常依靠农民和农村地主阶级的政治支持。但赢得政治独立后，他们通常挤压他们在农村的政治基础，以支持工业发展。大型工业企业中的精英根本不存在或数量太少以至于没有政治权力。因此，认为倾向于建立和维持"白象"——甚至当已知"白象"必然失败时——是一种有意为之的公共决策，是不能令人信服的。

阻碍许多发展中国家领导人创立雄心勃勃的工业企业，并最终使这些企业难以为继甚至破产的问题，表面上是管理团队的质量或再分配的安排，但摆在首位的实际问题是这些发展项目的可行性。即使被委托给最好的管理者、最有效的制度安排，以及取得良好表现的最优激励机制，这些企业也无法与先进国家的企业在一个开放的市场中竞争，并产生可接受的回报率。

为什么呢？因为它们在特定的部门和行业中被创立和运行，在这些部门和行业中没有保护和补贴它们将没有生存的机会。换句话说，与其全球的竞争对手相比，它们本质上是不适应环境的。不管它们在具有战略意义的方面能够实现什么，加纳独立后产生于现代化、资本密集型产业的企业，在开放的、未受保护的和竞争的环境中注定是要失败的。在全球层面上，它们的部门定位与经济成功的要求是不匹配的，这往往反映了特定的禀赋结构。

一个发展中国家本质上具有相对丰裕的劳动力或自然资源，但资本相对稀缺。在发展中国家劳动力或自然资源的价格相对较低，而资本价格相对较高。因此，发展中国家在重工业上有着先天的劣势，因为重工业企业需要大量的资金投入和少量的劳动投入，其生产成本自然高于发达国家的水平。这是比较优势的概念，即建议国家投入其相对充裕的要素来生产商品和服务，从而实现低于其他国家的生产成本。[①] 恩克鲁玛总统和许多发展中国家的领袖选择违背他们经济的比较优势，试图在资本稀缺的环境下创建重工业项目，应验了中国的一个古老谚语"人不能拔苗助长"。

为什么发展经济学家忽视了企业的自生能力这么重要的问题呢？也许是因为他们受到了新古典经济学的教育和影响。除了众所周知的理性假设，新古典经济学隐含的假定是经济中存在的任何企业都有自生能力。新古典理论发源于发达国家，主要试图解释发达国家中的现象。假定经济中的企业具有自生能力在发达国家是合理的，因为发达国家的政府一般不为企业提供补贴，除了一些众所周知的小行业，如农业（出于就业和政治经济的考虑）、国防（出于国家安全的考虑），或者全新的、高风险的科技产业（出于公共产品的考虑）。在这种背景下，就有理由假设其他行业的商业风险将完全由私人投资者来判断，并且只有当它们具有自生能力时私人资本才会投入。也就是说，它们被预期能够通过正常管理来赚取社会可接受的正常利润。此外，当私人投资者在产业中对企业投错了赌注，因不符合该国的比较优势而不具有自生能力时，他们将会赔钱并迅速地被市场淘汰，这正是市场竞争的本质。

正是因为新古典经济学隐含的假定是所有的企业都具有自生能力，

---

① 比较优势的想法最初由大卫·李嘉图在1819年提出（Ricardo, 1921）。在第六章中我会对其进行更加深入的讨论。

所以当早期的发展经济学家不知不觉中受到这个假设的影响,看到发展中国家无法在开放、竞争的市场中自发地发展现代化的资本密集型产业时,他们就把这归因为各种结构僵化导致的市场失灵,而没有看到企业在这些行业中的自生能力问题(Arndt,1985)。同样,在20世纪80年代,当经济学家观察到增长表现较差的转型国家和发展中国家中的普遍扭曲时,他们没有认识到扭曲是由政府在优先领域出于保护没有自生能力的企业的需要而引发的次优安排,建议快速地、坚决地消除这些扭曲,而不是首先解决这些企业的自生能力问题(Lin,2009)。

## 梦想和无知的政治经济学

加纳早期发展的故事说明了一个普遍的现象。受到前殖民地国家现代化工业的力量和20世纪30年代大萧条期间苏联工业化显著成功的影响,20世纪五六十年代世界范围内的发展中国家的政治领导人都追求同样的伟大梦想。几乎是政治社会学和经济史中的一个特征事实,贫穷国家的领导人往往是在其国家历史上的关键时刻(如殖民主义的结束或革命的开始)获得权力,倾向于为自己的国家背负一个伟大、神圣的愿望:按照苏联的斯大林模式(苏联在当时是一个经济和军事上成功的光辉榜样),通过工业化实现现代化。这一愿望建立在人类进步的信念和理想上,那就是贫穷国家(包括那些最低收入水平的国家)应使用国家的行政手段,调动资源去开展象征着对繁荣的集体求索的大型工程和项目。

非洲、南亚和拉美的政治领导人对先进重工业的推动,主要反映了他们对各自国家的经济结构和发展水平之间的关系缺乏了解。假如这些领导人懂得在追求过于雄心勃勃的目标与其对他们的国家、他们的历史遗产、他们的政治生涯甚至他们的生命造成的代价之间进行权衡，他们中的大部分人可能就会寻找其他的发展战略。① 毕竟，政治家也是有着完全合理的目标函数和偏好的理性。他们从来没有必要自讨苦吃！他们对不符合由他们国家的禀赋结构所决定的比较优势的大的资本密集型项目的追求，从本质上揭示了其经济思想的缺陷，而不只是一个身份的确认或政治经济学的计算。

纵观人类历史，只要执政地位没有受到威胁，大多数领导人的主要动机就是维持执政地位和为自己建立一个良好的历史声誉。② 为他们的国家带来经济繁荣一直是实现其目标的关键。但是，自亚当·斯密的《国富论》出版后两百多年以来，经济学家们还没有找到一条通往国家经济繁荣的确定路径，很少有政治领导人明白经济成功的机制。他们看到了先进的资本密集型产业赋予发达的西方国家的力量，于是大多数新独立的发展中国家的政治领导人简单地选择建立与西方发达经济体类似的产业，并相信这些产业确实是他们的国家实现现代化所必需的。他们采用了他们的国家为发展这些产业所需要的政策工具、干预手段和制度。并且他们的目标和行动依据二战后出现的占主导地位的结构主义的发展思路是合乎理性的。

因此，他们的经济民族主义源于他们缺乏对什么是经济结构的内生性的了解。因为他们并不认为，发达国家和发展中国家之间的结构

---

① 启发了许多发展中国家领导人的斯大林的现代化模式的成功是具有误导性的：苏联能够在前40年获得明显的成功并维持其体制长达60年，直到20世纪80年代后期，是因为它在20世纪初曾拥有世界上最充裕的人均自然资源禀赋和2.9亿的庞大人口。因此，国家有可能筹集足够的资源，并在很长一段时期资助大量无自生能力的企业。许多发展中国家遵循类似的战略很快就失败，是因为它们没有相同的禀赋，而且它们的人口通常要少得多（Lin, 2009）。

② 甚至包括柬埔寨的沙罗斯·沙尔（后来成为波尔布特），在许多他的传记中被描述为一直专注于获得良好的声誉。在他红色高棉的悲剧记载中，Short（2004）认为那些令人震惊的行为源于不计后果的无能。在斯大林的政治传记中，Service（2005）指出，这位苏联领导人太沉迷于留给后人的伟大遗产。这本书解释了斯大林的长期持久的个人魅力，将他描述为不只是一个独裁者，还是一个沉浸于理想的人和一个马克思主义学说、俄罗斯和格鲁吉亚文学的狂热读者，以及一个承诺要确保俄罗斯在世界舞台上扮演强大角色的国际主义者。

性差异是内生于它们不同的禀赋结构,他们往往依据当时的各种发展理论制定政策,这些理论主要是用低收入国家的结构性僵化所产生的市场失灵来解释工业强国和低收入国家经济结构之间的差异。这些理论建议发展中国家使用大规模的政府干预措施来克服市场失灵,从而改变其经济的生产结构,希望实现与先进国家相同的发展水平。极少有发展中国家的领导人意识到,他们对自己国家的愿景只能一步一步地实现,而不能依靠跨越式的发展战略。①

加纳的恩克鲁玛是受高尚的意图启发实施错误的发展战略的一个例子。喀麦隆、肯尼亚、尼日利亚、塞内加尔、坦桑尼亚、赞比亚和其他各大洲的许多低收入国家的政治领导人也将先进产业的发展视为各自实现其长期追求的目标的一部分,即赶超发达国家,建立公平的社会,减少对旧殖民政权的依赖。不仅学术界推崇这种方法,而且自给自足和进口替代的工业化也与强有力的政治意识形态具有内在的关联。为了证明他们"民族主义的宏观经济学"的信念(Monga, 2006, p. 243),当时许多经济学家认为不发达应该主要被认为是缺乏投资。然而,实际上在非洲国家有大量投资。问题是投资增长并未带来持续的产出增长。因此,有必要把重点放在投资的配置不当上。②

其他发展中国家的领导人也有一个相同的追求。我的祖国中国在18世纪之前的一千年是世界上最大和最繁荣的国家。在1839—1842年

---

① 我将在第四章讨论那些成功国家的秘密。
② 在1960—1994年间,非洲投资占GDP的9.6%(以国际价格衡量),而其他发展中国家的这一比例为15.6%(Hoeffler, 1999)。因此,非洲的投资率被认为低于11%,而11%被认为是一国的现代经济增长开始进入起飞阶段所需要的投资率(Rostow, 1960)。但任何有关投资是否是非洲增长表现不佳的来源的声明都应该分析投资的组成——以及是否更多的在政府控制下的公共投资,将有利于国家。Devarajan, Easterly and Pack (2002) 分析了国家整个经济体系的投资的生产率,并试图通过坦桑尼亚制造业演变的案例对产生总体结果的背后过程进行深入研究。他们发现,投资少并不是制约非洲发展的主要因素。认识到私人投资是内生的,他们使用工具变量(把一个时期开始的私人投资水平作为工具)的方法。他们的基本发现是,在非洲公共投资与经济增长不相关。私人投资与增长也并不相关,除非将博茨瓦纳包含在样本中。理由是,博茨瓦纳是非洲唯一一个经历了高私人投资率和高增长的国家。

的鸦片战争中被英国打败，此后多次被其他西方列强击败，而变成了一个半殖民地国家，其领土被英国、俄罗斯和日本占领，海关税收也被外国人控制。工业落后——特别是缺乏作为军事力量和经济实力基础的大量重工业——被社会和政治精英认为是导致国家政治脆弱和经济落后的根源。因此，毛泽东和其他革命领导人自然在他们赢得革命的胜利和开始国家建设时，优先发展大型、重型的先进工业。不幸的是，错误的战略选择和政策失误，即通过"大跃进"来实现工业化，导致1959—1961年的大饥荒，造成三千多万人的死亡（Lin，1990）。

同样，印度首任总理（1947—1964年）贾瓦哈拉尔·尼赫鲁，在独立后不久，也推出了他的工业化项目以实现国家现代化。他的计划的核心是一个快速成长的"重工业产品"机械制造业综合体，其拥有巨大的机械制造能力来生产钢铁、化工、化肥、电力、交通运输设备等（Balakrishnan，2008）。这一政府战略是通过不成比例地在这些机械制造业中投资，带来一个快速增长的重工业产品部门。其背后的增长模型源于印度经济学家、尼赫鲁的顾问 P. C. 马哈拉诺比斯（P. C. Mahalanobis），这个模型被批评者认为是受到了苏联计划文献的启发。其根据目前的投资配置估计增长前景，而且基本上选择的是在任何给定的投资支出下使增长率最大化的配置。①

苏加诺，印度尼西亚独立斗争的领导人及其第一任总统（1945—1967年），也走上了一条雄心勃勃的现代化道路。为了支持建立一个资本密集型的工业基础，政府几乎对经济进行完全控制，包括对外贸易和银行信贷。由于工业中的公共支出不能通过税收获得，政府转向

---

① "或多或少作为一种核算方案，马哈拉诺比斯模型绝对是一个供给方模型。这个模型没有认识到资本积累的需求约束，也很少注意到需求放缓颠覆经济增长的可能。这个具有苏联意义的模型建立在投入和产出之间的纯物质关系之上，是经典的'命令经济'，由计划者制定投资，并由部长来执行。在印度并非如此，无处不在的私人部门仅投资于不断增长的利润或利润预期。"（Balakrishnan，2007，p.13）

中央银行信贷和庞大的预算赤字，而这迅速导致了高通胀和经济停滞。结果，在苏加诺的大部分任期内，真实的人均收入一直停滞不前或出现下降。①

在他的继任者苏哈托总统"新政"时期，政府也推行了雄心勃勃的先进技术的投资，例如航空业，在印度尼西亚该行业不具有竞争力，且与快速增长的劳动力相比提供的就业机会极少。政府还通过使用贸易保护政策来改变产业的组成，从食品加工等轻工业转向炼油、钢铁、水泥等重工业，这些重工业往往由与总统有密切联系的私人且大多是外国投资者控制。20世纪80年代中期，石油市场的崩溃才使得政府改变其经济政策，但损害已经造成了。

从加麦尔·阿卜杜勒·纳赛尔开始，埃及也经历了同样的经济考验。尽管纳赛尔自己倾向于社会主义，但出于对美国成功的着迷，他希望找到一个良好的发展战略。在他的第一个五年计划（1960/1961—1964/1965）时期，他倡导"阿拉伯社会主义"，对银行和公用事业实行国有化，从而为侧重于钢铁、化肥、造纸和采矿等重工业的工业化计划进行融资。

该计划的批评者指出在设计过程中缺少与私人部门的协调，缺少对目标可行性与预测一致性的研究。他们还指出投资标准和项目评估方法的弱点——缺少明确的宏观经济政策或执行的政策指引（Mabro, 1974; Mabro and Radwan, 1976）。真正的问题不是缺乏与私人部门的协调，而是缺乏自生能力。由于不符合埃及的比较优势，在一个开放的、竞争的市场中缺少盈利性，私人企业没有激励进行自发的投资。当政府支持投资时，如果这些企业由私人所有，它们就有更高的激励

---

① Glassburner（2007）估计，印度尼西亚的实际人均收入在1966年为3.6%，低于1958年的水平。

去寻求更多政府补贴和保护。①

纳赛尔的工业化战略的经济成果和影响是令人失望的：在他总统任期（1956—1970年）的14年中，人均GDP增长38%②，埃及的经济表现受害于政府对错误产业的干预，无竞争力和低效的国有企业以及最终导致低投资率的低储蓄率便是一览无余（Abu-Bader and Abu-Qarn，2005）。

塞内加尔的第一个四年发展计划（1961—1964年）在其获得国家独立的几个月后被政府采纳，该计划阐述得很清楚，尽管政府期望在工业部门中有重要的私人资本，但它"不会居于被动，将在设计工业化方案中发挥主要作用"。该计划还指出："国家将更直接地参与行动，以促进和鼓励新兴产业，参与和资助那些私人部门可能不感兴趣的产业。"（Rocheteau，1982，p. 240）这样的政策立场使塞内加尔政府于20世纪60年代初在先进的资本密集型产业创建了国有企业，如化肥生产和非常昂贵的卡车装配工厂。理性地想一想，私营企业家不愿投资于那些重工业是不足为奇的，他们知道这些产业在开放的竞争市场中没有自生能力，只有通过持续的补贴或者保护才是有利可图的。事实上，尽管偶尔能从国有商业银行获得信贷资金，但它们从来没有竞争力（Rocheteau，1982）。

没有经济史百科全书能够完全列尽发展中世界这些错误的经济战略的例子，其中许多战略的设计和应用是出于美好的信念。但是，正如爱因斯坦曾经说过的："不尝试新事物的人从不犯错。"他呼应了爱尔兰小说家詹姆斯·乔伊斯的观点："一个人的错误是通往发现的门户。"

---

① 理论探讨参见Lin and Tan（1999）和Lin and Li（2008）。
② 根据Maddison（2006）的统计，埃及的人均GDP从1956年的905上升到1970年的1 254（1990年国际元）。

今天真正令人担忧的是，许多经济学家和发展中国家的领导人似乎并未从他们的经验中吸取正确的教训。许多经济学家——面对以下悲惨的事实，在其发展过程中的某一时点，几乎所有发展中国家的政府都试图发挥促进作用，结果却失败了——因此总结积极的政府政策是错误的。第二次世界大战后灾难性的工业化尝试就是证据，政府积极参与工业发展注定要失败。然而，在历史上几乎任何成功赶超的经济当中，政府在促进产业升级和多样化中都发挥了积极的促进作用。

仔细观察资本主义的历史我们会发现，即使是英国和美国——通常认为它们取得成功是通过采取自由放任的政策，而当时其他国家是采用过时的重商主义战略——实际上也通过各种形式的积极的政府干预，包括关税、补贴和其他措施促进了本国工业发展（Chang，2002）。当今很多其他的富裕国家也曾使用过广泛的政府干预来快速启动它们现代经济增长的过程。19世纪德国和日本启动它们的工业化，是在纺织、钢铁和造船业建立国有企业。二战结束后法国、挪威、芬兰、奥地利、韩国和新加坡也依靠国有企业实现了经济现代化（Chang，2007，2008）。但很少有系统的分析致力于解释这些成功国家的政府干预导致持续增长、就业创造和结构转型的个案。因此，有必要超越成功或失败的片面证据，去理解经济发展的动态机制。

## "不要看你在哪里跌倒，要看你在哪里打滑"

奥斯卡·王尔德用他典型的黑色幽默曾经说过："值得一学的都教不会。"这可能有些夸大其辞：经济历史已经表明，英明的政治领导人通过学习别人好的和坏的经验能够获得宝贵的知识。尽管如此，王尔德的基本观点很可能是正确的：虽然从自己的错误中学习从来都不是一件轻而易举的事，但是它往往是获取知识并取得成功所必需的。对于发展中国家的政策制定者来说，不这样做会有代价高昂的结果。

2008年8月，我访问了阿克拉，并在加纳大学做了关于反思经济发展的演讲。为了提醒听众过去的一些失败，我指出，过去的实验中存在的问题不是雄心勃勃的愿望，而是其不切实际的本质及其与较低的发展水平的不一致。参加了该国早期工业化运行的一位年老的、受人尊敬的前部长进行了评论。尽管积累了超过50年的证据，他仍然认为，加纳需要发展资本密集型产业，从而生产机械及设备来发展加纳其他的产业。他不只是试图捍卫恩克鲁玛时代失败的政策。他仍然由衷地相信，为了他们的国家和大陆，他们出于美好的信念采取行动，并做出了正确的决定，但他们只是在实现他们的"好的"发展战略时碰到了问题。

经济学家和政策制定者必须明白为什么许多其他用意良好的经济发展战略未能实现其既定目标。"给我错误好了，只要它有籽，会带着它自己的正确生长；至于无果的真理，还是你自己留着吧。"这是意大利著名经济学家、工程师、社会学家和哲学家维尔弗雷多·帕累托常常给政策制定者和研究者的建议。理解过去错误的经济学的确是更加自信地向前探索繁荣的一个关键的先决条件。这样做时，我们不妨记住我在非洲访问时学到的一个谚语："不要看你在哪里跌倒，要看你在哪里打滑。"解读经济的失败也很重要，因为尽管在世界上的每一个国家一般都有不良的政府干预记录，但它们仍然有意或无意地奉行干预主义的产业政策。这实际上可能是有关经济政策保守得最好的秘密。不仅对通常的怀疑对象，如巴西、中国、法国和新加坡，而且对智利、德国、英国和美国来说，这同样正确。这是令人惊讶的，因为人们忘记了产业政策泛指任何鼓励正在进行的活动或投资于某一特定行业的所有政府决策、条例以及法律。毕竟，经济发展和持续增长是持续的产业和技术升级的结果，这需要公共部门和私人部门的合作。

恩克鲁玛、苏加诺、纳赛尔和世界其他领导人失败的真正原因，在于其发展目标选择上的错误，不要看他们在哪里跌倒了，但要看他们在哪里打滑。他们崇高的意图和民族主义的驱动并不足以保护他们免受由不可持续的工业追求的恶性循环而产生的经济灾难。他们失败是因为他们过于雄心勃勃，这造成了有利于特定社会群体的扭曲，这些社会群体最终成为政治的既得利益者。理解这些失败的负面经济动态机制对向前发展是非常重要的。

许多发展中国家和前社会主义国家的最大错误是违背了由自身要素禀赋决定的比较优势：在这些国家要素禀赋的特点是充裕的劳动力和稀缺的资本，政府的政策旨在建设现代化的、先进的资本密集型重工业。① 由于在发展中国家其较高的资本需求和结构上的高生产成本，这些优先产业的企业在开放、竞争的市场中是没有自生能力的。即使这些企业管理良好，在没有扭曲和竞争的市场中它们也无法赚取社会可接受的利润。

为了调动资源在先进的资本密集部门进行投资和维持运行，发展中国家政府必须对这些优先产业的企业进行补贴和保护。由于税收征管能力有限，大规模的补贴无法持续下去。因此，为了降低投资成本和维持无自生能力的企业的运行，政府采取了行政措施——给予优先领域企业市场垄断的地位，抑制利率，高估本国货币，控制原材料的价格（Lin，2009）。这些扭曲能够使一些贫穷国家在其发展的早期阶段建立先进的资本密集型产业，至少是暂时的。但它们同时也导

---

① 有很多令人尊敬的理论支持优先发展资本品产业的战略，例如1953年印度著名统计学家马哈拉诺比斯创立的经济发展模式，成为印度的第二个五年计划的基础（Bhagwati and Chakravarty，1969），以及在阿玛蒂亚·森（Amartya Sen）在剑桥大学的博士论文中进行讨论，后来成书出版（1960），最近又被Murphy，Shleifer and Vishny（1989）讨论的那些理论。

致了激励机制的抑制、资源配置不当和经济效率低下（Lin and Li, 2009）。

恩克鲁玛认为工业化应该是加纳经济增长和繁荣的主要驱动力，并且认为当时通过本地加工产品的生产和出口增加价值是非常重要的，这是正确的。但是他错误地认为，他的国家在20世纪50年代末就准备与发达经济体在所有类型的先进产业展开竞争。为了这个目的，他建立了工业城特马（在加纳东南部，几内亚湾沿岸），甚至确保这些产业被建立在加纳的大部分地区和行政区域——无论其自生能力如何。他设想了一个广泛的制造业分布，包括铝、钢、炼油、水泥和化学品。但是他劳动力充裕而资本稀缺的经济，还没有准备好在没有补贴和保护的情况下发展这些资本密集型的产业。尽管他的动机很崇高，但这些企业注定要么失败，要么给公共财政造成巨大负担。

20世纪50年代埃及失败的工业化计划（主要有铁、钢和化学品制造业等重工业）也说明了一个恶性循环。该国的人均收入相当于同期美国的5%左右，美国是当时世界上最大的钢铁生产商。钢被认为是特别重要的，因为它是其他行业（机械、汽车、船舶和铁路）的战略物资。但它具有较大的规模经济，并且需要大量资金，而这是埃及私人公司负担不起的。

在政府的努力下，一个单独的公司被建立起来，最终控制了当地超过60%的市场，但仍然有未使用的过剩产能（Selim, 2006）。政府实行高关税，保护它免受外国竞争，但对消费者又构成高成本。虽然政府最终保住了当地的钢铁工业，却在公共财政上承担着巨大的成本。此外，埃及雄心勃勃的发展计划需要大量的投资和设备进口，至少在初始阶段，引起了巨大的金融资源和外汇的短缺。像掉入同样陷阱的其他许多发展中国家的政府一样，埃及当局不得不通过行政措施，包括国家计划、信贷配给以及进入和投资许可，直接向优先领域的企业分配其有限的资源和外汇（Lin，2009；Lin and Li，2009）。①

一旦这些扭曲被引入经济，在政治上就难以消除，主要有三个原因：第一，违背比较优势的发展战略产生了产业精英，他们普遍富有，并有较好的政治关系，特别是在非社会主义国家。第二，这些产业被认为是国家现代化计划的骨干。取消补贴和保护将导致其崩溃，这是社会不能接受的结果。第三，其崩溃会造成大量的失业和社会与政治的不稳定。这就是为什么东欧和前苏联国家的政府继续补贴大的、衰落的产业，即使在其私有化后（Lin，2009；Lin and Tan，1999）。

为保护不可持续的产业免受进口产品的竞争，发展中国家不可避免地给它们的经济增加各类其他成本。保护通常导致进口品价格和进口替代商品价格相对于世界价格的提高，以及激励的扭曲，从经济效率的角度来看推动经济消费了错误的商品组合。它分散了市场，使经济生产过多的小规模的商品，再次造成效率的损失。它减少了来自外国企业的竞争，并鼓励国内企业拥有垄断力量，这些企业主有较好的政治关联。它创造了寻租和腐败的机会，并提高了投入和交易成本（Krueger，1974）。②

最初的扭曲源于误导的经济发展战略，随后与"白象"和政治相伴而生。在一些低收入和中等收入国家，不符合比较优势的发展战略还导致了官僚机构的建立，这本身也成为进步的一个障碍（世界银行，1995）。

---

① 在发展中国家，特别是在拉丁美洲国家，还有其他一些有关政府干预和扭曲的假设。在 Olson（1982）、Acemoglu et al.（2001，2002，2005）、Grossman and Helpman（1996，2001）和 Engerman and Sokoloff（1997）的模型中，政府干预和制度扭曲来自强大的既得利益精英对政府的影响。从逻辑上讲，他们的模型可以解释一些观测到的干预和扭曲，如进口配额、税收补贴、准入管制等。然而，他们的理论不能解释其他重要的干预和扭曲，例如，公有企业在发展中国家是普遍的，尽管这是与强大的精英们的利益相悖的，以及在20世纪40年代和50年代，当大多数权力精英属于地主阶级时，却有保护工业部门的大部分扭曲被引入。然而，一旦政府引入了扭曲，即使这种扭曲是因高尚的目的而造成的，也会形成一组既得利益。既得利益观点可能适合于解释去除扭曲的困难。

② 参见 Krugman（1993）关于这些问题的一般性阐述。

## 不要把婴儿同洗澡水一起倒掉

到了20世纪70年代，在许多国家经历了广泛的政府干预赶超发达经济体的几十年不成功的尝试之后，大多数经济学家不得不承认政府失灵的沉重代价。但他们不是认真检讨失败的具体原因，而是匆忙地得出结论，认为几乎所有的政府干预都是有害的。发展思想的钟摆走向了另一个极端。不幸的后果是国家机器普遍不愿意从事致力于结构变迁的积极经济政策——发展经济学文献嘲之为"挑选优胜者"。主导了20世纪80年代拉美债务危机之后发展思想的新自由主义"华盛顿共识"政策，以及随后由布雷顿森林体系给出的政策改革的结构调整方案，都鼓励各国政府消除市场扭曲，从根本上改革社会计划，并远离产业政策。

虽然华盛顿共识的准则是常识性的，并体现了宏观经济稳定的大原则，但它们大多反映了过去几十年人们对经济发展战略的失望。此外，它们也忽视了发展中国家所面临的关键政策问题：如何确保由政府之前采取的发展战略遗留下来的大量前优先部门企业的自生能力，以及如何促进企业进入具有实际或潜在比较优势的产业。然而，华盛顿共识成为20世纪80年代经济发展战略的新蓝图，几乎得到了所有主要国际发展机构的推进。

结果，许多发展中国家在防止与老的优先部门的崩溃有关的高失业率和其他严重后果，以及为有竞争力的私人部门的发展和经济增长创造条件方面做得远远不够。即使是广泛的改革也仅仅意味着确保财政纪律、有"竞争力"的汇率、贸易和金融自由化、私有化和放松管制——保证政府最低程度地参与到经济发展中。新的处方并不总能取得令人满意的成果。萨尔瓦多在20世纪90年代初实施了一系列激进的改革，却并没有从努力中看到明显的回报。它实现了宏观经济的稳定。经济向对外贸易和投资进行开放。它完成了对重点行业的私有化和放松管制。公共机构的服务质量得到提高。以各种统计指标衡量的民主治理得以确立。然而，它的人均 GDP 连恢复到接近 20 世纪 70 年代末的水平都很缓慢。委内瑞拉前部长和泛美开发银行前首席经济学家，现任哈佛大学发展经济学教授的里卡多·豪斯曼（Ricardo Hausmann）经常讲述这样一个故事：一个萨尔瓦多的政府高官曾问他为什么他的国家所做的一切和智利一样，但却从来没有经历过同样的动态增长！

秘鲁也是如此。虽然它最近拥有了高经济增长率，但其良好的增长表现实际上是从始于 20 世纪 70 年代的显著和持续的崩溃复苏。出口部门的转型少得令人吃惊：矿业和能源领域的经济活动下降了，而正是这些领域引领当前的出口复苏到以人均真实量计算相当于几十年前的水平。"结构转型的缺乏与秘鲁在产品空间衔接不好的部分的定位有关系，这充分暴露了其在向新活动转变过程中的协调失灵。此外，目前秘鲁的出口品组合是资本非常密集的，只能产生极少的就业机会，特别是在拥有大部分劳动人口的市区。这限制了当前增长路径的福利。"（Hausmann and Klinger，2008，p. 2）

许多非洲国家的局面变得更糟，包括那些长期被视为自由市场原则和改革的成功模范的国家。在科特迪瓦，最初实施于 20 世纪 80 年代初的稳定和结构调整的政策，尽管有放弃旧结构主义政策的努力，却一直进展缓慢。根据麦迪森（Maddison，2006）的研究，该国的人均 GDP 在 1981—2008 年间下降了 46%，从 2 034 美元下降到 1 095 美元。令人惊讶的是，尽管科特迪瓦长期以改革者的形象出现，但一些研究者推测，这个国家的表现其实是"局部的调整"，约束调整过程的几个因素是：经济冲击的严重性和复发性，由贸易条件的下降可见一斑；僵化和扭曲的持久性，包括从与非洲金融共同体法郎到法国法郎再到欧元的挂钩，这一过程可能会削弱国家的竞争力；当局有限的政治承诺（Demery，1994）。这样的解释并不完全令人信服，因为它们几乎可以说明任何地方任何政策的失败。若主张全面和快速从政府干预转向自由市场的政策，改革者无疑是把婴儿同洗澡水一起倒掉了。

即使是自1983年开始拥护华盛顿共识以来通常被视为"调整领跑者"冠军的加纳，作为另一个早期的改革者，当与来自亚洲或拉丁美洲具有相似禀赋结构（土地、劳动力和资本的分布）的国家相比，甚至与自己的潜力相比时，表现得也不是很好。世界银行的恰德·李克尔（Chad Leechor）在20世纪90年代初就对其表现做出了热情洋溢的评论："加纳的调整方案已经取得了成功。政策改革是广泛的，尽管受到了反对派和制度约束的限制。调整带来的好处是巨大的、可见的并被广泛分享。"（Leechor，1994，p.153）虽然加纳人均GDP在结构调整启动后的25年中增加了近77%（从1983年的933美元到2008年的1 650美元），但与1957年获得独立那一年的水平相比仅增加了33%（Maddison，2006）。因此，加纳的经济和社会进步也一直十分缓慢，在2009年仍有29%的人口生活在贫困线以下。此外，加纳还没有实现彻底的自由市场革命所应给国家带来的那种结构转型。

伴随着严重的通货膨胀和经济衰退，东欧和前苏联的前社会主义国家的经济表现也较令人失望。俄罗斯的通货膨胀率在1991—2000年达到每年163%，而乌克兰每年达到244%。在中欧和东南欧的波罗的海国家产量累计下降达22.6%；独联体国家的产出下降了50.5%。俄罗斯的GDP在2000年仅相当于其1990年水平的64%。波兰在前苏联和东欧国家之中经济表现最好，其GDP比1990年的水平也只增长了44%。

同时，作为测量收入差距的工具，人均收入的基尼系数在中欧和东南欧以及波罗的海国家从1987—1990年的0.23上升到1996—1998年的0.33，独联体国家从0.28上升至0.46（0表示完全平等，1表示完全不平等）（世界银行，2002）。即使在私有化后，必要的结构重组也并不是总能得到执行（Blanchard et al.，1993）。在很多情况下，以前的大型国有企业在私有化后获得的补贴非但没有下降，反而有所增加（世界银行，2002）。这使得从社会主义过渡时期的宏观经济表现恢复更慢。与"J形"增长曲线（在一个小幅下降后是GDP的快速平稳增长）不同，东欧经济体的人均收入直到2000年才恢复到1990年转轨之前的水平，而前苏联经济体直到转轨近20年后才恢复到转轨之前的水平。

其他很多发展中国家发现自己与科特迪瓦、萨尔瓦多、秘鲁、俄罗斯有着相似的境遇。它们的领导人谨记旧结构主义令人失望之处，选择了积极的经济改革。但由于误解了失败的真正原因，他们采取了受限于无效的"华盛顿共识"型改革的发展战略（Stiglitz，1998，2002）。他们在发展范式上从一个极端走向了另一个极端，"把婴儿同洗澡水一起倒掉"，将自己置于经济瘫痪和社会不稳定的境地。

虚无主义的德国哲学家叔本华曾经写道："意见就像是一个钟摆，服从着同样的法则。如果它移过了重力中心的一侧，它必须以相同的距离返回到另一侧；只有经过一定时间后，它才会发现可以让它保持静止的那一个真正的点。"（Schopenhauer，1890，p.80）那个时间可能已经来临。今天的全球经济和社会问题的紧迫性，使得世界各地的政策制定者似乎不仅越来越愿意从自己的错误中学习，而且也愿意从成功国家的例子中学习。通过分析标志着现代经济增长的很多例子，从18世纪的西欧到最近的成功故事，如智利、中国、韩国、毛里求斯、斯洛文尼亚和越南，可以看到，学习如何去激发、鼓励、建立和发展拥有潜在比较优势的有竞争力的产业，可以得到巨大的回报。

## 参考文献

Abu-Bader, S., and A. Abu-Qarn. 2005. "Financial Development and Economic Growth: Time Series Evidence from Egypt." MPRA Paper 1113, University Library of Munich, Germany.

Acemoglu, D. 2007. "Modeling Inefficient Institutions." In *Advances in Economics and Econometrics, Theory and Applications: Ninth World Congress of the Econometric Society*, eds. R. Blundell, W. K. Newey, and T. Persson. London: Cambridge University Press.

Acemoglu, D. and J. A. Robinson. 2002. "Economic Backwardness in Political Perspective." NBER Working Paper 8831, National Bureau of Economic Research, Cambridge, MA.

Acemoglu, D., S. Johnson, and J. A. Robinson. 2001. "The Colonial Origins of Comparative Development: An Empirical Investigation." *American Economic Review* 91: 1369—1401.

——. 2002. "Reversal of Fortune: Geography and Institutions in the Making of the Modern World Income Distribution." *Quarterly Journal of Economics* 117: 1231—1294.

——. 2005. "Institutions as the Fundamental Cause of Long-Run Growth." In *Handbook of Economic Growth*. Volume 1, Part A, eds. P. Aghion and S. N. Durlauf, 385—472. Amsterdam: Elsevier Science Publishers (North-Holland).

Alesina, A. and D. Rodrik. 1994. "Distributive Politics and Economic Growth." *Quarterly Journal of Economics* 109: 465—490.

Arndt, H. W. 1985. "The Origins of Structuralism." *World Development* 13 (2): 151—159.

Aryeetey, E. and A. K. Fosu. 2008. "Economic Growth in Ghana: 1960—2000." In *The Political Economy of Economic Growth in Africa, 1960—2000: Country Case Studies*, eds. B. Ndulu et al., 289—324. Cambridge: Cambridge University Press.

Balakrishnan, P. 2007. "Visible Hand: Public Policy and Economic Growth in the Nehru Era." Centre for Development Studies Working Paper 391, Centre for Development Studies, Trivandrum, Kerala, India.

Besley, T. and S. Coate. 1998. "Sources of Inefficiency in a Representative Democracy: A Dynamic Analysis." *American Economic Review* 88: 139—156.

Bhagwati, J. and S. Chakravarty. 1969. "Contributions to Indian economic analysis: A survey." *American Economic Review* 59 (4): 1—73.

Biney, A. 2008. "The Legacy of Kwame Nkrumah in Retrospect." *The Journal of Pan African Studies* 2 (3): 129—159.

Blanchard, O., M. Boycko, M. Dabrowski, R. Dornbusch, R. Layard, and A. Shleifer. 1993. *Post-Communist Reform: Pain and Progress*. Cambridge, MA: MIT Press.

Carroll, L. 1865 [1897]. *Alice's Adventures in Wonderland*. London: Macmillan.

Chang, H. -J. 2002. *Kicking Away the Ladder-Development Strategy in Historical Perspective*. London: Anthem Press.

——. 2007. *Bad Samaritans-Rich Nations, Poor Policies, and the Threat to the Developing World*. London: Random House.

——. 2008. "State-Owned Enterprise Reform." UN Policy Notes 4, United Nations Department of Economic and Social Affairs, New York.

Chenery, H. B. 1958. "The Role of Industrialization in Development Programmes." In *The Economics of Underdevelopment*, eds. A. N. Agarwala and S. P. Singh, 450—471. Bombay: Oxford University Press.

Convention People's Party. 1962. "Program for Work and Happiness." Central Committee of the Party, Accra.

Cooper, F. 2002. *Africa since 1940: The Past of the Present*. Cambridge, UK: Cambridge University Press.

Demery, L. 1994. "Côte d'Ivoire: Fettered Adjustment." In *Adjustment in Africa: Lessons from Country Case Studies*, ed. I. Husain and R. Faruqee, 72—152. Washington, DC: World Bank.

Devarajan, S., W. Easterly, and H. Pack. 2002. "Low Investment is not the Constraint on African Development." Working Papers 13, Center for Global Development, Washington, DC.

Engerman, S. L. and K. L. Sokoloff. 1997. "Factor Endowments, Institutions, and

Differential Paths of Growth among New World Economies: A View from Economic Historians of the United States." In *How Latin America Fell Behind*, ed. S. Haber, 260—306. Stanford, CA: Stanford University Press.

Gerschenkron, A. 1962. *Economic Backwardness in Historical Perspective*. Cambridge, MA: Harvard University Press.

Ghana. 1959. *The Second Development Plan, 1959—1964*. Accra: The Government Printer.

Glassburner, B. 2007. *The Economy of Indonesia: Selected Readings*. Jakarta: Equinox Publishing.

Gordon, R. and W. Li. 2005. "Tax Structure in Developing Countries: Many Puzzles and a Possible Explanation." NBER Working Paper 11267, National Bureau of Economic Research, Cambridge, MA.

Government of Senegal. 1961. *The First Four-Year Development Plan, 1961—1964*. Dakar, Senegal.

Grossman, G. M. and E. Helpman. 1994. "Protection for Sale." *American Economic Review* 84 (4): 833—850.

——. 1996. "Electoral Competition and Special Interest Politics." *Review of Economic Studies* 63 (2): 265—286.

——. 2001. *Special Interest Politics*. Cambridge and London: MIT Press.

Hausmann, R. and B. Klinger. 2008. "Growth Diagnostics in Peru." CID Working Paper 181, Harvard University, Harvard Kennedy School, Center for International Development, Cambridge, MA.

Hirschman, A. O. 1982. "The Rise and Decline of Development Economics." In *The Theory and Experience of Economic Development*, eds. M. Gersovitz and W. A. Lewis, 372—390. London: Allen and Unwin.

Hoeffler, A., 1999. "The Augmented Solow Model and the African Growth Debate," Centre for the Study of African Economies, Oxford University. Krueger, A. O. 1974. "The Political Economy of Rent-seeking Society." *American Economic Review* 64 (3): 291—303.

——. 1992. *Economic Reform in Developing Countries*. Oxford, UK: Basil Blackwell.

——. 1997. "Trade Policy and Economic Development: How We Learn." *American Economic Review* 87 (1): 1—22.

Krugman, P. 1993. "Protection in Developing Countries." In *Policymaking in the Open Economy: Concepts and Case Studies in Economic Performance*, ed. R. Dornbusch, 127—148. New York, Oxford University Press.

Lal, D. 1983. *The Poverty of Development Economics*. Cambridge, MA: Harvard University Press.

Leechor, C. 1994. "Ghana: Frontrunner in Adjustment," In *Adjustment in Africa: Lessons from Country Case Studies*, ed. I. Husain and R. Faruqee, 153—192. Washington, DC: World Bank.

Lin, J. Y. 1990. "Collectivization and China's Agricultural Crisis in 1959—1961." *Journal of Political Economy* 98 (December): 1228—1252.

——. 2009. *Economic Development and Transition: Thought, Strategy, and Viability*. Cambridge, UK: Cambridge University Press.

Lin, J. Y., and F. Li. 2009. *Development Strategy, Viability, and Economic Distortions in Developing Countries*. Policy Research Working Paper 4906, World Bank, Washington DC.

Lin, J. Y. and Z. Li. 2008. "Policy Burden, Privatization and Soft Budget Constraint." *Journal of Comparative Economics* 36: 90—102.

Lin, J. Y. and G. Tan. 1999. "Policy Burdens, Accountability, and the Soft Budget Constraint." *American Economic Review*, Papers and Proceedings 89 (2): 426—431.

Mabro, R. 1974. *The Egyptian Economy 1952—1972*. Oxford, UK: Clarendon Press.

Mabro, R. and S. Radwan. 1976. *The Industrialization of Egypt 1939—1973: Policy and Performance*. Oxford, UK: Clarendon Press.

Maddison, A. 2006. *The World Economy*. Paris: Organisation for Economic Co-operation and Development.

——. n.d. "Historical Statistics of the World Economy: 1—2008 A.D." Available at www. ggdc. net/maddison/Historical_Statistics/horizontal-file_02-2010. xls. Accessed 6 Feb 2012.

Monga, C. 2006. "Commodities, Mercedes-Benz, and Structural Adjustment: An Episode in West African Economic History." In *Themes in West Africa's History*, ed. E. Akyeampong, 227—264. Oxford, UK: James Currey.

Murphy, K. M., A. Shleifer, and R. W. Vishny. 1989. "Industrialization and Big Push." *Journal of Political Economy* 97 (5): 1003—1026.

Nkrumah, K. 1957. "Independence Day Speech." Accra, Ghana (March 6).

——. 1960. "The Sessional Address." *Parliamentary Debates*, July 4, 1960, Accra, Ghana.

North, D. 1981. *Structure and Change in Economic History*. New York: W. W. Norton.

Olson, M. 1982. *The Decline and Fall of Nations: Economic Growth, Stagflation and Social Rigidities*. New Haven: Yale University Press.

O'Rourke, K. H. and J. G. Williamson, 2001. *Globalization and History: The Evolution of a Nineteenth-Century Atlantic Economy*, Cambridge, MA., MIT Press.

Persson, T. and G. Tabellini. 1994. "Is Inequality Harmful to Growth?" *American Economic Review* 38: 765—773.

Ricardo, D. 1921. *On the Principles of Political Economy and Taxation*, 3rd ed. London: John Murray.

Robinson, J. A., and R. Torvik. 2005. "White Elephants." *Journal of Public Economics* 89: 197—210.

Rocheteau, G. 1982. *Pouvoir financier et indépendance économique en Afrique: le cas du Sénégal*. Paris: Orstom-Karthala.

Rosenstein-Rodan, P. N. 1943. "Problems of Industrialisation of Eastern and South-Eastern Europe." *The Economic Journal* 53 (210/211): 202—211.

Rostow, W. W. 1960. *The Stages of Economic Growth: A Non-Communist Manifesto*. Cambridge: Cambridge University Press.

Schopenhauer, A. 1890 [1998]. "Further Psychological Observations." *Studies in*

*Pessimism*: *A Series of Essays*. Trans. T. B. Saunders. New York: Macmillan.

Selim, T. H. 2006. "Monopoly: The Case of Egyptian Steel." *Journal of Business Case Studies* 2 (3): 85—92.

Sen, A. 1960. *The Choice of Technique: An Aspect of the Theory of Planned Economic Development*. Oxford: Blackwell.

Service, R. 2005. *Stalin: A Biography*. Cambridge, MA: Harvard University Press.

Short, P. 2004. *Pol Pot: Anatomy of a Nightmare*. New York: Henry Holt.

Sokoloff, K. L., and S. L. Engerman. 2000. "History Lessons: Institutions, Factor Endowments, and Paths of Development in the New World." *Journal of Economic Perspectives* 14 (3): 217—232.

Stiglitz, J. E. 1998. *More Instruments and Broader Goals: Moving Toward the Post-Washington Consensus*. WIDER Annual Lecture 2. Helsinki: United Nations University, World Institute for Development Economics Research.

——. 2002. *Globalization and its Discontents*. New York: Norton.

World Bank. 1995. *Bureaucrats in Business: The Economics and Politics of Government Ownership*. Washington, DC: World Bank.

——. 2002. *Transition: The First Ten Years, Analysis and Lessons for Eastern Europe and the Former Soviet Union*. Washington, DC: World Bank.

Yeboah, K. 1999. "Introducing the Ghana Steel Fund." *Ghanaweb*, November 30.

# 第四章 来自成功赶超国家的经验

在1989年《夺宝奇兵3：圣战奇兵》这部电影中，印第安纳·琼斯的父亲告诫他说："寻找圣杯不是在考古，这是一场正邪之间的较量……在这场角逐中，第二名是拿不到银牌的"。在大约两个小时的高度悬念、可怕混乱、意外遭遇和惊人追逐场面之后，印第安纳和他的父亲最终在约旦玫瑰红古城佩特拉的哈兹纳赫神殿中找到了传说中耶稣基督在最后的晚餐中使用过的圣杯。在使《圣战奇兵》成为经典探险动作片的一个高潮场景中，琼斯从一个狭小的通道穿过石山，矗立在他眼前的是一座由巨型石柱支撑的高大砂岩建筑，它的巨门就雕刻在峭壁之上。这正是圣杯宝藏的所在地。

影片导演史蒂文·斯皮尔伯格试图在史诗般的探险中营造一种充满希望、恐惧、挫折和无常的复杂氛围，而当神圣目标触手可及时，这种氛围伴随着满足感和兴奋感达到了顶峰。然而，即使在这一时刻，任何错误都可能是致命的。在神殿的众多酒杯中做出选择需要深思熟虑，因为错误的选择意味着立时毙命。当面临众多选择时，琼斯被警告其选择具有高度的风险性："你必须选择……但要选择得明智。因为真的圣杯会为你带来生命，而假的圣杯却会夺走你的生命。"

在过去的几个世纪中，寻求经济增长和繁荣的经济学家不必与探宝者或纳粹分子进行生死对决。然而，他们也会经历兴奋、沮丧和失望等相同的情绪。他们现在已经意识到，明智地选择经济增长处方同样也是一个生死攸关的问题，或许不是对于他们自己，而是数十亿直接受公共政策影响的无名普通民众。

的确，发展研究领域的学者已经收集了大量铸造"圣杯"的基本原料。然而，这些都"只是原料，而非增长处方"。尽管我们已经取得了一些学术进展，但是我们现在在增长研究中遇到的一些关键问题和之前几代研究者遇到的一样，正如迈克尔·斯宾塞（Spence，2011，p.72）最近所重申的，"如果增长是由持续的结构变迁推动的"，那么，为何有些国家能够成功推进持续变迁，其他国家却以失败告终？什么力量促进了经济收敛，什么因素又阻碍了实质性的进步？在什么条件下，结构变迁能够促使低收入国变为中等收入国乃至高收入国？经济增长最为关键的决定因素有哪些（初始条件、制度或政策）？在增长动态过程中，政府和市场应该如何扮演恰当的角色？

或许，由于经济学家能够更好地在其分析中融入过去的经验教训，他们的探索正在取得进展。也许终究，人们可能会在经济增长领域发现某种类似的"圣杯"。最近几年，一些重要的实证研究提供了新的见解，这让我们有理由变得更加乐观。特别值得关注的是2008年的增长委员会报告，这一报告重点讨论了二战后成功的经济体。

本章将列举该报告的一些主要发现，并强调有必要构建一个使这些发现相互一致的分析框架。通过更广泛地对过去四个世纪成功经济体的经验进行回顾，本章还总结了一些可能对正处于赶超进程中的发展中国家有所帮助的经验教训。其中非常重要的一条来自以下分析：一国经济发展战略的制定必须与其比较优势相一致。这就要求国家在运作良好的市场体系中为私人部门的发展创造条件并发挥关键作用。这一经验还表明，构建一个新的框架来解读持续性的经济增长是十分必要的。

## 化圆为方：增长报告的贡献

在几何学发展过程中，一个最为古老的数学问题便是化圆为方——也就是给定一个圆，构造一个面积等于圆的正方形。为了解决这一问题，古希腊人发明了各种不同类型的方法，例如使用曲线和其他非线性工具。他们最后得出的结论是，仅使用尺子和圆规是无法解决该问题的。此时，需要借助一些近似的几何结构作图（Bold，1982）。

正如希腊数学家一样，试图探索经济增长处方的经济学家最终也采取了类似的策略。明确回答各种迫切的问题是困难的，从增长分析中得出可执行的政策建议是不可能的，面对这一困境，一些增长研究者分析，一个有用的办法是避免寻找经济增长的稳健决定因素，而是寻找可以指导发展中国家经济政策的特征事实。

这一方法可以追溯到几十年前，其中，最著名的就是尼古拉斯·卡尔多从英国和美国宏观经济数据中归纳出来的20世纪经济增长的六个特征：劳动生产率的持续提高；人均资本量的持续增加；稳定的实际利率或资本回报率；稳定的资本产出比；稳定的资本所得和劳动所得占国民收入的比例；快速增长经济体增长率的较大差异，约为2%—5%（Kaldor，1961）。一些学者对特征事实法也提出了批判，其中以罗伯特·索洛最为突出，他指出："毫无疑问，这些的确是特征性的，然而，它们是否是事实则是值得质疑的。"（Solow，1969，p.2）但是，它确实推动了长达数十年的理论研究，以探究其潜在的原因和机制。

最近，经济学家查尔斯·琼斯和保罗·罗默（Jones and Romer, 2009）基于大样本国家的经验分析，提出了不同的特征事实：由全球化和城市化导致的市场范围扩大；增长速度的加快，从接近于零增长到相对较快的速度；人均GDP增速随着与技术前沿的接近而降低；收入和全要素生产率的差异较大；工人平均人力资本的增加；相对工资的长期稳定。

增长与发展委员会于我刚刚开始世界银行首席经济学家任期的2008年，出版了里程碑式的研究报告《增长报告：持续增长和包容性发展战略》。它沿袭了相似的研究思路但将其发展到新的水平上。这份报告基于世界银行在过去二十多年中发起的其他一些实证研究的发现，重新评估过去的经济增长和减少贫困的理论，重新思考它对发展中国家的政策建议。① 该项目于2006年6月启动，增长与发展委员会召集了22位来自政府、商界和政策制定领域的领导者，他们大多数来自发展中国家，由诺贝尔经济学奖获得者迈克尔·斯宾塞和世界银行副行长丹尼·利浦泽格担任主席。在两年多的时间里，该委员会试图"汇集支持经济持续快速增长和减少贫困的政策和战略的最佳理解"。

成立该委员会的目的，是对关于经济增长的现有理论和实证知识

---

① 这些研究包括：《东亚奇迹：经济增长与政策》（世界银行，1993），《20世纪90年代的经济增长：从十年改革中学到的》（世界银行，2005），以及《世界发展报告2008：农业的发展》（世界银行，2007）。

进行总结、评估和反思,希望得到一些政策建议,并避免陷于纯粹的理论探讨之中。该委员会认为具体原因如下:

- 他们感觉到减少贫困不能与经济增长相分离,而这一纽带在许多发展战略当中是缺失的。
- 越来越多的证据表明,人们对于快速持续的经济增长背后的经济和社会力量的理解远不如人们一般认为的那么多——对于给予发展中国家的经济建议来说,现有的知识不足以支持人们对它们的信心。
- 他们认识到,过去二十年高度相关的增长经验(包括成功和不成功的)的积累为人们提供了独特的学习源泉。
- 越来越多的人意识到,除了中国和印度,以及其他快速增长的东亚经济体之外,发展中国家需要显著提高经济增长速度,以使其收入水平赶上工业化国家,并使得全世界财富和机会的分布更加平衡。

该委员会的独特性不仅体现于其构成的多样化,还在于它重新思考增长分析的方式。它的思路是"尝试吸收并消化经济增长和发展方面所累积的经验,以及存在于各个领域的细致、审慎的政策分析;然后将这些理解与发展中国家的政治领导人和政策制定者(包括下一代的领导者们)分享,与国际社会的顾问们分享,与发达国家的投资者、政策制定者和领导者以及其他有相同目标的国际机构分享"(增长与发展委员会,2008)。[①]

报告的开头是如下观察结果,"快速、持续的经济增长不是自发产生的,它需要一个国家政治领导人的长期承诺,这个承诺需要以耐心、坚持和现实主义来实现"(增长与发展委员会,2008,p.2)。不再相信

---

① 该委员会组织其研究工作的方式也很特别:首先,确定他们认为对于增长和发展重要的主题和问题。然后,他们邀请世界知名的学者、实际工作者和专家撰写文章,探讨关于这些主题和问题的现有知识;这些文章在若干研讨会中进行评估和讨论。一个与学者和委员会成员之间相互交流的工作小组在这个过程中对这些文章进行审阅和评论。这个工作小组还通过审阅中期报告和提供评论来协助委员会主席起草最终报告的工作。

"持续增长是一种主要依靠运气的随机现象"这种没有根据的观点的确是有益的。正如罗马哲学家塞内加曾经说过的:"有准备的人遇到机会,幸运就会降临。"

然后,报告归纳了二战后能够以超过7%的增长率持续增长25年以上的13个高增长经济体①的特征。以这样的增长速度,一个经济的规模能够每十年翻一番。② 报告接着提出了其他发展中国家如何效仿这些国家的问题。认识到每个国家都有特定的自身特征和历史经验,而这又将反映于其增长战略当中,因此报告并不试图为政策制定者提供通用的公式。但是,它为政策制定者提供了一个设计发展战略的框架。尽管它并没有给出一套完整的答案,但提出了应该解决的问题。

结论是令人感到乐观的:快速、持续的增长并不是局限于世界部分地区的奇迹,所有的发展中国家都能实现。比"增长要素"(包括效果取决于特定环境和条件的各种政策处方)清单更重要的是,该报告列出了所有成功国家的"五个惊人相似之处":

第一个相似之处是对世界经济的理解和充分利用。在赖内·马利亚·里尔克著名的《给青年诗人的信》中,他写道:"只有那些已经有所准备,不排斥任何经验(甚至是最复杂的经验)的人才能够和别人维持良好的关系,并认识自己的灵魂。"(Rilke,1984,p.90)这一明智的想法被证明对国家也是有用的。在成功经济体的快速增长时期,它们全都充分利用了全球化的好处。它们采取的几种方式如下:它们从全世界引进各种理念、技术和技艺,这得益于二战后的世界正变得更为开放和一体化;它们充分挖掘全球需求,为其产品提供了几乎无

---

① 这些经济体包括:博茨瓦纳、巴西、中国内地、中国香港、印度尼西亚、日本、韩国、马来西亚、马耳他、阿曼、新加坡、中国台湾和泰国。

② 由于这么高的增长率持续如此长时期在20世纪后半期之前从未出现过,作者们认为他们的工作可以被称为是对"经济奇迹"的一份报告,只是他们认为这个术语在这里不完全恰当:跟奇迹不一样的是,持续高速增长是可以被解释的,也是可以被重复的。

穷大的市场。总之，成功的经济体"引进世界其他地方知道的，同时出口它们需要的"（增长与发展委员会，2008，p.22）。也许并不令人惊讶的是，失败的国家通常是反其道而行之。

高增长国家的第二个特征事实是它们维持了稳定的宏观经济环境。在它们最成功的时期，所有13个国家都避免了可能损害私人部门投资的财政政策和货币政策的不可预知性。尽管经济增长在一些国家有时伴随着温和的通货膨胀（20世纪70年代的韩国，90年代中期的中国）、预算赤字或是较高的债务——GDP比例，但形势从未失去控制。

第三个特点是高储蓄率和投资率，这反映出这些国家愿意放弃当前消费以追求未来更高的收入。这里，让我们先来探讨一下储蓄的原因。有些人可能认为，这一特征事实有其哲学与文化基础。自马克斯·韦伯（Weber，1958）提出，与新教伦理相关的整套价值观和态度（如节俭、朴实、勤劳或理性）构成了经济和物质进步的基础，很多学者都提出了基于文化的发展理论。

但是，我并不认同上述观点。利用文化决定论来解释亚洲所取得的经济成果是具有讽刺意味的。需要指出的是，就在几十年前，亚洲文化还被认为是阻碍亚洲地区实现现代化的首要障碍（Myrdal，1968；Chang，2008）。在人类整个历史时期，对待工作、财富或者节俭的态度一直是具有争议的。西方文学史上的喜剧大师、17世纪的法国诗人拉·封丹在其讽刺作品《蚱蜢和蚂蚁》中，就斥责了其法国同胞的过度消费和过度花销。[①] 此外，文化的概念是很难严格定义或者通过实验与经验来进行评估的，特别是从人类学家克罗伯和克拉克洪（Kroeber and Kluckhohn，1952）对1871—1951年间在社会科学文献和人文学科

---

① 蚂蚁整个夏天十分忙碌，建造房屋，并为冬天储存粮食。同时，蚱蜢则过得十分逍遥，并认为没有必要努力劳作。然而到了秋后算账的时候，蚱蜢既没有粮食也没有住处，也就无法应对环境状况的变化。

中出现的164种不同的文化定义进行考察之后。大约30年后，杰米森（Jamieson，1980）又列出了不下160种不同的定义（Jamieson，1980）。无论如何定义，文化都不会是一个静态的概念。文化对于储蓄和增长模式的贡献总会随时间而动态演变。

　　一些最为成功的国家（如马来西亚和新加坡）采取了强制储蓄计划，这导致一些研究者认为，审慎的储蓄政策是高储蓄率和投资率的主要原因（Montiel and Servén，2008）。而增长委员会的报告表明，其主要原因在于这些国家具有创造巨大经济盈余与高额投资回报的实力，从而为储蓄提供了强有力的激励。20世纪60年代以前，韩国的储蓄率一直较低，始终停留在占国内生产总值约10%的位置。70年代后，这一数字上升到30%以上。在70年代，东南亚和拉丁美洲的储蓄率同样也较低。20年后，亚洲平均储蓄水平大约比之前高出20个百分点。

　　第四个特征事实是这些成功经济体坚持以市场体系来配置资源。增长委员会报告提到，20世纪曾经有很多企图替代市场体系的实验。这些实验都失败了，均未能帮助发展中国家实现持续增长。尽管成功的国家在产权体系的强度和保护力度方面可能存在差异，它们无一例外地都采纳了运转良好的市场机制。市场机制提供了适当的价格信号、透明的决策制定过程和良好的激励。在资本和劳动在不同部门、不同产业之间重新配置的过程中，这些国家的政府也没有抵制市场机制的运转。其结果是，"创造性破坏"（约瑟夫·熊彼特将其定义为"产业突变的过程，即不断地从内部使经济结构发生革命，不断地破坏旧结构，不断地创造新结构"（Schumpeter，1942，p.82）引发了结构转型：市场势力和政府行为将民众牵引到城市地区，这一方面消灭了一些就业机会，同时也创造了另外一些就业机会。

　　高增长国家的第五个特征是守信、可靠、有能力的政府。在一些经济体（如中国香港特别行政区）中，政府采取了自由放任政策——

虽然在殖民地和后殖民地时期香港也有过相当多的部门政策。而在其他一些经济体中，政府在商业活动中会有更多的参与甚至干预行为，采取各种政策手段（减税、补贴信贷、指令性贷款）帮助私营企业进入原本无法进入的行业。

克服贫困的持续增长通常需要数十年的时间，它只能发生在稳定和完善的投资环境当中。这就需要政治领导以及高效、务实甚至有时奉行激进主义的政府。增长与发展委员会成员、坦桑尼亚前总统本杰明·姆卡帕对此深有同感："从长远来看，在政治沙地上建造经济大厦将是得不偿失的。"（Mkapa，2008，p.5）一个很好的例子是新加坡，该国的政治领袖经常观察到，在过去40年对经济增长的追求已经成为本国政治的首要原则。关于领导力和政府治理对于持续经济增长的重要性，18世纪的政治天才夏尔·莫里斯·德塔列朗做出过绝妙的表述："相比由一只羊领导的100只狮子的军队，我更害怕由一只狮子领导100只羊的军队。"

增长委员会报告同时也列出了政策制定者在制定发展战略时应该避免的一系列"坏主意"。这些"坏主意"至少包括：对能源的补贴；依靠行政部门解决失业问题；通过减少基础设施投资支出降低财政赤字；对国内企业提供无限制保护；利用价格管制来治理通货膨胀；长期禁止出口；抵制城市化，通过基础设施的变化衡量教育的发展；忽视环境问题，将其视为"支付不起的奢侈品"；对银行系统采取管制；允许本币过度升值。尽管该报告严谨地做出说明，在某些情形下，上述政策具有有限或暂时的正当性，但是，它也指出："大量证据表明，这些政策的成本巨大，而其预期目标（通常是令人向往的）往往可以通过其他途径更好地实现。"（增长与发展委员会，2008，p.68）

该报告标志着增长分析的一个重大进步。它为建立适当的基础设施、激励体系和制度以维持国民财富的持续创造提供了坚实的基础。但是，由于上述五个特征既可能是增长进程的前提条件，也可能是其结果，因此，对于在实施赶超策略前需要认真考虑各项经济政策原因和后果的政策制定者而言，它们还无法成为一份实用指南。为了区分原因和影响并为公共政策进行优先排序，有必要超越这些特征事实所指出的简单关联，仔细思考它们之间的因果关系。这需要一些被普遍接受的经济理论（Zellner，1979）。因此，该报告对需要提出概念框架以解释其主要结论的经济增长研究者提出了新的挑战。

## 某些国家可能已经找到了"圣杯"

通过甄别近年来高速增长经济体的一些特征事实，增长与发展委员会为繁荣求索过程的知识进步铺平了道路。通过对报告结果进行总结，迈克尔·斯宾塞主席及其合著者大卫·布莱迪得出结论，甄别"增长的要素"从学术角度来看是可能的，然而，对于发展中国家寻求繁荣的路径而言，并不是一个可以遵循的具体处方。他们观察到，增长与发展委员会的研究"倾向于认为政治领袖在经济发展的成功——以及失败——中起到了枢纽作用……尽管这些高速增长的国家的经济模式、政治结构以及资源和历史各有不同，它们的政府大致遵循着相似的路径。通常在危机中登场，新的领导层选择了前景光明的经济模式，并且保持国家的长期稳定以使经济模式能够牢固树立起来。这一领导层还会建立起可靠和负责任的机构，从而确保政治家能够关注民众的长期福祉。随着经济增长带来变化并带来新的压力，领导层会在保持稳定的同时，对国家路线进行修正，具体的措施包括调整经济模式和转变机构角色，以应对新的需求。"然而，他们也总结道："我们的研究不是为经济增长指出单一的成功处方，而是揭示不同的发展路

径。"（Brady and Spence，2010，pp. 35—36）①

就像古希腊人试图"化圆为方"而最终认为不可能做到那样，布莱迪和斯宾塞也含蓄地指出，发展经济学家追逐了数百年的"放之四海而皆准"的圣杯是不可能找到的。虽然列出"增长的要素"从知识角度而言是一个重要的进展，但是对于发展中国家的政策制定者来说，这些仍不足以让他们弄清楚具体的策略和措施并同时加以实现——故可能缺乏经济互补性。因此，有必要集中各种不同的要素，真正理解它们并将其纳入一致的行动框架之中。

让我们回过头来看增长与发展委员会所强调的五个特征事实，并试着区分其中的前因后果，从而了解成功的根本原因。我认为，这些特征事实只是一个国家依据要素禀赋结构决定的比较优势进行经济发展（产业升级和多元化）的前提和后果。换而言之，成功经济发展的"圣杯"体现在一个并不隐晦的关键想法——比较优势之中。在说明比较优势如何有助于连续一致地解释增长委员会报告的主要结论之前，我将简要地讨论它意味着什么。

诺贝尔经济学奖得主保罗·萨缪尔森曾遇到其朋友、数学家斯塔尼斯拉夫·乌拉姆的挑战："请说出一个社会科学领域既正确且重要的命题。"在考虑了数年之后，萨缪尔森回应道，比较优势便是答案。他以他独特的幽默感解释道："它在逻辑上是正确的，这一点也不需要与一位数学家当面争论；它十分重要，这一点已被无数重要且聪明的人士所证实，他们自己从来都掌握不了其要义，在听到解释之后也未必相信。"（世界贸易组织）他继而指出，区分经济学家与非经济学家的一个重要特征就是他是否认同比较优势原理。

比较优势的确是一个最为深刻的经济思想之一。它始于亚当·斯密的观察，即自由贸易对于不同国家而言可能都是有利的："如果外国

---

① 也可参见 Brady and Spence（2009）。

提供给我们的商品比我们自己生产的便宜，我们最好是购买这些产品，而在那些我们具有优势的行业生产其他产品与之交换。"（Smith，1776，IV.2.12）但是，上述观点只是生产中绝对优势的表述。更为完善的比较优势思想可以追溯到19世纪早期。罗伯特·托伦斯是最早提出的学者（Irwin，1996；Torrens，1815），但是，做出更大贡献的是大卫·李嘉图，他在其1817年的著名著作《政治经济学及赋税原理》①中对这一概念做出了精确表述。

比较优势原理非常直观：如果每一个国家都专门生产自己最擅长生产的产品，并以此换取其他国家最擅长生产的产品，那么所有国家都能迅速发展。然而，这一强有力的观点有违直觉，通常需要循序渐进的解释。根据斯密的绝对优势理论，两个国家利用唯一的生产要素劳动，以不同劳动生产率（工人的人均产出）生产两种不同的产品，这种贸易将不会盈利——至少对于生产率较差的国家而言是如此。通过一个简单的数学例子，李嘉图表明，与此相反，当每个国家都在具有比较优势的领域进行专业化生产时，这将提高总产出并对两个国家而言均有利可图。

经济学家有时很难向非经济学家解释这样一个违背直觉的想法。②课堂上通常使用的一个比喻是，与其非常能干的助理相比，经济学教授能够更快地录入自己的论文和书稿，但是，助理讲课没有教授好，那么，教授就应该专门教书，助理则应专门打字——此时，两者在各

---

① 在约翰·斯图亚特·穆勒于1848年出版了著作《政治经济学原理》之后，比较优势成为经济学中的一个重要概念。

② 克鲁格曼（Krugman，1996）指出，理解比较优势是困难的，因为它依赖于三个隐含的假设：首先，基本李嘉图模型仅设想了单一要素（劳动），这一要素可以在具有比较优势的经济体的不同行业之间自由流动，此时工资由全国范围的劳动市场所决定；其次，标准教科书上的模型通常假设两国均为充分就业（不仅因为国际贸易是一个长期问题，在长期中经济体具有自我恢复充分就业的倾向，而且因为在当今世界，央行会积极地将就业稳定在非加速通货膨胀失业率的水平上）；最后，标准教科书上的李嘉图模型通常是单期模型，此时贸易一定是平衡的。

自擅长的活动中都拥有更高的生产效率,双方的福利也均会得到增进。同样,对于瑞士这样在资本密集型行业(如钟表生产)与劳动密集型行业(如服装)均具有优势的国家而言,应该专注于钟表生产,并同孟加拉国这类服装生产比钟表生产更有优势的国家进行服装交易。

在当今任何技术诀窍都可以自由获得或购买的信息时代,为什么有些国家能够比其他国家生产出更便宜的产品?当几乎所有国家都可以采用相同的最佳技术时,为什么不同国家的产出组合会有所不同?答案就在于,每个国家拥有的生产要素禀赋存在着差异。无论其收入水平如何,所有国家的要素禀赋是给定的——劳动、资本和自然资源——利用这些要素,这些国家可以在任何特定时间为国内市场生产商品和提供服务,也可以在海外进行竞争。①

在一般情况下,低收入国家在劳动力或自然资源上具有禀赋优势,而高收入国家在资本上具有禀赋优势。不同商品的生产需要不同类型的特定生产要素:例如,服装类产品是劳动密集型的;谷物等产品是土地或资源密集型的;汽车等产品则属于资本密集型的。与资本密集型产品生产相比,劳动力或资源丰裕的国家能够以更低成本生产劳动或资源密集型产品,特别是与资本丰裕的国家相比。因此,劳动力或资源相对丰裕的国家多生产劳动或资源密集型产品,并且与资本相对丰裕的国家进行资本密集型产品的交易是顺理成章的。最为直接的意义在于,两国之间的贸易通常会同时提高两国的实际收入。

尽管劳动力和资本能够跨越国界,国际贸易正经历着日新月异的变化,如今的任何经济体都不会像数十年前那样专注于特定产品或行

---

① 在任何给定时刻,一国总的禀赋决定了该国总的预算。同样,一国的要素结构、家庭偏好和企业可用技术也就决定了经济中要素和产品的相对价格。总预算和相对价格是经济分析中的两个最基本的参数。然而,特定时间给定的要素禀赋与结构也会随时间而改变。这些特征使得要素禀赋及其结构成为分析经济发展的最佳切入点。除了赫克歇尔—俄林的贸易理论之外,经济学界并未过多地关注要素禀赋及其结构。关于这一点,我将在第五章继续讨论。

业，但上述观点仍然是正确的。① 事实上，流行风格和产品定制上的变化并没有改变由要素禀赋差异导致的不同发展水平国家之间的劳动分工。例如，电视机已经由过去的黑白电视演变为今天的彩色和平板电视。而电视机的主要生产国也在不断发生变化：20世纪60年代之前当电视机还属于高科技产品时，主要由美国生产；60年代至80年代，主要由日本生产；80年代到90年代末，主要由韩国生产；现在则主要由中国生产。今天进入市场的后来者可以首先进入劳动密集型的平板电视生产组装线，正如20世纪60年代的日本、70年代的韩国以及80年代的中国，当时它们成功地在黑白电视以及彩电领域展开了竞争。

这里有必要说明一下比较优势与竞争优势之间的关联性。在迈克尔·波特（Porter，1998）富有影响力的著作中，他让"竞争优势"一词变得众所周知。根据波特的观点，一国奉行的政策应当是提高其竞争优势而非遵循其比较优势。具体而言，一国如果希望加强其在全球经济中的竞争优势，其产业需要符合以下四个条件：第一，它们密集使用本国丰裕而且相对便宜的生产要素；第二，它们的产品有很大的国内市场；第三，每个产业构成一个集群；第四，每个产业的国际市场都是竞争性的。

第一个条件实际上意味着，该产业应该遵循由该国要素禀赋所决定的比较优势。只要这些产业与该国的比较优势相一致，第三和第四个条件也将满足。否则，正如上一章所讨论的，这些产业的投资必须依赖于政府补贴和保护。它们的产品的国内市场将不具有竞争性，产业内也不会形成集群——因为只有少数企业能够进入这些行业。因此，上述四个条件可以简化为两个独立的条件：比较优势和国内市场规模。

---

① 高收入国家可以吸收移民来弥补劳动力不足，然而这不足以使得该国的资本劳动比降低到发展中国家的水平；同样，高收入国家的资本也会流动到发展中国家，然而这也不足以将其资本劳动比提高到发达国家的水平。无论哪种情形发生，两国的收入都将趋于相同。

在两者中，比较优势是最为重要的，原因在于，如果一个产业遵循了该国的比较优势，那么，该产业的产品将会拥有整个国际市场。这也是为什么很多世界上最富有的国家也非常小的原因（Lin and Ren，2007）。

这种推理有助于解释为什么增长委员会报告关于成功国家（"充分发掘全球经济"并且"引进世界其他地方知道的，同时出口它们需要的"（增长与发展委员会，2008，pp.21—22））的特征事实1来源于这些国家在全球化当中根据比较优势发展相关产业的决策。事实上，如果每一个国家在全球经济中都依据比较优势发展其产业，那么，它将有竞争力且有利可图地出口世界需要的产品。同时，对于不具有比较优势的产品和服务，该国将不再生产，而选择进口。在这一过程中（稍后我将在特征事实3中讨论），该国的禀赋结构及其在全球经济中的比较优势将会迅速改变。由于可以根据比较优势的变化来进行产业升级，任何国家都可以通过从发达国家引进观念、技术和技巧的方式获得后发优势，从而降低成本和风险。与试图在不具有比较优势领域发展先进产业的国家相比，这些国家的经济将更为开放。

前苏共中央第一书记尼基塔·赫鲁晓夫曾经抱怨道："经济学是一门事与愿违的学科。"他可能会惊讶地得知，当政策制定者做出正确决定时，这门"令人沮丧的科学"（正如经济学通常被称呼的那样）事实上也会产生令人满意的结果。特别是当宏观经济稳定（特征事实2）时，更是如此。而宏观经济稳定也是一国遵循比较优势发展战略的结果。如果一国发展具有比较优势的产业，那么其经济在国内和国际市场上均具有竞争力。总的来说，国内企业也将具有自生能力。它们的利润将取决于管理而非政府补贴和保护。此时，政府的财政状况也会表现良好，原因有三点：第一，其财政收入将会从动态增长中受益；第二，无须对不具有自生能力和低效率的企业进行补贴；第三，经济中会产生更多的就业机会，失业也会减少。

同时，这个国家将较少出现由于产业缺乏竞争力、货币错配或者财政危机而导致的内源性危机。由于该经济体的对外竞争力较强，经济增长对资本流入的依赖度不高，该国的对外收支状况也可能更好。因此，在全球性危机对该国经济产生外来冲击时，政府在采取反周期政策方面也将处于一个有利的地位。

英国作家威廉·萨默塞特·毛姆曾经说过："金钱如同人的第六感——没有它，其他五感就不能发挥作用。"对于经济而言同样如此。产生金融资源是成功发展的先决条件。而高储蓄率和高投资率（特征事实3）也是遵循比较优势经济发展战略的另一必然结果。这种战略使得发展中国家最有竞争力并且能够产生最大可能的经济剩余（利润），这些剩余将变为储蓄。有竞争力的产业还意味着高额投资回报，从而刺激了储蓄和投资。当一国遵循比较优势经济发展战略时，储蓄的剩余将非常巨大，储蓄和投资的动机也很高，此时它必然会有高储蓄率和高投资率。该国的比较优势也会在全球经济中逐步变迁，从劳动或资源相对密集型产业转向资本相对密集型产业，而这将缩小其与发达国家的结构差距。

然而，需要承认的是，比较优势是一个与经济学家更为相关的术语。对于企业家而言，他们更加关注由产出和投入价格所决定的利润。大多数企业成立的目的是追逐利润。在技术选择的决策中，它们将会遵循经济中由该国要素禀赋相对充裕度所决定的比较优势，并且，只有当相对价格体现了禀赋结构中每项要素的相对稀缺度时，它们才会进入这些行业。而这只有在运转良好的市场经济中才会发生（Lin and Chang，2009）。因此，允许市场机制来配置资源（特征事实4）是经济体遵循比较优势谋求发展的前提条件。

需要考虑的一个问题是：如果市场是一国成功发展的制度基础，

为何还需要一个守信、可靠且有能力的政府（特征事实5）呢？维护法律和秩序的最小化政府为何无法满足经济发展的要求？答案在于，现代经济发展是一个持续的结构变迁过程，其中存在大量市场失灵的情形。如果政府不去积极主动地协助私人部门克服这些市场失灵，结构变迁将不会发生，或者将代价高昂。

随着一国要素禀赋的积累以及比较优势升级为资本更为密集的产业，企业所使用的技术将变得更为复杂，资本需求也会增加，同时，生产规模和市场规模也将扩大。市场交易倾向于使不同个体直接进行交易，并且远距离交易越来越多。因而，为了给新升级的产业中的企业降低交易成本，并使其达到生产可能性边界（给定的投入组合所能达到的产出组合），一个灵活、平稳的产业和技术升级过程就需要教育、金融、法律等软件基础设施及电力、通信、交通等硬件基础设施同时做出相应改进（Harrison and Rodríguez-Clare，2010）。显而易见，单个企业无法有效地内部化所有这些变革成本，而多个企业之间为了应对这种挑战进行的自发协调往往也不可能实现。基础设施的改善需要集体行动，至少需要基础设施服务的提供者与工业企业二者之间协调行动。这样，就把政府拉了进来，政府要么自己进行这些基础设施的改善，要么就需要积极协调各方的行动。

此外，响应要素禀赋结构变迁的成功产业升级会给先驱企业带来额外成本：这些企业需要克服有限的信息，从而明确哪些新兴产业符合由不断变化的禀赋结构所决定的潜在比较优势。美国参谋长联席会议前主席科林·鲍威尔将军曾经说过："成功没有秘诀。成功是充分准备、努力工作和从失败中学习的结果。"事实的确如此。有价值的信息的外部效应产生于先驱企业从成功和失败中获取的经验。如果先行者失败，它将承担所有失败的成本，这将警戒其他企业避免采取相同的行动。如果先行者成功，这将表明新行业符合该国新的比较优势，而其他企业也会随之跟进。随着竞争的出现，先行者将不会获得垄断租金。对于先行者而言，失败的成本与成功的收益之间存在着严重的不对等性。因此，发展中国家的政府除了需要在改善软件与硬件基础设施中发挥积极作用之外，还需要对先行者的信息外部性做出补偿。①

最后，如果期望在全球经济中具有竞争力，所有产业中的企业都需要有良好的物流、设备的维护、熟练工人的持续供应等。通过将同一产业中的很多企业集中于同一地点将会极大地降低获取这些服务的成本。对于那些处于早期发展阶段的国家，这一点尤其正确：产出的价格并不太高，而降低交易成本是增强竞争力的关键。如果产业升级和多元化处于随机自发的状态，那么，企业可能会进入过多的不同行业。结果是，只会产生少数几个足够大的产业集群，而这也将经历时间过长且成本高昂的"适者生存"演进过程。因此，政府应鼓励企业进入与该国比较优势相一致的行业，这将极大地降低产业集群形成的时间和成本。

因此，一个国家拥有一个守信、可靠且有能力的政府是很重要的，这样的政府将执行上述信息、协调和外部性补偿功能。通过发挥政府的这种作用，国家可以克服市场失灵，并且促进产业升级与结构转型。政府必须采取遵循比较优势的发展战略，识别与该国潜在比较优势相一致的产业②，为其有效运转改善软件与硬件基础设施，并且鼓励企业

---

① 发达国家当今的产业已处于全球的最前沿，面临着下一个前沿产业将会是什么的不确定性。因此，这些国家支持先驱企业的政策措施往往以对大学中研究（这些研究对私人企业的研发有外部性）的支持、专利、资本投资的税收优惠、行政命令、国防合同和政府采购的形式出现。税收优惠、国防合同、政府采购形式的支持是针对特定产业或特定产品的。同样，因为预算约束，政府对基础研究的支持也应优先考虑特定的产业或产品。除专利（属于事后报酬）之外，当政府采取其他措施时，则需要挑选优胜者。然而，政府对先驱企业的支持在发展中国家，特别是低收入国家，经常是以失败告终的。最重要的原因之一是，这些国家的政府支持的企业往往属于不符合该经济体比较优势的产业，这一点在第三章进行了探讨。

② 如果基于该国的禀赋结构，某个产业具有比较优势，则该产业为该国潜在的比较优势；但是由于基础设施和产业集群的不足，该产业中企业的交易成本过高，从而使得这一产业在国内与国际市场缺乏竞争性。

进入这些产业,从而促进产业集群的快速形成。①

增长委员会报告中提到的 13 个成功经济体正是这样做的。② 如果仔细分析这些成功的赶超策略,政策干预似乎取决于特定国情与新兴行业的特定约束。虽然干预方式有所不同,产业发展的模式是相似的。在发展的早期,这些国家都鼓励发展资源密集型或劳动密集型产业,例如矿业、农业、服装、纺织品、玩具和电子产品。随着时间的推移,这些国家沿产业阶梯拾级而上,转向更为资本密集的产业。③ 例如,东亚新兴工业经济体充分利用其类似于日本的禀赋结构,在一个雁阵形的模式中追随日本的发展路线(Akamatsu,1962;Kim,1988;Ito,1980)。④

韩国的故事是这一战略的极好例证。韩国政府采取积极主动的态度来进行产业升级,并调整战略使韩国进入与本国潜在(并处于演变中)比较优势相符的产业。例如,在汽车领域,在韩国发展早期,国内的制造商大多数集中于进口零部件的组装,这一产业是劳动密集型

---

① 此处,我对发展战略的定义与 Rodrik(2005)相同,即发展中国家的政府为了实现经济和生活水平接近发达国家而采取的政策和制度安排。

② 博茨瓦那是其中的一个例外。该国主要依赖钻石并且治理指标表现良好。然而,该国政府在促进结构转型方面并没有起到积极的作用。结果,制造业部门仅仅贡献了该国 GDP 的 4.2%,并且失业问题十分严重,社会指标表现较差。与其他 12 个成功经济体相比,巴西在其工业化发展过程中显得更为进取。它之所以可以这么做,原因就在于其拥有丰富的自然资源和庞大的人口规模(1.94 亿人)。因此,它有能力承担对选定产业的大额补贴和保护。另一个经常提及的问题是,俄罗斯也拥有相似的资源禀赋和人口规模,但为什么无法同样表现良好。其答案在于,巴西的产业发展不像俄罗斯那么激进,因而并未过度偏离其比较优势。例如,巴西飞机制造业主要集中于中程飞机,而俄罗斯选择直接与美国在航天领域展开竞争。

③ 处于类似发展阶段的国家可能会专注于不同的产业。但是这些产业中的资本密集度将是相似的。例如,最近几年,中国通过在电子设备、玩具和纺织品等劳动密集型制造业进行专门生产而实现了动态增长,而印度的增长则倚重于呼叫中心、编程和商业流程服务等信息产业中的劳动密集型的专业活动。

④ 类似地,Hausmann and Klinger(2006)最近对一国出口产品复杂度的变化进行了研究,结果发现,当变化的方向为产品空间的"临近"产品时,这一进程将更为容易。其原因在于,每一个产业都需要非常特定的投入品,例如知识、实物资产、中间投入、劳动技能、基础设施、产权、管制要求或其他公共产品。而现有的产业对于如何管理这些投入品已积累了丰富经验。因此,在临近产业出现新兴产业的障碍较少,此时只需要对现有投入品进行轻微调整即可。

的，也与韩国当时的比较优势相符。相似地，在电子产品领域，初期的重点是家用电器，例如电视机、洗衣机和电冰箱等，随后转移到存储芯片这一信息领域技术最不复杂的部门。与韩国的物质和人力资本积累一样，韩国的技术进步是迅速的，这是因为韩国的主要产业部门与现有的比较优势相符，并因此与潜在比较优势的变化相符。①

结果，经历了过去50年GDP的大幅增长之后，韩国成功地升级到汽车制造与半导体等产业。而在此之前，韩国曾经是一个人均GDP低于埃及、塞内加尔、玻利瓦尔和委内瑞拉的贫穷农业国。我想再次说明，成功的秘诀在于对比较优势的一贯遵循，即首先发展纺织与轻工业，然后逐渐向重型机械、化工与精密电子产业转移。仅在20世纪70年代，韩国才开始发展基础金属和化学品产业，并促使其产品组合向资本和技术更加密集的产业靠近（Noland and Pack，2003）。与之相反，一些没有成功实现工业化的劳动密集和资本稀缺的发展中国家，往往在一开始就以资本密集的重工业为导向，而在这一领域它们并不具有竞争力。②

因此，构建守信、可靠且有能力的政府（特征事实5）——即建立一个因势利导型的政府——是一个经济体在其发展进程中遵循比较优势战略的前提条件之一。在增长委员会报告中，许多国家并不遵循西方式民主统治模式，这一点可能意味着，领导力与任何特定的政府形式并不相关。③ 最为重要的是政治领袖们有能力"在协调不断变化的经济和政治利益以及维持政策空间的相对稳定、连贯性和持续性之间把握平衡……随着社会不断增长与变化，领袖们必须不断调整政治、经济和制度结构及其相互作用，同时不损害经济的动态增长"（Brady

---

① 参见 Lin and Chang（2009）对韩国产业升级遵循其比较优势的讨论。
② 参看本书中第三章对具体国家案例的讨论。
③ Acemoglu and Robinson（2005）最近的研究表明，与其说民主是经济增长的原因，不如说是经济增长的结果。

and Spence，2010，pp. 38—39）。① 运转良好的政府必须维持竞争性市场并且克服市场失灵——即由于缺乏特定理想要素而导致失衡的情形，此时，消费者对产品的需求量与生产者的供应量不相匹配。如果政府的目标是促进与比较优势相一致的发展进程，那么，政府干预的执行将更为容易并更加成功，从而也增强了其公信力。因此，一个守信、可靠且有能力的政府也可被视为一国遵循比较优势发展的结果。因此，可以认为，增长委员会报告中的前三个特征事实是经济发展遵循比较优势的结果，而后两个则是其前提条件。

最近的一部科幻电影《盗梦空间》描述了一个科技能够进入人类思维的世界。主演莱昂纳多·迪卡普里奥扮演了一个经验老到的窃贼科布，在梦境中——人们精神最为脆弱的时候——他能窃取被害者潜意识中有价值的秘密。他曾思索道："世上适应力最强的寄生物是什么？细菌？病毒？蛔虫？"接着，他给了自己一个答案："是意识。意识生生不息，极易感染……一旦它占据了你的脑海，想去除几乎是不可能的。你能掩盖忽视它——但它仍然存在。"好莱坞电影不一定是好的智慧来源。但在这部电影中，它的确是。美国前总统约翰逊·肯尼迪也曾做过类似的表述："一个人会死，国家会经历兴衰，但思想永存。思想永不消亡！"这就是在经济政策制定中有必要回避"坏主意"的原因所在。

根据比较优势原理得到的政策建议，将有助于发展中国家政府避免由增长与发展委员会识别出来的"坏主意"。大多数国家对无自生能力的企业进行能源补贴的原因有两个：取悦政治上强大的选民群体（出于政治经济考虑）或帮助穷人（出于公平考虑）。各种各样的措施被用于保证消费者面对的价格低于市场水平或使得生产者面对的价格

---

① 实证分析表明，一般而言，与民主政府相比，领导者在独裁国家中对经济增长的影响将更为显著（其中既包括正面影响，也包括负面影响）（Jones and Olken，2005）。

高于市场水平，其目的在于降低消费者和生产者的成本（针对生产者或消费者的直接现金转移、税收减免和退税等间接支持机制、价格管制、贸易限制等）。

这些数额巨大、代价高昂且不可持续的政府补贴产生于严重偏离最优产业结构的发展战略。如果一个国家采用遵循比较优势的发展战略，那么，该国将很少有国有企业或私营企业不具有自生能力，也就没有必要对企业进行补贴。该国劳动密集型产业将创造大量就业机会并实现动态增长，从而迅速地减少贫困。此时，也没有必要通过价格扭曲对穷人进行补贴。具有自生能力的私营企业将会为民众提供最好的就业保障，因此，也没有必要通过公共就业来解决失业问题。而且，政府也不会采取无限制的保护来支持或补贴不具有自生能力的企业。

当国家经济表现良好时，政府的财政状况也将趋于稳健，此时将没有理由采取因财政赤字而导致的不确定预算政策（削减开支、延迟公共投资、拖欠付款、冻结薪金）。同样，采用遵循比较优势发展战略的政府也不必高估汇率，以补贴在进口替代政策框架下产生的不具有自生能力的企业。

鉴于比较优势有助于在概念上总结增长委员会报告中13个国家的良好表现，一个重要的问题出现了，在过去经济增长浪潮中出现的其他成功国家是否采取了类似的策略。产业升级和多样化的历史与当代经验有助于理解发展进程中国家和市场的作用。

## 现代经济增长：发达国家的奥秘

如果遵循比较优势的发展战略是结构变迁和持续增长的圣杯，那么接下来的问题便是如何将其付诸实践。对当今发达国家早期历史经验的回顾提供了一条重要的成功秘诀线索：即政府在经济发展中所扮演的角色。历史证据表明,当今发达经济体曾经严重依赖于促进其经济起飞和赶超进程的政府干预,这使得它们建立起强大的工业基础,并维持长期的增长势头。李斯特(List, 1841)关于引导西方世界早期经济转型的贸易和产业政策的著名研究证实了,政府用于支持特定产业发展的各种政策工具很多都取得了成功,并且为国家的工业化发展打下了坚实的基础。[1]

与之类似,张夏准(Chang, 2002)对当今主要发达经济体经历工业革命的时期进行了回顾(从1815年拿破仑战争结束到1914年一战开始)。他对这些国家采取的各种实施赶超战略的政府干预措施进行了记载。西方经济体的工业成就同样要归功于其采用的产业、贸易和技术政策。这些政策包括频繁使用进口关税乃至进口禁令来保护幼稚产业,以及通过垄断授权、政府工厂的廉价原料供给、各项补助、公私合营、直接政府投资等促进产业发展,特别是在英国试图赶超荷兰以及美国试图赶超英国的时期,这些情况表现得更为明显(Trebilcock, 1981)。

此后,政府干预似乎相比增长委员会报告中的13个国家出手更重,但当时的全球背景也有所不同。全球化当时正处于发展早期,观念和技术的交流也不如二战后的时期那样自由。各国之间的劳动分工是基于产品,而不是像在当今的全球生产网络中那样,由于通信和运输成本的大幅下降,已经越来越多地基于生产活动。此外,后发国家在试图赶超发达国家时,采取了更多的技术和产业保护。然而,赶超成功的国家一般都维持了自由市场,并且选择了与其人均收入水平相近,因而比较优势也与其相似的发达国家中的产业为目标。[2]

---

[1] 李斯特的书涵盖了各种不同背景下的经济增长发源地,其中包括意大利城市威尼斯、汉萨同盟城市汉堡和吕贝克,以及法国、德国、荷兰、葡萄牙、西班牙、英国和美国等国家。

[2] 在第七章,我会对后者进行详细阐述。

发达国家政府继续采取各种措施以支持技术创新、产业升级和多样化,即使这些政策不会被贴上"产业政策"的正式标签。除了专利制度外,类似的措施通常包括对基础研究的支持、行政命令、国防合同分配,以及大型公共采购。在这些措施中,只有专利是行业中性的,而其他措施均针对特定行业。由于预算约束的存在,即使是对基础研究的支持也需要政府基于其成功的可能性以及对技术进步和产业升级的贡献来选择合适的项目。地方政府也为私人企业提供各种激励,以吸引它们到特定地区和促进新的投资。实施这些政策措施需要挑选特定的产业或产品,这就等同于"挑选优胜者"。

一个典型的例子就是美国政府为私营企业和学术机构提供强有力的激励,以促进对有利于持续增长的新观念的探索,并最终向所有人提供这种具有非竞争性的观念。美国政府在一些关键的经济部门(如运输部门)修建了基础设施,并为教育和培训提供资金支持,以为各行各业建立技术基础。此外,它还定期为研发活动提供补贴,并向其授予专利和版权。1990年开始实施的先进技术计划对美国前景光明的高风险技术研发具有重要作用。美国政府补贴还支持国防和能源工业的发展。

相同的情况也发生在欧洲。自二战结束后,关于积极产业政策的讨论一直在进行。① 实际上,实际上,欧洲许多卓著的产业成就(阿丽亚娜空间计划、飞机制造商空中客车公司等)应归功于政府间的合作,以及欧盟具有决定性作用的政治支持。20世纪90年代初以来,欧盟委员会已发布关于这个问题的若干政策文件,包括1994年的欧盟产业竞争力报告,这一报告为更为坚定的政府干预开辟了道路(欧盟委员会,1994)。其他官方战略文件集中在去工业化的风险、监管负担、欧盟扩

---

① 欧洲煤钢共同体(ECSC)成立于1951年,欧洲原子能共同体(EURATOM)成立于1957年。

大对欧洲企业竞争力及其地位的影响等方面。2005年3月，在对里斯本战略审核的背景下，欧盟成员国设立了"创造坚实产业基础"的目标，重申了各类研发和创新以及信息和通信技术日益增长的重要性。①

法国一贯赞成由政府资助的经济方案，这些方案使公共部门和私人部门得以协作开发新技术和新产业。法国政府通常使用直接补贴、税收优惠和政府运营的开发银行来为私人部门提供融资和资本金。② 在英国，政府将自己定位为"市场塑造者"，它最近发布了新的产业政策，目的是：支持企业活动和创业活动，包括为处于起步和成长阶段的企业提供所需的融资渠道；促进知识的创造和应用；帮助人们提高工作技能，以便其未来找工作和创业；投资于现代低碳经济所需的基础设施建设；确保市场的开放性和竞争性，以推动创新和提高生产力；在英国具有特别专长或者可以获得比较优势，且政府行动可以影响的行业构建产业优势（英国政府，2009）。

另一个有趣的例子是芬兰。芬兰是较晚但较成功的国家主导工业化国家，它的成功得益于强力政府干预和私人激励的组合（Jäntti and Vartiainen, 2009）。政府干预的目标在于快速的工业资本积累，从而建立坚实的制造业基础。该国增长的特征之一是高资本积累率，这往往需要信贷的行政配给，做法是利率控制以及对资本品投资的选择性贷

---

① 2005年10月，欧盟委员会宣布了七个新举措，旨在：（1）巩固欧盟在知识产权领域的法律框架，（2）考虑竞争力和环保问题间的联系，（3）调整贸易政策，发展欧洲工业的竞争力，（4）简化特定产业部门（例如，建筑业和食品工业）的法律，（5）解决特定部门（例如，新技术和纺织业）熟练劳动力短缺的问题，（6）预测并支持产业结构的变化，在欧盟其他政策（尤其是结构基金）中考虑这一目标，（7）就产业研究和创新采取欧洲一体化的方法。

② 目前，法国政府正在考虑几个旨在刺激创新和增长的提议。最近，法国两任前总理（一位是社会党成员，一位是保守党成员）发布的朱佩—罗卡尔报告建议，法国应通过公开借款筹集350亿欧元（合520亿美元），并将这笔经费花在高校及科研（向其提供资源和激励，使之合并或成为独立的私营单位）、绿色经济和高新技术产业上，以刺激经济增长。在这些项目之中有一些计划，包括扩展高速互联网，发展绿色城市，支持创新型小企业，以及支持法国尖端的航空航天和核工业。在所筹集的350亿欧元中，130亿欧元将来自法国各银行偿还的纾困资金，剩余的200亿欧元将从金融市场融资。

款审批。另一个特征是特定制造业领域的高投资率,尤其是在造纸、纸浆和金属加工等领域。国有企业在基础金属、化肥行业以及能源部门建立起来。到20世纪80年代,国有企业增加值占全国工业增加值的18%(Kosonen,1992)。

就如何通过结构性变化、思想传播和知识积累来取得持续增长,罗默总结了已有的研究成果。他指出,"挑战在于找到更好的政府干预形式,这些干预形式有更好的经济效果、更少的政治风险和制度风险"(Romer,1992,p.66)。他还指出,"尽管如此,对经济学家来讲,最大的诱惑经常会是回避这种分析所带来的复杂的政治问题和制度问题,于是,他们反向思维,先确定自己想要的政策,然后建立一个支持这一政策的简单经济模型。"(p.66)。

对于寻求繁荣圣杯的经济学家和政策制定者而言,真正的挑战可能是帮助私人部门甄别与该国经济比较优势(这一比较优势会随着要素禀赋结构的变化而演变)相一致的新产业,并且帮助它们进入能使其繁荣的这些产业当中。下一章将会迎接这一挑战。

## 参考文献

Acemoglu, D. and J. Robinson. 2005. *Economic Origins of Dictatorship and Democracy*. New York: Cambridge University Press.

Akamatsu, K. 1962. "A Historical Pattern of Economic Growth in Developing Countries." *Journal of Developing Economies* 1 (1): 3—25.

Bold, B. 1982. *Famous Problems of Geometry and How to Solve Them*. New York: Dover.

Brady, D. H., and M. Spence. 2009. "Leadership and Politics: A Perspective from the Growth Commission." *Oxford Review of Economic Policy* 25 (2): 205—218.

——. 2010. "The Ingredients of Growth." *Stanford Social Innovation Review* 8 (2) (spring): 34—39. Available at http://www.ssireview.org/articles/entry/the_ingredients_

of_growth. Accessed 8 Feb 2012.

Chang, H. -J. 2003. *Kicking Away the Ladder: Development Strategy in Historical Perspective*. London: Anthem Press.

——. 2008. "Lazy Japanese and Thieving Germans: Are Some Cultures Incapable of Economic Development." In *Bad Samaritans: The Myth of Free Trade and the Secret History of Capitalism*, ed. H. -J. Chang, 167—208. New York: Bloomsbury Press.

Commission of the European Communities. 2005. "Implementing the Community Lisbon Programme: A policy framework to strengthen EU manufacturing-towards a more integrated approach for industrial policy." Communication from the Commission (5 Oct), Brussels, Belgium.

Commission on Growth and Development. 2008. *The Growth Report: Strategies for Sustained Growth and Inclusive Development*. Washington, DC: World Bank.

——. n. d. "About Us." Available at www. growthcommission. org/index. php? option = com_content&task = view&id = 13&Itemid = 58. Accessed 6 Feb 2012.

European Commission. 1994. *An Industrial Competitiveness Policy for the European Union*. Communication from the Commission to the Council, the European Parliament, the Economic and Social Committee and the Committee of the Regions. COM (94) 319 final, September, 14.

Harrison, A. and A. Rodríguez-Clare. 2010. "Trade, Foreign Investment, and Industrial Policy for Developing Countries." In *Handbook of Economic Growth*, Vol. 5, ed. D. Rodrik, 4039—4213. Amsterdam: North Holland.

Hausmann, R. and B. Klinger. 2006. "Structural Transformation and Patterns of Comparative Advantage in the Product Space." CID Working Paper 128, Harvard University, Harvard Kennedy School, Center for International Development, Cambridge, MA.

Her Majesty's Government. 2009. "Going for Growth: Our Future Prosperity." Department for Business Innovation and Skills, London.

Irwin, D. A. 1996. *Against the Tide: An Intellectual History of Free Trade*. Princeton, NJ: Princeton University Press.

Ito, H. 1980. "Financial Repression." Portland State University, Oregon.

Jamieson, I. 1980. *Capitalism and Culture: A Comparative Analysis of British and American Manufacturing Organizations*. London: Gower.

Jäntti, M. and J. Vartiainen. 2009. "The Finnish Development State and its Growth Regime." Research Paper No. 2009/35. Helsinki: United Nations University.

Jones, B. F., and B. A. Olken. 2005. "Do Leaders Matter? National Leadership and Growth since World War II." *Quarterly Journal of Economics* 120 (3): 835—864.

Jones, C. I., and P. M. Romer. 2009. "The New Kaldor Facts: Ideas, Institutions, Population, and Human Capital." NBER Working Paper 15094, National Bureau for Economic Research, Cambridge, MA.

Juppé, A. and M. Rocard. 2009. *Investir por l'avenir: Priorités stratégiques d'investissement et emprunt national*. Report by the Juppé-Rocard Commission on the Grand Emprut, Paris, France.

Kaldor, N. 1961. "Capital Accumulation and Economic Growth." In *The Theory of Capital*, ed. F. A. Lutz and D. C. Hague, 177—222. New York: St. Martin Press.

Kim, Y. H. 1988. *Higashi Ajia Kogyoka to Sekai Shihonshugi (Industrialisation of East Asia and the World Capitalism)*. Tokyo: Toyo Keizai Shimpo-sha.

Kosonen, K. 1992. "Saving and Economic Growth from a Nordic Perspective." In *Social Corporatism*, eds. J. Pekkarinen et al., 178—209. Oxford: Clarendon Press.

Kroeber, A. L., and C. Kluckhohn. 1952. "Culture: A Critical Review of Concepts and Definitions." *Papers of the Peabody Museum of American Archeology and Ethnology* 47 (1): 41—79.

Krugman, P. 1996. "Ricardo's Difficult Idea." Paper for Manchester conference on free trade. Available at http://web.mit.edu/krugman/www/ricardo.htm. Accessed 6 Feb 2012.

Lin, J. Y. 2009. *Economic Development and Transition: Thought, Strategy, and Viability*. Cambridge, UK: Cambridge University Press.

Lin, J. Y., and H.-J. Chang. 2009. "DPR Debate: Should Industrial Policy in Developing Countries Conform to Comparative Advantage or Defy It?" *Development Policy Review* 27 (5): 483—502.

Lin, J. Y. , and R. Ren. 2007. "East Asian Miracle Debate Revisited." *Economic Research Journal* 42 (8): 4—12.

List, F. 1841 (1930). *Das Nationale System der Politischen Ökonomie (The National System of Political Economy)*. Vol 6. Schriften, Reden, Briefe. A. Sommer (ed.). Berlin: Reinmar Hobbing.

Mkapa, B. 2008. "Leadership for Growth, Development and Poverty Reduction: An African Viewpoint and Experience." Working Paper 8, Commission on Growth and Development, Washington, DC.

Mill, J. S. 1821. *Elements of Political Economy*. London: Baldwin, Cradock & Joy.

——. 1848. *Principles of Political Economy*. London: Longmans, Green and Co.

Montiel, P. , and L. Serven. 2008. "Real Exchange Rates, Saving, and Growth: Is there a Link?" Background paper for *The Growth Report: Strategies for Sustained Growth and Inclusive Development*. Washington, DC: World Bank.

Myrdal, G. 1968. *Asian Drama: An Inquiry into the Poverty of Nations*. New York: Twentieth Century Fund.

Noland, M. and H. Pack. 2003. *Industrial Policy in an Era of Globalization: Lessons from Asia*. Washington, DC: Peterson Institute for International Economics.

Porter, M. 1998. *The Competitive Advantage of Nations*. New York: Free Press.

Ricardo, D. 1817. *On The Principles of Political Economy and Taxation*. London: John Murray.

Rilke, R. M. 1984. *Letters to a Young Poet*. New York: Random House.

Rodrik, D. 2005. "Growth Strategies." In *Handbook of Economic Growth*, vol. 1, eds. P. Aghion and S. Durlauf, 967—1014. New York: Elsevier.

Romer, P. 1992. "Two Strategies for Economic Development: Using Ideas and Producing Ideas." In *Proceedings of the World Bank Annual Conference on Development Economics 1992*, eds. L. Summers and S. Shah, 63—91. World Bank: Washington, DC.

Schumpeter, J. 1942. *Capitalism, Socialism and Democracy*. New York: Harper & Row.

Smith, A. 1776. *The Wealth of Nations*. Chicago: University of Chicago Press.

Solow, R. M. 1969. *Growth Theory: An Exposition*. New York: Oxford University Press.

Spence, M. 2011. *The Next Convergence: The Future of Economic Growth in a Multi-speed World*. New York: Farrar, Straus and Giroux.

Torrens, R. 1815. *Essay on the External Corn Trade*. London: J. Hatchard.

Trebilcock, C. 1981. *The Industrialization of Continental Powers, 1780—1914*. London: Longman.

Weber, M. 1958. *The Protestant Ethic and the Spirit of Capitalism*. New York: Charles Scribner's Sons.

World Bank. 1993. *The East Asian Miracle: Economic Growth and Policy*. Oxford, UK: Oxford University Press.

——. 2005. *Economic Growth in the 1990's: Learning from a Decade of Reform*. Washington, DC: World Bank.

——. 2007. *World Development Report 2008: Agriculture for Development*. Washington, DC: World Bank.

WTO (World Trade Organization). n. d. "The Case for Open Trade." WTO Trade Resources. Available at www.wto.org/trade_resources/history/wto/wto.htm. Accessed 6 Feb 2012.

Zellner, A. 1979. "Causality and Econometrics, Policy and Policymaking." *Carnegie-Rochester Conference Series on Public Policy* 10: 9—54.

# 第五章　反思经济发展的一个理论框架：新结构经济学

20世纪70年代中期，当我还是一个军官学校的学生，在中国台湾接受军队训练时，第一项也是最有趣的一项训练是将一支枪完全分解，识别出它的不同部分，了解各部分的功能、重要性及组合方式，然后重新组装并马上开火。这个任务既有挑战性，也令人兴奋，尤其对之前从来没有接触过枪支的人来说更是如此。它激发了我的想象力，给了我一些学习和教学的技巧。它的主要目的就是帮助年轻人获取自信去解决表面看似神秘的事情，并克服恐惧。

经过了大概250年的艰苦努力，经济学家和政策制定者们在面对经济发展问题时也许与年轻新兵所处的位置类似。正如第三章和第四章讨论的那样，他们基本上掌握了谜题的几乎所有方面，但是他们仍需要克服失败的恐惧，解读持续增长的机制，并尝试组建一套一以贯之的可靠装置。

埃尔赫南·赫尔普曼，"经济增长之谜"一词的创造者，正确地识别了这一谜题的各个部分。他认为增长经济学可以围绕以下主题来组织：物质和人力资本积累的重要性；技术因素对积累率的影响效果；知识创造的过程及其对生产率的影响；不同国家增长率之间的相互依赖；最后，经济和政治制度在鼓励积累、创新和变化中的作用（Helpman，2004）。

摆在我们面前的问题是如何处理所有这些因素，以及如何将它们组织成一个令人信服的新的理论和实践框架，来帮助贫穷国家的政策制定者解决增长的难题，维持结构转型的动力。我们不能低估这项任务，但也不能很乐观地认为它能帮到各地的人们。历史学家罗伯特·斯基德尔斯基提醒我们："是什么引起经济增长这个问题，在理论上非常有意思，在实践上也很重要。如果我们能够发现经济增长的秘诀——什么因素引起人均收入随着时间增长——我们就可以使经济合乎意愿地增长，从而消除贫困，创造出一个普遍丰裕的世界。"（Skidelsky，2003）

从经济发展失败和成功以及经济分析中总结的经验教训可以为经济转型提供一个新的方法。这个方法可以适用于所有推进产业和技术不断升级的国家，而且无论是低收入、中等收入还是高收入国家的政策制定者都可以从这个方法中获得实用的决策借鉴。

本章将各种有关持续增长之谜的问题集合起来，重新考察发展经济学的现状，为增长分析提供一个新的框架。我所提出的这个框架——关于经济发展过程中结构及其变迁的新古典方法，或称为新结构经济学——是在旧结构经济学学派的某些见解的基础上构建的。① 它强调在经济发展过程的分析中必须考虑结构特征因素，同时也强调政府作为一个因势利导者，在市场经济中可以帮助发展中国家从落后的结构转变为现代化结构。但是，与旧结构经济学提出的静态的、局限的经济学观点相反，这个新的框架认为要从一个国家的现有条件开始分析，也就是从它的要素禀赋（劳动、资本、自然资源）开始分析，同时为具有竞争力的产业甄别出市场机会，并根据基于本国现有条件而具有优势的方面（即比较优势）找出增长利基。

研究发展的这种新方法认为发达国家和发展中国家之间的结构不同在很大程度上由内生于其禀赋结构，并取决于市场力量，而不是像旧结构方法假定的那样，是由权力分配或者其他刚性造成的。因此它主张，要承认结构在经济发展中的重要性，理解市场是资源配置的基础制度，接受国家作为战略上的因势利导者，这几点合起来就是各地经济成功的秘诀。它还对前两章中成功和失败的许多案例提供了一个在分析上连贯一致的解释。纵观历史，那些根据比较优势指导产业和技术选择的发展中国家，在国内外市场上都很有竞争力，产生了尽可能大的经济剩余，积累了尽可能多的资本，以尽可能快的方式提升了它们的人力资本、技术和产业。相反，那些没有利用比较优势的发展中国家遭遇了经济停滞和多种危机。

---

① 新古典经济学的一个惯例：研究领域为农业时，通常称为农业经济学，研究领域为金融时，称为金融经济学。按照这个惯例，我提出的领域被称为结构经济学。然而，已有结构主义经济学家 Prebisch（1950）和 Furtado（1964，1970）的早期贡献以及结构主义经济学家 Taylor（1983，1991，2004）和 Justman and Gurion（1991）的近期贡献。他们研究相同的学科，但是采用与我完全不同的方法。我把他们的研究称为旧结构经济学，将我的研究称为新结构经济学。这也是新古典经济学的一个惯例。当科斯、诺斯、威廉姆森和其他经济学家在20世纪60年代采用新古典经济学方法研究制度时，他们将其命名为新制度经济学，以区别于19世纪晚期和20世纪早期在美国应用马克思主义方法的制度学派。

## 为什么布隆迪不是瑞士

学习发展经济学的学生一般都是通过简单考察高收入和低收入国家优势产业和技术之间令人困惑的差异开始对解答的探求的。在很多情况下这种对比确实很让人费解。例如布隆迪和瑞士，两个内陆国家，拥有近似的人口规模，却处于不同的经济发展水平。布隆迪是一个资源贫乏的国家，农业占国内生产总值（GDP）的三分之一以上，雇用了90%以上的人口，人均国民总收入（GNI）大约为400美元。① 自1962年独立以来，布隆迪主要出口咖啡和茶叶，产生了90%的外汇收入，但总出口只占GDP很小的一个份额。和许多其他贫穷的经济体一样，在过去几十年里布隆迪的结构转型非常有限，其出口创收（亦即它支付进口的能力）很大程度上受天气以及咖啡和茶叶的国际价格影响。它的产业基础比较单一，主要包括：(1) 轻工业品，比如毛毯、鞋和肥皂；(2) 进口零部件的装配；(3) 公共工程；(4) 一些小规模食品加工。因此，布隆迪的企业很少用到技术，表现为信息和技术指标非常低：在2009年整个国家只有31 500条电话线，在世界"营商环境指标"排名中列第177位（CIA；世界银行，2010a）。

布隆迪很好地表明了在20世纪50年代发展经济学家观察到的一个一般模式：贫穷国家显示出一些不同于富裕国家的一般经济特征，并且这些特征决定了它们的产业类型和使用技术的类型。这些国家在农业中低技能劳动力的比例很高，隐形的就业不足或失业明显，而且缺乏农业之外的就业机会。它们的人均资本也很低，几乎不使用技术。因此，它们的生产力低下，出口低附加值的食品和原材料（Leibenstein，1957）。

---

① 人均国民总收入按购买力平价计算（世界银行，2010b）。

与此相反，瑞士拥有高技能劳动力，人均 GDP 是布隆迪的 120 倍，位居世界之首。尽管它的劳动人口和布隆迪接近，但农业占 GDP 的比重不足 2%，服务业超过 70%。瑞士经济由金融服务业和专长于高科技、知识型生产的制造业主导。它最成功的产业包括机械、化学、钟表、纺织、精密仪器、旅游、银行和保险。毫无疑问，瑞士是使用复杂技术植入高端产品或服务的领先国家之一，复杂技术涉及的产业主要包括银行、保险、通信、电力系统、化学、钟表、交通和旅游。在所有这些产业中，跨学科研究和开发（R&D）的产业排名靠前，而且它们在很大程度上是基于信息技术。

从这些基本观察中可以看到一个有趣的现象。人均收入因产业和技术的不同而不同，而技术又决定了劳动的边际生产力（其他因素保持不变，使用额外一个劳动力所带来经济体产出的增加）。处于不同发展水平的国家有着不同的经济结构和资源禀赋。布隆迪的人均 GDP 只有 200 美元，不可能拥有和瑞士相似的土地、资本、劳动力、高速公路、社会制度和经济结构。尽管瑞士是一个规模更小的内陆国家，但它的人均 GDP 超过 40 000 美元。

对一个国家而言，它的要素禀赋可以决定它的相对要素价格和最优产业结构，而这又可以决定企业规模的分配和企业风险的水平和属性。① 在发展初期，国家的要素禀赋表现为资本相对稀缺和劳动力或自然资源相对丰裕。它们的生产活动倾向于劳动或资源密集的（大部分在维持生存的农业、畜牧业、渔业和矿业），通常依赖于传统上成熟的技术来生产已有的"成熟"产品。除了矿业和大农场之外，它们的生产缺乏规模经济，且由小家户来经营。企业规模通常都很小，市场交

---

① 要素价格等价定理在国际贸易中因为交易成本、专业化、国家之间的技术差异等原因是不可能实现的。资本流动性也无法使得国家间的资本—劳动比率完全相等。因此，无论是封闭经济还是开放经济，相对要素价格在很大程度上取决于要素禀赋的结构。

易不正规，仅限于熟人间的本地市场。促进这样的生产和市场交易的基础设施和制度是有限的和初步的。

处于当前发展水平下的布隆迪，还没有能力建立一个处于高级发展阶段的、由金融服务业主导的瑞士型的服务业部门，或者是专长于高科技和知识型生产的制造业部门。要想在现代世界拥有竞争力，任何地方的产业都必须与该国的比较优势相匹配。比较优势是由一个国家的要素禀赋决定的。所以，从劳动或资源密集型产业向资本密集型产业进行结构变迁的主要驱动力就是禀赋结构从低资本劳动比向高资本劳动比的变动（Lin，2003，2009）。对于布隆迪和其他相似的发展中国家而言，由于拥有大量非熟练劳动力和资源，但人力和物质资本稀缺，因此，只有劳动和资源密集型产业在开放的竞争市场中才具有比较优势，并能使国内企业获益（Heckscher and Ohlin，1991；Lin，2003）。

在经济发展的较高阶段，像瑞士这样的发达经济体呈现出一个完全不同的禀赋结构。它们经过几代人的资本积累，已经达到了很高的收入水平，在它们的资源禀赋中，相对丰裕的要素是资本，而不是自然资源或劳动力。它们的比较优势是具有生产规模经济的资本密集型产业。很自然地，瑞士经济更多地依赖于高技术产业，而不是需要大量非熟练劳动力的传统农业。处于全球技术和产业前沿的发达经济体依赖于创造性破坏或者新技术和新产品的发明来推动技术创新和产业升级（Schumpeter，1975；Aghion and Howitt，1992）。参与升级的个体企业需要进行高风险的研发活动，这些研发活动将产生非竞争性的公共知识（可以被多个使用者使用或掌握，因此使经济中其他企业也受益）（Jones and Romer，2009；Harrison and Rodríguez-Clare，2009）。

基于这个原因，发达国家的政府会对这些私人企业的研发活动进行补贴，补贴的主要措施包括：为高校的基础研究提供资金，为新发明授予专利，提供税收优惠，利用国防和其他政府购买来补贴新生产者。因此，这些国家需要的软件和硬件基础设施（在苏黎世这样活跃的城市里处处可见）与低收入国家中的是截然不同的。它们的金融体系由大银行和高度发达的股票市场构成，这种金融安排可以动员大量资金，并能分散风险。不同类型的硬件基础设施（比如高速公路、通信网络、港口设施和电力供应）和软件基础设施（制度、规章、社会资本、价值体系和其他社会经济安排）必须符合国家和全球市场的需求。商业交易在距离上变长了，在数量和价值上变大了，而且不再是非正式的，而是基于严格设计和执行的合同。

对于像布隆迪这样的发展中国家而言，它的禀赋结构可以从劳动力相对充裕变为像瑞士那样资本相对充裕，但只有通过每一个生产周期中产生的经济剩余所形成的资本积累才能实现。因此，一个国家要想保持经济持续增长，必须循序渐进地提升自身的产业基础，逐步达到像瑞士这样的高收入国家的水平。

如何才能以一种连贯一致、可靠和可持续的方式做到这一点呢？这也许是发展经济学面临的最大挑战。一个有用的发展理论必须能够解释产业、技术筛选和战略选择的模式，还能够诠释瑞士企业由曾经像布隆迪现有企业一样的规模变为全球领导者，并成为人类历史上最成功的经济体之一的这种禀赋升级的动态过程。本章将运用一个叫做"新结构经济学"的框架进行分析。它将解释处于不同发展水平的国家间产业和技术的差异性，并指出一条缩小贫穷与富裕国家差距的路径。

## 理解经济发展：一个概念框架

先从观察开始，所有国家的生产都是由若干个企业组织和运作的，这些企业都需要雇用劳动力、购买投入品，并向外部出售产出。基础设施对国内企业的盈利能力至关重要，它会影响个体企业的交易成本和投资的边际回报率。硬件基础设施决定了获取投入和出售产出的交易成本，也决定了市场的范围和规模（如亚当·斯密所说，这又进一步决定了生产中劳动分工的程度）。软件基础设施也有类似效应。例如，金融监管可以影响一个企业获得外部资金的难易程度；法律框架决定了签订和执行合同的成本；社会网络决定了企业接触信息、资金和市场的难易程度。

基础设施禀赋决定了企业的交易成本，当要素禀赋给定时，基础设施禀赋也决定了经济体距离它的生产可能性边界的远近。尽管企业一般可以控制一些生产成本，但是它们对大部分交易成本的控制无能为力，这些在很大程度上都是为大部分由国家提供的软、硬件基础设施的质量所决定的。因此，在发展动态分析中，可以观察到这样一个重要的事实：对个体企业而言，大多数硬件基础设施和几乎全部软件基础设施都是外生的，无法在它们的生产决策中被内部化。①

对布隆迪的政策制定者而言，经济发展要求不断将新的、更好的技术引入现有产业，不断从劳动和资源密集型产业向新的资本密集型的产业升级。否则，人均收入就会像罗伯特·索洛在新古典经济增长模型中预测的那样停滞不前。② 一个国家可以以多快速度从全球产业连续谱的低端升至高端？要素禀赋在任何特定时间必须是一个给定值，但随着时间的推移会发生变化。诚然，从理论上讲，布琼布拉（布隆

---

① 顺带一提，亚当·斯密曾在《国富论》（1776）第五卷中提到了要素禀赋和基础设施禀赋（公共工程和制度）。但是基础设施的作用总是被后来的经济学家所忽略。举例来说，在阿尔弗雷德·马歇尔的《经济学原理》（1890）一书中没有讨论基础设施。

② 不断向现有产业引进新的、更好的技术是现代经济增长的一个重要方面。低收入国家的大部分人都依赖农业维持生计。农业技术的改进是提高农民收入、减少贫困的关键。但是，如果无法实现现有产业的多样化和升级至资本密集型产业，那么人均收入持续增长的范围就会受到限制。因此，尽管促进产业升级和多样化的原则也适用于技术创新的情况，这里的讨论更多地关注现有产业的升级和多样化，而不是技术创新。

迪首都）的政府和私人部门可以从国外引入大量资本和劳动力满足他们的需求，但是在实践中，即便在一个全球化的世界，事情也并没有那么简单。① 发展中国家有后发优势，拥有不同层次的资本密集度的一整个产业连续谱。对它们来说，要实现资本密集度从低到高的产业升级，就必须首先提升自己的要素禀赋，这就要求它们的资本存量增长速度快于劳动力增长速度（Ju，Lin and Wang，2009）。

当布隆迪这样的发展中国家在经济发展过程中实现了沿产业阶梯的攀升，由于资本设备的不可分割性，它也会增加生产规模。升级将使得它的经济更接近全球产业前沿。新的机遇也会带来新的挑战。随着企业规模、市场范围和产业结构升级过程中风险性质等变化，对于软件和硬件基础设施服务的要求都会发生改变。企业变大，需要一个更大的市场，也就要求基础设施方面的相应变化。例如，随着资本的规模和风险变大，非正式的借款人或者小型地方银行再也不能满足企业的需求。伴随着国家产业结构升级，金融机构必须同步发展，即从地方性的小型非正式/正式机构向更大的国家银行甚至股票市场发展。同样地，电力供应、道路、电信系统、港口设施、商业法规和其他软、硬件基础设施也都需要得到改善。为此，政府必须协调相关的私人投资或者直接提供这些服务。

基础设施建设为什么重要？

在低收入的非洲国家，劳动密集型产业（比如服装业）中的企业车间的劳动生产力只是略微低于或者等于像中国、越南这样的动态发展国家。与中国和越南企业相比，尽管非洲企业的工资率更低，但是在国际市场上它们却不具有竞争力。其原因在于：更高的交易成本，

---

① 跨境劳动力流动仍然是非常有限的。金融资本比劳动力的流动性更强一些。但是由于基础设施禀赋的限制，流向发展中国家工业部门的大量资本的回报率可能较低。这样的资本流入不太可能大到足以改变发展中国家的资本稀缺性。所以，即便在全球化的要素市场中，任何一个发展中国家的要素禀赋在任何一个特定时间里都可以看成是给定的。

糟糕的软、硬件基础设施会引起诸如频繁停电等问题,由于维修部件和技术人员缺乏引起的设备维护不善,物流不畅,道路状况差,港口设施效率低下和官僚作风盛行(Hinh, Palmade, Chandra and Cossar, 2012)。

现在我们对产业升级有了更好的理解。除了需要更完善的软、硬件基础设施,产业升级还会增加发展中国家企业所面临的风险。随着它们向全球技术前沿靠近,通过向发达国家借用成熟技术而取得成功会变得日益困难。它们需要创造自己的新技术和新产品,这是一项涉及很多风险的挑战。① 在布隆迪发展早期,企业可以利用其他地方提供的成熟技术为成熟市场提供成熟产品。在这个层次上,资金提供者的风险主要来自于企业的所有者和经营者的管理能力。但是在一个更高的发展水平上,布隆迪的企业不得不发明新技术,为新市场生产新产品。除了管理能力,这些企业最终还会面临技术和市场的成熟带来的风险。② 像巴西、中国和韩国这样成功赶超的国家,企业现在就面临这样的挑战。

从这个角度看经济发展可以得到重要的经验教训。对于经济发展的分析,它有助于从一个给定的、根本的、可变的参数开始分析。如果该参数没有在特定时间给定,那么它就不能作为分析的一个起点;如果它不是根本的,那分析结果就是微不足道的;如果它不可变,分析就无法提供有用的知识来促进经济的合意变化。要素禀赋就是拥有这三项特性的参数,也是本书提出的新结构经济学框架的分析起点。

---

① 当一个国家达到中等收入水平时,它的一些产业就会位于全球技术前沿,进入高收入国家空出的商业部门。成功伴随着新的责任:达到这一水平的中等收入国家企业,其新技术和新产品要依赖于内部创新。

② 技术创新、产品创新和管理能力都与企业的风险水平有关,但是其重要性在不同产业和经济发展的不同水平有所不同。这对可替代的金融制度在减少信息不对称和分担风险的效率方面提出了要求(Lin, Sun and Jiang, 2009)。

遵循古典经济学的传统，经济学家倾向于认为一个国家的资源禀赋只包含土地（或自然资源）、劳动和资本（物质和人力）。这些实际上是企业用于生产的要素禀赋。从概念上讲，将基础设施也作为一个经济体的禀赋构成是有益的。① 在一个给定时间，一个经济体的总要素禀赋决定了总预算，与此同时，它的结构决定了此时经济体的相对要素价格。总预算和相对价格是经济分析中最重要的两个参数。

经济中要素禀赋的属性和结构可以通过人口增长和资本积累发生改变。要素禀赋结构的变化，可以同时影响企业生产选择中最重要的两个参数，一个是增加经济体的总预算，另一个是改变它的相对要素价格。这可以用一个模型进行解释，其中，总产出包含了不同的商品，每种商品都由不同资本密集度的技术生产。随着资本变得更加充裕因此相对便宜，最优生产会转移到资本更加密集的产品上去。与此同时，越来越多的劳动密集型商品会被逐渐取代。这种演变的一个反映是，国家也会增加资本密集型产品的出口。

这一过程会产生无尽的 V 形产业动态，即在产业和贸易结构中出现的经济发展雁阵模式。② 此外，随着生产扩大对资金需求和风险再分配需求的增加，金融结构发生了内生演进（Lin，Sun and Jiang，2009）。其他经济和社会结构也随之改变。成功的国家都经历了这个动态过程。既然经济的产业结构是由其要素禀赋结构决定的，要素禀赋结构变化就会带来产业升级，后来者将从学习和掌握他们的这一经验中受益。

---

① 生产要素和基础设施的区别是，前者的供需是由单独的家庭和企业决定的，而后者是由社会和政府提供的，这种形式要求集体行动，个体家庭和企业无法成为决策的一部分。

② 这一模式曾在 Akamatsu（1962）和 Chenery（1960）的文献中出现过，后经 Ju，Lin and Wang（2009）将其规范化。

## 通向繁荣的最优速度和次序

布隆迪需要多快才能追赶上瑞士的发展水平？这对于布琼布拉的大多数政策制定者们而言是一个极有价值的问题。答案是发人深省的：它需要一些时间，因为经济发展的动态不应加速到超过其最佳速度。但是如果政府的决策是正确的，那么只要一两代人的时间就可以实现，就像增长委员会报告的 13 个成功经济体中的某些国家所表现的那样。19 世纪丹麦哲学家索伦·克尔恺郭尔曾经观察到："大多数人气喘吁吁地去追寻快乐，却在匆忙中已经错失它了。"这个说法也同样适用于贫穷国家的政策制定者，他们在给定的禀赋结构下，往往设定了不可实现的经济目标。

在特定时间一个经济体的产业结构内生于其给定的劳动力、资本和自然资源的相对充裕程度，产业升级和发展的速度取决于其要素禀赋结构升级的速度和所需的相应基础设施的改善。在每一个发展水平上，金融、法律和其他基础设施会有所不同，生产结构也会有所差异。随着资本的积累或人口增长，经济的要素禀赋会发生变化，推动产业结构偏离之前被视为最佳的水平。为了保持最优，这一变化将需要产业升级和新型的基础设施服务，以促进生产和市场交易，使经济达到新的生产可能性边界。

发展与一个国家比较优势相一致的产业不仅是增强国家竞争力的最好方式，也是该国发展经济、增加收入的最快方式。为什么呢？当有竞争力的产业和企业实现成长时，它们要求更大的市场份额，并创造出利润和薪资上最大可能的经济剩余。这在布隆迪、瑞士和世界其他所有地方都是成立的。因为产业结构对要素禀赋结构来说是最优的，再投入盈余就可能赚取最高的回报。随着时间的推移，这种策略使国家积累了物质和人力资本,提升了产业结构和要素禀赋结构,使国内企业在资本和技术密集型产品中更具竞争力。[1] 经济研究往往忽视了持续增长和发展的基本真相。

美国影星哈莉·贝瑞曾说过,也许只是开玩笑:"如果你想在当今市场中有竞争力,那么你就要上赚钱的电影。"从古至今,商人们对他们的活动有着一致的看法。当企业自发进入产业,选择和经济的比较优势相一致的技术时,价格体系必须反映出国家要素禀赋中资源的相对稀缺性。而这只会发生在竞争性市场经济当中(Lin, 2009; Liu and Chang, 2009)。所以在每一个发展阶段,竞争性市场应该是经济中分配资源的根本机制。

对那些面临较大贫困挑战的国家中的很多人来说,通过遵循比较优势获得经济发展的方法可能是缓慢和令人沮丧的。但它却是积累资本、提升要素禀赋结构的最快方式,这些国家可以通过使用更先进国家已经开发和可用的技术与产业来提升自身产业结构。在其发展的每一个阶段,发展中国家的企业都能够获取适合其禀赋结构的技术(并进入现有产业)而不必重新创新。[2] 正是使用现成的技术和进入现有的产业,一定程度上使得东亚新兴工业化经济体维持了几十年的快速增长,其GDP年增长率达到8%,甚至10%。

一个国家在其产业和技术升级过程中,会发生许多其他变化。企业使用的技术变得复杂,资本需求上升,生产规模和市场范围扩大,

---

[1] 各国在每个发展水平上,需要专注于符合其比较优势的产业的主张,就像是一个国家需要有自由、有竞争力的市场。它为有效组织经济提供了一个理论框架。实际上,正如在现实中没有一个国家拥有完美的自由竞争市场一样,没有一个国家可以完全遵循它的比较优势,尤其是随着时间的推移,比较优势产业会发生变化,并且这种变化不是瞬间完成的。我们都知道,离自由市场太远会降低经济效率。同样,过于偏离比较优势很有可能产生扭曲,降低增长速度,增加宏观不稳定性,恶化收入分配。有关偏离比较优势的影响的实证检验,参见 Lin (2009)。

[2] 理论讨论参见 Krugman (1979)。

越来越多的远距离市场交易不断发生。因此,要实现灵活和平稳的产业与技术升级,就要求教育、金融和法律制度的同时改善,而且诸如通信、港口设施和运输网络等硬件基础设施也必须改进。只有这样,在新升级产业中的企业才可以大批量生产,达到规模经济,成为成本最低的生产商(Harrison and Rodríguez-Clare,2009)。

很显然,私人企业是无法有效消化这些变化成本的,依靠企业间的自发协调来应对这些新的挑战也往往是不可能的。我们很容易想象世界上任何一个地方的一群商业领袖为了共同获利,或暗中勾结哄抬物价,或公开讨论一个大型投资项目,但却很难想象这群人会讨论如何共同投资承担高速公路、国际机场或一些重要的港口设施的建设。同样,他们也不会聚在一起设计国家的法律或金融体系。产业环境的改善需要集体行动,或至少需要基础设施服务的提供者与企业之间的协调。基于这个原因,政府或者自己承担基础设施的改善,或者对其进行协调。①

随着要素禀赋和产业结构升级,基础设施也必须同时改善,以降低企业的交易成本。但基础设施改善的设计和实施并不是一个简单的过程。政府往往承担不了提供、协调和改善基础设施方面的重任。在这种情况下,基础设施建设就成为经济发展的瓶颈。事实上,经济增长往往使现有的体制安排变得过时,因为经济增长引发了对其本质上是公共物品的制度性服务需求的不断变化。制度变革需要集体行动,但这往往失败,因为会遇到"搭便车"的问题(Lin,1989)。

---

① 请注意,这是一个和过去发展中国家政府经常主张的协调作用不同的观点。"大推进"观点强调如果每一家潜在企业的自生能力都取决于另外一家尚不存在的企业的投入,那么,没有一家潜在企业会出现。在这种情况下,理论上政府可以实行"大推进",使得上游企业和下游企业同时出现,将经济推到更高的福利均衡(Rosenstein-Rodan,1961;Murphy,Shleifer and Vishny,1989)。但是不断变化的全球条件使得传统的"大推进"观点缺乏说服力。近几十年来运输成本和信息成本的下降使得在全球生产网络中,无论是发达国家还是发展中国家,都只生产最终产品的某些部分。

因此，政府在经济发展过程中需要发挥积极作用，及时促进软、硬件基础设施的改善以满足产业升级中公共服务需求的变化。美国前总统乔治·W. 布什经常鼓吹自己是一个保守派，他曾经坦言："为了拯救自由市场体系，我不得不放弃自由市场原则。"尽管他指的是被迫运用很强的政府干预来应对2008年全球金融危机，但他的言论还是承认了政府在维护市场正常运转中不可或缺的作用。①

一些怀疑者质疑，比较优势发展策略是否只会导致发展中国家永远落后于发达国家。答案是否定的。如果发展中国家和发达国家基于它们各自的比较优势制定产业和技术决策，那么发展中国家的技术变迁率应该比发达国家高，因为它们主要依赖于技术进口，成本会远低于发达国家的研发成本。

快速的技术创新带来了更高的资本回报以及更高的资本积累热情。这也是为什么成功的发展中国家储蓄率通常比发达国家要高。发展中国家比发达国家快得多的资本积累，使得两类国家间要素禀赋结构和产业结构的差距得到缩小。因此，遵循比较优势的发展中国家就可以用尽可能快的脚步赶上发达国家。这正是东亚成功经济体所取得的成就。

总体而言，新结构经济学可以说是以四个理念为中心建构的。第一，在某一特定时期，一个国家一定的要素禀赋及其结构（定义为自然资源、劳动力、人力资本和物质资本的相对丰裕度）对应相应的发

---

① 在危机之后，布什政府创建了一个庞大的应急基金，以购买引发了全球性金融危机的所谓"有毒"的抵押贷款债务。当时的美国财政部长亨利·保尔森表示，根本性问题是"非流行性资产"阻滞了信贷流动，而信贷流动是保持国家正常运行的一个重要工具。他曾在2008年9月19日说（Paulson, 2008）："要恢复我们对市场和金融机构的信心，使其能够推动经济的持续增长和繁荣，我们必须解决根本问题。"布什总统授权他的政府制定一个近一万亿美元的金融救援计划，支持收购贝尔斯登投资银行和美国主要银行的股票，策划政府接管抵押贷款巨头房利美和房地美，为资金市场的基金提供担保，汇集数十亿美元以稳定陷入困境的保险业巨头美国国际集团。他还支持政府贷款和对私人汽车公司的后续收购。

展水平，但它们会随着时间的推移而发生变化。经济的最佳产业结构会随着发展水平的不同而变化。除了产业的资本密集度差异，不同的产业结构还意味着最佳企业规模、生产规模、市场范围、交易复杂性和风险性质的差异。因此，每一种产业结构需要相应的软、硬件基础设施来促进其运行和交易。

第二，经济发展的每个水平都是从低收入、维持生存型农业经济到高收入、工业化经济连续谱内的一个点。因此，以通常的两分法来区分两个不同的经济发展水平（"穷"与"富"或"发展中国家"与"发达国家"）是不适用的。基于在每个发展水平上既定的产业结构的内生性，产业升级和基础设施改善的目标并不特指高收入国家的产业和基础设施水平。

第三，在每一个给定的发展水平上，市场都是有效资源配置的基础机制。此外，经济的发展是从一个水平向下一个水平提升的动态过程，需要产业多样化、产业升级以及相应软、硬件基础设施的改善。产业多样化和升级是一个创新的过程。先驱企业在多样化和升级过程方面为其他企业提供了公共知识：即对新知识的使用并不降低该知识对其他企业的可用性（非竞争性），也没有人可以被有效地排除在外（非排他性）。在大多数情况下，基础设施的改善无法进入私人企业投资决策，但是可以对其他企业的交易成本产生大量的外部性。所以，除了建立一个有效的市场机制，政府还应该促进产业多样化和升级，以及基础设施的改善。

第四，对于任何给定产业，专业化、集聚和集群可以降低交易成本，增强其在国际市场上的竞争力（Krugman，1991），因此，政府也应该提供一些激励措施，引导私人企业进入符合下列条件的部门：与国家的比较优势相一致，有广泛的国际市场，为将来产业升级和多样化提供很大发展潜力。这些激励措施将有利于私人企业快速形成产业集群，节省其自发形成过程中固有的时间和浪费。

## 新瓶装新酒

圣经和其他宗教经典提醒我们旧瓶装新酒的危险。圣经中说："也没有人把新酒装在旧皮袋里，若是这样，皮袋就裂开，酒漏出来，连皮袋也坏了。唯独把新酒装在新皮袋里，两样就都保全了。"（英王钦定版《圣经》，马太福音9：17）新结构经济学提出的观点最初被认为是旧瓶装新酒或新瓶装旧酒。当第一次谈到这个新框架的时候，我还记得很多观众投来困惑的眼神，甚至是质疑。因此，有必要去描述一下它"新"在何处，以及它和其他发展理论有何不同。

和所有的学习探索一样，经济发展思想必定是一个融合、发现、持续和再创新的连续过程。现存的知识储量是研究者们几十年来基于不同的背景和学科研究出来的成果，通过几波理论和实证的研究逐渐明朗。因此，我所提出的新结构经济学自然与之前的发展经济学流派既有相似点也有不同之处，与之最相关的是"旧"结构主义。

就相似点而言，"新"、"旧"结构经济学都建立在发达国家和发展中国家的结构差异上，并且都承认政府在促进经济从较低水平向较高水平发展中的积极作用。但是这两个方法在政府干预的目标和方法上有本质区别。旧结构经济学提倡的发展政策是，反对比较优势，建议发展中国家的政府通过直接的行政措施和价格扭曲发展先进的资本密集型产业。相反，新结构经济学强调市场在资源分配中的核心作用，建议政府通过解决外部性和协调问题来帮助企业进行产业升级。

二者的差异来自于它们对结构刚性源头的不同看法。旧结构经济学假定不正确的价格信号外生地决定市场失灵，这使得先进的资本密集型产业在发展中国家难以发展，而价格信号本身的扭曲是源于垄断的存在、劳动者对价格信号的消极反应，或是要素的不可流动性。与之形成鲜明对比的是，新结构经济学假定发展中国家发展资本密集型产业的失败是由它们的要素禀赋内生决定的。资本禀赋的相对稀缺性和低水平的软、硬件基础设施使得企业化从现有产业向先进的资本密集型产业的再配置过程中是无利可图的。

此外，旧结构经济学假定一个双重和限制性的世界观，使用两分法将国家分为两种可能类型："低收入、外围国家"和"高收入、核心国家"。因此，它认为发达国家和发展中国家产业结构存在二元差异。与之相反的是，新结构经济学将这些差异视为在整个经济发展连续谱内不同发展水平的反映而已。

新结构经济学挑战了发达国家和发展中国家之间的两分法。两分法使得旧结构主义学者忽略了一个事实，即经济发展是一个连续过程，只要遵循其比较优势，国家在每个发展水平上都有提高和调整它的最优经济结构的机会。这一过程使得国家具有竞争力，能够从技术、产业和制度创新的后发优势中获益，以尽可能快的方式提升自己的资源禀赋和产业结构。旧结构主义学者总是认为发展中国家是资源依赖型的受害者，因为外部占主导地位的政治和经济力量使得商品价格不断下降，新结构经济学则否定了依赖理论。它认为在一个日益全球化的世界中，发展中国家有机会通过经济的多样化抵制消极的历史趋势，吸收现有知识来建立和它们的比较优势相一致的产业，加快经济增长，与发达国家实现收敛。

新结构经济学和旧结构经济学的另一个主要区别在于使用经济管理主要工具的理论依据。旧结构经济学认为政府系统的经济干预活动是现代化的基本组成部分。从发展中国家向工业化国家转型的过程中，主要工具有广义的保护主义（比如政府为保护幼稚产业征收进口关税)、刚性的汇率政策、金融体系的管制和在大部分行业建立国有企业。①

新结构经济学的方法认识到,只要与要素禀赋结构变化引起的比较优势的转移相一致,那么在发展中国家攀升产业阶梯的发展过程中,进口替代就是一个自然现象。但是它反对传统的进口替代战略,这一战略主张运用财政政策和其他与低收入水平下劳动或资源密集型经济相扭曲的措施,去发展高成本的资本密集型产业,这种做法不符合该国的比较优势。同时它也强调发展中国家产业升级应该与该国比较优势的变化相一致,因为它反映了人力和物质资本的积累以及要素禀赋结构的变化。这确保了在新产业中的企业具有自生能力。

新结构经济学的总体观点是,在产业多样化和升级过程中,国家的作用应该限制在为新产业提供信息,协调同一产业中不同企业间的相关投资,为先驱企业的信息外部性提供补偿,以及通过孵化、吸引外商直接投资和鼓励产业集群培育新产业。国家同样也需要改善软、硬件基础设施来降低个体企业的交易成本,加快经济的产业发展进程。

这个新理论框架是否太过抽象呢?任何一个经济理论的主要增加价值都应该根据它提供的新的政策见解和研究议程的针对性来进行评估,这部分内容将在下一章进行讨论。

## 参考文献

Aghion, P. and P. Howitt. 1992. "A Model of growth through Creative Destruction." *Econometrica* 60 (2): 323—351.

Akamatsu, K. 1962. "A Historical Pattern of Economic Growth in Developing Countries." *Journal of Developing Economies* 1 (1): 3—25.

---

① 这些干预是出于保护在由政府违背比较优势的产业政策所确定的优先产业中不具有自生能力的企业的需要。

Central Intelligence Agency (CIA). n. d. "Burundi." *The World Factbook*. Central Intelligence Agency, Washington, DC. Available at https://www.cia.gov/library/publications/the-world-factbook/geos/by.html. Accessed 8 Feb 2012.

Chenery, H. B. 1960. "Patterns of Industrial Growth," *American Economic Review* 50, 624—654.

Dinh, H., D. A. Mavridis, and H. B. Nguyen. 2007. "The Binding Constraint on Firms' Growth in Developing Countries." Policy Research Working Paper 5485, World Bank, Washington, DC.

Furtado, C. 1964. *Development and Underdevelopment*. Los Angeles: University of California Press.

——. 1970. *Economic Development of Latin America*. London: Cambridge University Press. Harrison, A. and A. Rodríguez-Clare. 2010. "Trade, Foreign Investment, and Industrial Policy for Developing Countries." In *Handbook of Economic Growth*, Vol. 5, eds. D. Rodrik and M Rosenzweig, 4039—4212. Amsterdam: North Holland.

Heckscher, E. F. and B. Ohlin. 1991. *Heckscher-Ohlin Trade Theory*. Cambridge, MA: MIT Press.

Helpman, E. 2004. *The Mystery of Economic Growth*. Cambridge, MA: Harvard University Press.

Dinh, H. T., V. Palmade, V. Chandra, and F. Cossar. 2012. *Light Manufacturing In Africa: Targeted Policies to Enhance Private Investment and Create Jobs*. Washington, DC: World Bank.

Jones, C. I., and P. M. Romer. 2009. "The New Kaldor Facts: Ideas, Institutions, Population, and Human Capital." NBER Working Paper 15094, National Bureau of Economic Research, Cambridge, MA.

Ju, J., J. Y. Lin, and Y. Wang. 2009. "Endowment Structures, Industrial Dynamics, and Economic Growth." Policy Research Working Paper 5055, World Bank, Washington, DC.

Justman, M. and B. Gurion. 1991. "Structuralist Perspective on the Role of Technology in Economic Growth and Development." *World Development*, 19 (9): 1167—1183.

Krugman, P. 1979. "A Model of Innovation, Technology Transfer, and the World Distribution of Income." *Journal of Political Economy* 87 (2): 253—266.

——. 1991. "Increasing Returns and Economic Geography." *Journal of Political Economy* 99 (3): 483—499.

Leibenstein, H. 1957. *Economic Backwardness and Economic Growth: Studies in the Theory of Economic Development*. New York: John Wiley & Sons.

Lin, J. Y. 1989. "An Economic Theory of Institutional Change: Induced and Imposed Change." *Cato Journal* 9 (Spring/Summer): 1—32.

——. 2003. "Development Strategy, Viability and Economic Convergence." *Economic Development and Cultural Change* 53 (2): 277—308.

——. 2009. *Economic Development and Transition: Thought, Strategy and Viability*. Cambridge, UK: Cambridge University Press.

Lin, J. Y. and H. -J. Chang. 2009. "DPR Debate: Should Industrial Policy in Developing Countries Conform to Comparative Advantage or Defy It?" *Development Policy Review* 27 (5): 483—502.

Lin, J. Y. and F. Li. 2009. "Development Strategy, Viability, and Economic Distortions in Developing Countries." Policy Research Working Paper 4906, World Bank, Washington DC.

Lin, J. Y., X. Sun, and Y. Jiang. 2009. "Towards a Theory of Optimal Financial Structure." Policy Research Working Paper 5038, World Bank, Washington, DC.

Marshall, A. 1890. *Principles of Economics*. London: Macmillan.

Murphy, K. M., A. Shleifer, and R. W. Vishny. 1989. "Industrialization and Big Push." *Journal of Political Economy* 97 (5): 1003—1026.

Paulson, H. 2008. "Comprehensive Approach to Market Developments." Statement by Secretary of the Treasury Henry Paulson, Washington, DC (19 Sept).

Prebisch, R. 1950. *The Economic Development of Latin America and its Principal Problems*, New York, United Nations. Reprinted in *Economic Bulletin for Latin America* 7 (1), February 1962: 1—22.

Rosenstein Rodan, P. 1961. "How to Industrialize an Underdeveloped Area." In *Regional Economic Planning, ed. W. Isard, 205—211. Paris, Organization for European Economic Co-operation.

Schumpeter, J. A. 1975. *Capitalism, Socialism and Democracy*, 3rd ed. New York: Harper.

Skidelsky, R. 2003. "The Mystery of Growth." *The New York Review of Books*, March 13.

Smith, A. 1776. *The Wealth of Nations*. Chicago: University of Chicago Press.

Taylor, L. 1983. *Structuralist Macroeconomics: Applicable Models for the Third World*. New York: Basic Books.

——. 1991. *Income Distribution, Inflation and Growth: Lectures on Structuralist Macroeconomic Theory*. Cambridge, MA: MIT Press.

——. 2004. *Reconstructing Macroeconomics: Structuralist Proposals and Critiques of the Mainstream*, Cambridge, MA: Harvard University Press.

World Bank. 2010a. *Africa Development Indicators*. World Bank: Washington, DC.

——. 2010b. *The Little Data Book on Information and Communication Technology 2010*. Washington, DC.

# 第六章　新结构经济学新在何处

卓越的美国政策制定者亨利·基辛格曾经说过:"一项外交政策无论设计有多巧妙,如果它仅是少数人的想法而没被任何人真正认可的话,就很难获得成功。"他的谏言同样适用于经济政策,尤其是当该政策涉及主导思想的巨变时。除非绝大多数信守承诺的政策制定者广泛赞同一项政策的改变,且能认识到它的现实意义和利益,否则它将很难被制定,更别提有被真正执行的机会了。

我第一次向在华盛顿工作的世行同事们概括新结构经济学框架的主要思想,是在我成为首席经济学家一周年的纪念会上,当时并不是每个人都立即赞同它。那是一个小型的、激烈的头脑风暴会议，与会的经济学家具有不同的背景，每个人都具有丰富的专业知识和发展方面的经验。和以前许多研讨会出现的情况一样，许多与会者提出了问题和建议，其中也不乏一些怀疑。

马丁·拉瓦雷是其中一名听众，他是世行研究部门的负责人，也是我最亲近的顾问之一。作为一位在诸多领域（其中最著名的是贫困度量）做出大量开创性工作而享誉世界的澳大利亚经济学家，马丁支持和偏爱采用强势而清晰的方式阐述他的观点。但是，那天他证明了他同样精通于消除会议紧张气氛的艺术。他始终保持着放松的态度和真诚的注视，表现得非常安静。他专心致志地聆听了讨论的全程，偶尔做些笔记。起初，他似乎为交流的激烈而感到困惑。然后，快到会议结束时，他简明地问我："好吧。假设新结构经济学框架是一个更好的经济发展分析工具，如果一个国家真正采用了这种方法，公共政策将如何改变？政府将如何执行宏观经济、产业或制度政策？"

讨论安静了下来，因为会议中的每一个人都开始思考这些问题。然后，马丁向我建议："你应该尽可能明确地充实一些新结构经济学能够提供什么样的经济政策的内容，然后我们才有评估其新颖性和针对性的具体基础。"我认为这是一个好建议：除了新结构经济学"新"在何处等显而易见的问题外，考察我所倡导的理论框架有何政策含义确实是合乎逻辑的。

我开始仔细地思考这一问题。而在另一场有关该议题的头脑风暴研讨会中，我的另一个同事沙赫鲁克·法尔杜斯特提出了恰好相反的建议。尽管他认同实用性的重要性，但他也同时提醒，这是一个需要通过进一步实证检验才能完善的框架，现在就从中提炼出明确的政策建议还为时尚早。他指出，在我启动的新结构经济学研究项目取得全部主要结论前，暂不讨论政策结论是可取的。沙赫鲁克是我所在部门的运营和战略主管，也是一名资深的世行职员，他尽最大的能力帮助我处理这些复杂的情形。作为一个举止文雅、意志坚定的伊朗经济学家，他同样知道一个精明的政治顾问应该如何作为。

美国诗人和剧作家埃德娜·圣文森特·米莱曾说过："我很庆幸我甚少关注好的建议；如果我接受了它，我可能就错过了一些最有价值的错误。"尽管我理解甚至钦佩她语言中展现的睿智，但我想在某些情况下避免代价高昂的错误会更好。在深入思考我最信任的顾问们提供的各种建议后，我得出结论：他们都是对的，我应尽量听取他们的建议，尽管它们看上去相互矛盾。为经济发展提供一种可靠的新方法不应该被限定于对过去的成败进行理论解释的陈述上——即使它具有说服力。但是当国别研究仍在进行时，基于一种可能还存在争议的新思想提出详尽的政策方案，看上去似乎有些急于预设结论。

本章将同时解答马丁和沙赫鲁克关注的问题。发展思想的终极目标是为促进穷国追求可持续的和包容性的经济社会进步提供政策建议。新结构经济学将新古典经济学方法运用于研究经济结构的本质和决定因素，以及经济发展过程中的模式变迁等相关议题。在前几章的讨论中，除了重新审视政府在促进有利于经济发展的产业升级和多样化中的作用外，这个框架还将结构引入发展分析的核心。这将产生许多不同于旧结构经济学和传统新古典理论的新的政策见解。

尽管基于新结构经济学的具体政策措施还需要进一步的研究，而且在很大程度取决于国家的背景和环境，但我可以在很多问题上提出一些初步见解。接下来，我将探讨旧结构经济学、新古典经济学和新结构经济学在财政、资源丰裕国家的公共收入管理、货币、金融部门发展、贸易以及人类发展等问题上的一些关键政策差异和相似点。

## 财政政策：免费飞机、铁路和桥梁？

财政政策对经济学家和政治家来说总是一个有吸引力的话题，也是一个思考新的发展框架会带来哪些实际变化的一个好的开端。作为宏观经济的主要工具之一，它基本上是指政府通过改变税收、债务和公共支出的水平影响总需求（经济中的总支出），继而影响经济活动水平和社会群体间的福利分配。它的主要目标是稳定经济增长，避免经济周期中的过度繁荣与萧条，在衰退时期刺激经济增长，确保最脆弱的群体有基本收入，同时抑制通胀。虽然几乎每个人都同意这些值得称赞的目标，但经济理论家在究竟如何实现这些目标以及使用什么工具来实现等问题上存在争论。部分分歧与保守派和自由派在意识形态上的差异有关，也与是否相信税收政策以及消费者或投资者行为预期的有效性等相关。

在20世纪20年代英国出现高失业率和大萧条之前，经济学家普遍认为政府关于财政政策的正确立场是保持预算平衡。20世纪初严重的危机导致凯恩斯反周期思想的产生，他主张政府利用税收和支出政策抵消经济中的周期性。在凯恩斯的理论中，不存在产出和就业走向完全就业状态的明显、自动的趋势。实际上，宏观趋势可以看成是绝大多数的个人的行为。与诸如亚当·斯密等古典经济学家关注潜在产出水平的持续改进不同，凯恩斯更关心商品和服务的总需求，这正是他所认为的经济驱动因素——尤其是在经济低迷时期。从这一角度，他主张政府干预应该在"宏观"水平上增大需求并抵御失业和通货膨胀。①

理性预期理论（新古典经济学）的支持者反对这一假定。他们认为在一个货币创造受限的经济体中，运转良好的价格机制将产生接近

---

① 凯恩斯主义的信奉者有时将20世纪早期扩张性经济政策在社会民主主义国家瑞典甚至纳粹德国的运用作为成功的证据。他们还引用美国总统富兰克林·罗斯福的箴言，罗斯福认为购买力不足导致了大萧条。他执行了凯恩斯经济学中的各项要求，尤其是在1937年后美国遭遇第二波经济衰退时。最值得注意的是，第二次世界大战开始时执行的经济政策被经济史学家认为刺激了世界经济。

一般均衡的总体趋势。他们同时观察到：为了使凯恩斯主义有效，必须假定政府购买每增加一单位，商品的总需求将导致实际国内生产总值（GDP）至少增加一单位（乘数至少为1）。① 他们对凯恩斯模型背后关于乘数因子大于1的隐含假定非常怀疑，这意味着政府能做一些私人部门做不到的事情：动员经济中闲置资源（未被利用的劳动和资本）的社会成本几乎为零——也就是说，GDP的其他部分（消费、投资和净出口）没有相应地下滑。

罗伯特·巴罗将凯恩斯式的积极财政政策称为"极端需求观"或"新巫术经济学"。② 他写道："[在那个模型中，] 那些额外的公共产品对社会来说基本上是免费的。如果政府再购买一架飞机或修建一座桥梁，在不要求削减任何人的消费或投资的情况下，经济总产出的扩张将足以生产出飞机或桥梁。这个魔法背后的解释便是闲置资源（未被利用的劳动力和资本）被用于生产额外的商品和服务。如果乘数因子大于1，……这个过程将更加精彩。在这一情况下，实际GDP的增长将快于政府购买的增加。因此，除了免费的飞机或桥梁外，我们还将有更多剩余的商品和服务用以增加私人消费或投资。在这种情形下，即使这座桥毫无用处或者公共部门的工人只是往无用的洞里填土，额外的政府支出也仍然是一个好主意。当然，如果这一机制是真实的，有人可能就会问为什么政府仅仅额外支出1万亿美元呢。"（Barro，2009）

很少有古典经济学家会同意美国保守派专栏作家P. J. 奥罗克（O'Rourke，1991，p. xxiv）极端（诙谐）的观点，他断言："给政府钱和权力就像给十几岁的男孩威士忌和车钥匙一样。"但是大部分古典

---

① 巴拉克·奥巴马总统经济顾问委员会的前任主席克里斯蒂娜·罗默（Romer，2009）估计，一年半后美国的支出乘数在1.6左右。
② 术语"新巫术经济学"首先被乔治·H. W. 布什用来嘲讽他未来的竞选搭档罗纳德·里根的经济政策。里根赞成通过减少收入和资本所得税来刺激经济增长。

经济学家都会赞同巴罗关于和平时期乘数因子基本是零的观点,这强化了他们对政府推动经济增长能力的怀疑。他们提醒李嘉图等价陷阱①的可能性,指出家庭倾向于根据未来预期来调整消费或储蓄行为的事实。他们认为扩张性财政政策(一种刺激方案)应被理解成是一种需要在未来偿还的即时支出或减税方案。他们得出结论,乘数因子在GDP给定的情况下是小于1的,政府支出的增加不能导致GDP其他部分的等额增加。理性预期理论甚至提出在财政由紧缩变为扩张的情形下,可能出现乘数因子为负的罕见情形(Francesco and Pagano,1991)。

究竟谁是对的?财政政策的真实乘数是什么?它是像凯恩斯主义者认为的那样明显为正,还是像理性预期革命支持者所断言的那样为零甚至为负?这些问题的答案并不是那么显而易见。它们明显取决于国家的背景和环境以及所考虑的具体财政政策。阿根廷著名作家豪尔赫·路易斯·博尔赫斯说过"民主是统计学的一种滥用",这句话可能表达了找出这些问题真相的困难程度。

本书中所提议的新结构经济学可能帮助调和凯恩斯主义和理性预期的分析。它的观点是,反周期政策对于发展中国家来说是一种合适的财政策略。② 因为这些国家的政府需要通过提供必要的基础设施在产业升级过程中发挥作用,而经济衰退是进行基础设施投资的一个典型的好时机。这主要有三个原因:第一,这些投资提升了短期需求并促

---

① 李嘉图等价陷阱背后的基本观点(由大卫·李嘉图发展并由罗伯特·巴罗充实)是,政府试图用公共支出刺激经济的意图总会失败。这是因为公众将预期未来某一时点上税收将增加用以偿还政府为这些支出融资而产生的债务。因此,税收增长的预期将促使他们储蓄多余的货币。那些挑战李嘉图理论的人——主要是凯恩斯主义者——强调它是建立在很多不切实际的假设基础之上,比如存在完全资本市场,无论何时只要家庭和企业愿意都能借钱和储蓄的能力,以及即使经济个体有生之年无法看到未来税收增长,他们仍愿意为之储蓄(见第一章)。

② 几个实证研究表明,财政政策一般都是非周期的或反周期的,但在发展中国家,却大部分都是顺周期的。Gavin and Perotti(1997)首先做出了这一观察,尽管受到了一些挑战,但这一观点近期又被 Ilzetzki and Vegh(2008)所证实。

进了长期增长。第二，它们的成本低于正常的时期。第三，可以避免李嘉图等价陷阱，因为未来增长率和财政收入的增长能补偿这些投资的成本（Lin，2009）。

此外，如果发展中国家政府采用新结构经济学，按照本国的比较优势促进相关产业发展，它的经济将变得具有竞争力，财政状况和对外账户可能都是健康的。因为在比较优势战略下，它的经济将出现强劲增长且贸易表现良好，同时政府必须补贴的大量失业和不具有自生能力的企业将大量减少。在这种情形下，国家将面临更少的原发性经济危机。如果受到了外来冲击（如最近的全球经济危机），政府将在执行反周期的财政刺激方案以及投资于基础设施和社会项目的过程中处于有利位置。这样的公共投资能提高经济增长潜能，减少私人部门的交易成本，增加私人投资的回报率，然后产生足以用来清偿初始成本的未来税收收入。正如罗伯特·巴罗开的玩笑那样，如果发展中国家能明智地投资于那些通过市场盈利性考验的生产率提升型和瓶颈解除型的基础设施，它们就确实能够获得免费的飞机和桥梁，在衰退期尤为如此。

## 货币使人贫困——还是货币使人富裕？

除了建议货币政策应被置于政府控制之下（不是独立的中央银行）和被用于影响利率和部门信贷配置外，旧结构主义很少谈及它。但旧结构主义也承认，发展中国家还存在许多其他影响投资需求进程的因素，这些因素过于强大，以至于单靠货币政策的力量无法达到实现充分投资、向战略部门导入资源和对抗失业的目标。

古巴中央银行的网站可能是留给这些政策最好的现代版资源。快速浏览该网站，我们能了解到古巴中央银行是一个"有能力应对产生于各种为管理国内外经济关系而开发的新方法中的需求"（古巴中央银行）的组织。它的使命包括制定和执行"可以实现国家预定经济目标的货币政策"。在它的功能中，古巴中央银行必须应对其他挑战，例如改善"货币体系，以使其切实执行经济活动"以及提升"一般经济效率，尤其是工作生产率"。货币政策的页面以一段清晰的说明开始："因为古巴的金融类型主要是中央计划而不是市场经济的，所以有必要考虑其特殊性。"（古巴中央银行）然后网站开始强调货币政策工具，主要是对法定准备金率以及汇率和利率的控制。不幸的是，由于没有确保金融系统支持那些与经济体比较优势一致的竞争性产业的发展，为纯粹的计划目的而采用的货币措施大部分导致了贫穷。

新古典经济学怀疑货币政策支持产业发展的能力，就像在古巴和其他采用旧结构经济学思想的国家出现的情形那样。基于理性预期革命的教训，他们主张货币政策的主要目的是价格稳定，这意味着同时避免长期的通货膨胀和通货紧缩。这是欧洲中央银行的观点，其专家强调这样一个事实：通过提高价格机制的透明度，价格稳定有利于实现高水平的经济活动和就业率。在价格稳定的情况下，人们能感觉到相对价格（不同商品间的价格）的改变，而不会困惑于总体价格水平的改变。这使得他们基于充分信息做出消费投资决定，并更有效率地配置资源，从而减少了利率的通胀风险溢价（债权人对持有名义资产涉及的风险提出的补偿要求）。这就降低了实际利率，增加了投资激励。它避免了为对冲通胀或通缩负面影响而做出的非生产性活动。它还减少了通胀或通缩的扭曲，这样的扭曲通常会强化税收和社会保障体系对经济行为的扭曲影响。同时，它也避免了非预期通胀或通缩产生的福利和收入任意再分配的后果。

货币政策的范围与旧结构经济学指导下的中央银行的情况相似。作为基础货币的垄断供应商，中央银行是纸币和银行准备金的唯一发行人。得益于这种垄断地位,它能设定银行向中央银行借款的条件。因此,它也能影响银行在货币市场彼此进行交易的条件。独立的中央银行使用短期利率工具有助于保持总体价格水平稳定(或控制货币供应量的增长),而不会刺激经济活动并引发通货膨胀。中央银行通过一系列直接和间接工具诱导货币市场上的利率出现短期改变,从而引发各种机制并影响经济主体行为。① 最终,这种改变将影响产出或价格等经济变量的变化。这一过程——也被称为货币政策的传导机制——比旧结构经济学下的情形更为复杂。②

直到最近的全球危机之前,西方世界的新古典经济学家和大部分中央银行家都为他们的货币政策取得的成果感到十分欣慰。在谈到近十年来世界各地的宏观经济波动的大幅下降时——至少是2007年金融危机前,美国联邦储备委员会主席本·伯南克称之为"大缓和"、"过去20年来经济图景最显著的特点之一"(Bernanke,2004)。他写道:"很少有人反对货币政策在稳定通货膨胀中发挥的巨大作用,美国和国外产出波动与通胀波动同时下降的事实表明,货币政策也可能有助于缓解产出波动。"(Bernanke,2004)

经济大萧条给新古典主义货币政策的知识议程带来了许多新的问题。英格兰银行货币政策委员会委员戴维·布兰奇弗劳尔写道:"作为一名货币政策制定者,我已经发现当前宏观经济研究的'前沿'完全不足以帮助解决我们目前所面临的问题。"(Blanchflower,2009)

---

① 除了通过管理流动性来操纵利率外,中央银行还可以向货币市场发送它的货币政策立场信号。这通常通过改变中央银行与信贷机构进行交易的条件来实现。中央银行同样致力于确保货币市场的正常运行和帮助信贷机构顺利地满足流动性需求。这可以通过为信贷机构提供常规性的再融资以及为它们处理日终余额、缓冲暂时流动性波动提供便利等方式来实现。

② 新古典经济学家有一个广泛的共识,在长期中——经济体的所有调整已在其中发挥作用——经济中货币数量的改变将体现在总体价格水平的改变上。但它不能引起实际产出或失业率等真实变量的永久改变。这个一般性原则被称为"货币的长期中性",构成了所有标准宏观经济学思想的基础。在长期中,真实收入或就业水平,基本上是由技术、人口增长或经济主体偏好等真实因素所决定的。

几年前，曾担任过美国乔治·W. 布什总统经济顾问委员会主席的哈佛大学经济学家格雷戈里·曼昆观察到："新古典主义和新凯恩斯主义的研究甚少影响到那些因执行实际货币和财政政策等棘手任务而受到指责的实务宏观经济学家。"（Mankiw，2006，p. 44）另一位备受尊敬的货币经济学家保罗·德·格劳威做出了类似的警告："中央银行如今使用的宏观经济模型操作起来像一道马其诺防线，这是十分危险的。在过去，构建这些模型的部分原因是对抗通胀。中央银行正准备进行最后一战。但是，它们是否已经为抵御新的金融动荡和经济衰退做好了准备？它们如今使用的宏观经济模型肯定不会再为他们提供取胜法宝了。"（Grauwe，2008）

新结构经济学承认，在发达国家经济衰退和产能过剩的情况下，货币政策刺激私人投资和消费往往是无效的，尤其是在盈利性投资机会有限、预期悲观、对未来信心不足以及流动性陷阱可能存在（由现有制造业、建筑业和住房部门存在的大量过剩产能所造成）等背景下，名义利率达到零底线时更是如此。① 然而，发展中国家不太可能会遇到这样的流动性陷阱。即使现有的国内产业面临着产能过剩，它们产业升级的空间仍然很大。在经济衰退时，如果利率足够低，它们的企业将有动力进行生产率提升型和产业升级型的投资。此外，它们往往有许多基础设施的瓶颈。在这样的背景下，降低利率也将鼓励基础设施投资。

为了解决这些问题，新结构经济学设想了这样一种可能性：发展中国家将利率政策作为反周期工具，以及在经济衰退时期作为鼓励基

---

① 在面临产能过剩的发达国家，流动性陷阱的可能机制如下：许多公司将表现不佳，有一些可能破产或裁员。这将加剧劳动力市场上的疲软并降低工资率和就业保障。只要就业保障较弱，即使利率降低，消费可能仍处于低水平。事实上，有两个原因可能导致利率的降低不会刺激投资：在现有产能过剩的产业中缺乏盈利的投资机会；存在从现有的全球技术前沿向新产业升级的不确定性。

础设施和产业升级投资的工具——这些措施可能有助于未来生产率的增长。因此，货币政策不仅可以在反周期方面被用来稳定经济，还可以在战略上被用来加快结构转型和促进发展中国家走向繁荣。

## 幸存的财富：资源丰裕国家的公共收入管理

尤其在发展中国家，最紧迫的公共收入管理问题之一是处理和使用从自然资源财富中取得的收入。旧结构主义分析认为，世界经济作为一个系统，其中心（占主导地位的富裕经济体）和外围（贫穷的经济体）存在内在的联系，外围的许多经济问题源于这种互动（Blankenburg, Palma and Tregenna, 2008）。因此，它将自然资源收入的管理作为发展中国家解决中心—外围失衡问题的重要战略。例如，在委内瑞拉玻利瓦尔共和国，乌戈·查韦斯总统将能源国有化作为"革命"和发展战略的主要支柱。这一做法20世纪五六十年代在许多拉丁美洲、非洲和亚洲国家也很盛行。[①]

在许多非洲国家，国家营销委员会的创建使这些政策延伸到了农业。这往往导致不良的后果。尼日利亚的棕榈油、塞内加尔的落花生、乌干达的棉花、喀麦隆的咖啡，甚至加纳的可可都曾经是非洲最繁荣的产业。但是，由于过度的和误导性的政府干预，生产这些作物的农民最终种得更少、出口得更少，从而在国外市场上赚得更少（Bates, 1981）。

即使主要适用于发展中国家，这些资源管理原则也让政府抱有怀疑，比如保守派的美国总统罗纳德·里根开玩笑说："政府的经济观点

---

[①] 继该国国有石油公司与一些私营企业合作伙伴之间的欠款纠纷后，政府于2010年宣布将那些闲置了数月的大量石油钻井平台国有化。路透社援引石油部部长拉斐尔·拉米雷斯的话说，拒绝将钻井平台投入生产的企业，是削弱政府计划的一部分力量，而钻井平台的国有化能使它们重新投入生产。

可以总结成几个短语：如果增长，就征税；如果继续增长，就管制；如果停止增长，就补助。"支撑这一经济理念的新古典主义经济学，一般建议资源丰富的国家应采取旨在避免内部和外部失衡的政策。在这方面，资源管理的主要目标之一是节省大部分自然资源收入（为了后代着想，通常存放在一个独立的中央银行账户或信托基金里，以外币持有），并只使用一小部分进行当前消费。这一策略将在中短期平滑公共开支所面临的商品价格波动。从长远来看，它提高了政府总储蓄，并确保为子孙后代积累足够的源自自然资源的财富。

目前的新古典经济学文献还强调，在资源丰裕的国家，外汇储备的健全管理有利于提高抵御冲击的能力。健全的储备管理能维持人们对货币政策和汇率政策的信心。在危机时期，它可以通过保持外币流动性以吸收冲击的方式降低外部脆弱性。它能向市场发出"国家可以履行对外义务"的信号。它可以通过外部资产来支持本国货币。在国家灾害或紧急情况下，它还能提供储备（IMF，2001）。

因为健全的储备管理政策和实践可以支持却不能代替健全的宏观经济管理，所以新古典经济学同样建议，涉及币种构成、投资工具选择、储备投资组合可接受的持续期等投资组合管理政策，应该与一国特定的政策背景和环境相一致，还要确保资产是有保障的且随时可用，并能支撑市场信心。它同样强调了需要建立一个透明度框架，以确保储备管理活动及其结果的问责性和明确性、制度和治理结构的健全性以及风险管理的审慎性。

但储蓄从来就不足以确保持续的成功和持久的增长。在资源丰裕的国家，新古典主义的资源收入管理政策可能不足以促进产业多元化和升级、加快增长速度以及增强包容性和可持续性（Hausmann and Klinger，2006）。当美国亿万富翁沃伦·巴菲特被问及他作为一个成功的投资者和金融家取得惊人成就的秘诀时，他曾经解释为两个原则：

"原则一：永远不要赔钱。原则二：永远不要忘记原则一。"他证实了亨利·福特的告诫——成功实际上是做出明智的投资决定："老人总是建议年轻人省钱。这是一个不好的建议。不要节约每一个硬币。将它投资在自己身上。40岁前我从来没有攒过一美元。"

新结构经济学建议将商品收入中适当的份额用于人力、基础设施和社会资本投资，并为符合自己比较优势的发展中制造业提供激励，以促进产业的多元化和升级。保罗·科利尔正确地指出，在未来10年，世界上最贫穷的人所生活的最贫穷的社会（"最底层的10亿人"）将需要处理由自然资源带来的巨大机会和风险。"中亚和非洲是资源开采的最后区域，随着全球大宗商品的高价格和新的勘探技术的出现，隐藏在本国领土下方的自然资产将被发现。这一举动将导致环境恶化和暴力掠夺，还是摆脱贫困和辉煌崛起，将取决于这些社会做出的抉择。这不仅赌注高，而且所涉及的选择也十分复杂。利用自然资产取得对环境负责的繁荣，不只是'好的治理'的问题：决策者需要明白整个决策链背后的经济学。"（Collier，2010）

为了达成最大的效果，这些资源应该为那些可以消除可持续发展和包容性增长制约因素的投资机会提供资金支持，尤其是在基础设施和教育方面，其目标是激励国内企业家，并吸引外商直接投资（FDI），从而促进与该国比较优势相一致的制造业的多样化。在阿富汗，新的空中勘探技术已被用于在全国范围内寻找自然资源，并发现了一个价值约1万亿美元的矿藏。对于当局而言，迅速采取将一部分收入用于可持续发展和包容性增长的发展战略（并建立一个相应的制度框架）是至关重要的。这可以使其免受其他地质丰裕国家（如刚果民主共和国）所遭遇的资源诅咒。

自然资源的开采可以产生大量的收入，但它通常是高度资本密集型的，只能提供有限的就业机会。收入低但资源丰裕的国家往往拥有大量的劳动力和巨大的工作需求。在2009年对巴布亚新几内亚的访问中，我观察到塔布比尔的奥克泰迪铜金矿产生了近80%的总出口和40%的政府财政收入，但只提供了2 000个就业岗位。当拟议的液化天然气项目完工后，几年内便将使巴布亚新几内亚的国家收入翻番，但却只能提供8 000个就业机会。而巴布亚新几内亚的650万居民中的大多数仍要依靠维持生存的农业为生。于是毫不奇怪，极少数在现代矿业城镇中就职的精英工人与仅能维持生计的农民之间生活方式的反差就成了社会紧张的一个根源。

在另一个非洲国家博茨瓦纳也可以观察到类似的现象。该国自1966年独立以来表现基本良好，是增长委员会报告的13个成功经济体其中之一。尽管在过去的40年里，钻石产业在维持博茨瓦纳的经济增长奇迹中创造了巨大的成功，但从钻石开采转向经济多样化的失败以及创造就业机会的失败，或许可以解释其日益扩大的收入差距和日益恶化的人类和社会指标。

还有一个值得一提的问题是：像巴布亚新几内亚这样资源丰裕、劳动力充足的经济体是否在劳动密集型的制造业上具有比较优势？我的回答是肯定的。这些国家工资水平较低，而工资是劳动密集型产业主要的生产成本。因此，通过改善基础设施和降低交易成本，劳动密集型制造业在这样的国家是具有竞争力的。印度尼西亚和泰国的劳动力密集型产业就是很好的例子。此外，劳动密集型制造业不仅为吸收农村剩余劳动力提供了可能，也为高附加值产业的持续升级铺平了道路。芬兰的诺基亚是一个很好的例子。如今，大多数人只将这个国家视为先进移动电话业务的主要竞争者。然而，它的经济发展是以伐木起步，然后向橡胶靴生产等劳动密集型生产活动进行多样化；接着为飞利浦在"原始设备制造商"的协议下生产家用电子产品；最后才进军手机生产。

诚然，自然资源的开采和出口可能会伴随着"荷兰病"，因为石油、天然气、矿产等自然资源的出口收入推高了币值，降低了制造业出口产品的竞争力。如果从自然资源中取得的财富被权力集团所攫取，像尼日利亚那样，资源就可能成为一种诅咒。斯堪的纳维亚国家都表现出了良好的自然资源财富管理能力。它们已经证明，资源的透明管理以及人力资本和基础设施的投资可以提高劳动生产率，降低生产和交易成本，并抵消荷兰病的不利影响。

斯堪的纳维亚的经验为劳动力充足、资源丰裕的经济体提供了宝贵的经验教训。世界银行的采掘业透明度行动计划（EITI ++）主张，那些利用自然资源财富同贫困、饥饿、营养不良、文盲、疾病做斗争，并通过促进劳动力密集型制造业发展支持结构转型的国家，能将资源诅咒转化为资源赐福。这些国家有机会积累资本、升级禀赋、改善基础设施和实现产业结构转型，由此带来的收入增长将快于劳动力充足但资源贫乏的国家。

促进结构转型所需要的经济发展战略被一个事实所证实：微观分析表明，即使工厂车间成本相差无几，效率低下的基础设施也将使贫穷国家无法参与国际市场竞争。在非洲国家，运费和保险费是全球平均水平的250%[①]，公路货运比亚洲延误2—3倍。由于缺乏财政资源和适当的政策框架，许多非洲国家不能维持急需的投资和维护。

最近的研究表明，在发展中国家，通信投资项目的经济回报平均为30%—40%，发电项目为40%，道路项目达到200%以上。2006年，泰国停电造成的生产损失占总间接经营成本的50%以上。企业常常依靠自己的发电机来补充不可靠的公共电力供应。2002年，巴基斯坦被调查的企业中，60%以上的公司拥有一台发电机。维护一台发电机的成本往往高而繁重，特别是对于提供了大量就业机会的中小型企业

---

① 成本中的百分比（UNCTAD 统计数据库）。

而言更是如此。然而，尽管这些费用必须由私人承担，他们的利益却被整个经济所分享。

在这种背景下，新结构经济学提倡自然资源管理的有效策略，不仅是将收入保存于主权基金和投资于国外股票市场或项目中，还要将绝大部分收入用于资助有利于经济发展和结构转型的全国或地方性项目。这些项目能促进新的制造业生产，使经济多样化，提供就业机会，并提供不断升级的潜力。

## 金融发展：那些让我们喜欢憎恨的银行家

美国诗人罗伯特·弗罗斯特经常被引用的一句话是："银行是一个在晴天借给你雨伞，但却要求在雨天收回去的地方。"经济学家曾达成一个广泛的共识，即金融体系的发展对运转良好的现代经济来说是必不可少的。然而，在其具体作用和因果方向上，他们的意见却极不统一。观察到发展中国家面临的主要约束之一是有限的资本积累，旧结构经济学将欠发达经济体的金融部门为投资动员资本的无能归结为广泛的市场失灵，并认为这些失灵无法单独依靠市场的力量解决（Hirschman, 1958）。① 他们建议，在这个过程中政府应亲身实践，去动员储蓄和分配信贷，以支持先进资本密集型产业的发展。确实，在日本、墨西哥、塞内加尔等各不相同的国家，它们都是这样做的（Rocheteau, 1982）。

通过分析这些政策对整个发展中世界的影响，尤其是在20世纪六七十年代，经济学家发现，通货膨胀与大量政府干预（如利率设定和引导信贷流向等）相结合，收缩了国内银行贷款的存款基础。这往往

---

① Gerschenkron（1962）提出了相似的观点，认为单靠私人部门不能有效解决脆弱的制度环境中的融资困难问题。

导致"金融抑制":通过正式的规则(法律、法规)以及其他非正式规范和非市场限制,政府对金融体系的过度干预阻碍了经济中金融中介机构的全力运作。导致金融抑制的政策通常包括低利率上限、高流动性比率要求、高银行存款准备金要求、严格的资本管制、金融业市场准入的(专制性)限制、信贷上限或信贷配置方向的限制,以及政府对银行的所有权或支配权等(McKinnon,1973;Shaw,1973)。①

在一些国家,特别是东欧、前苏联和非洲,政府全资拥有的企业可以超支预算和赔钱,但不允许它们破产。相反,政府总是用大量的补贴、资本投资和低银行贷款利率支撑它们的运营。因此,那些应该被更有效管理、改革或破产清算的企业以纳税人的高成本为代价继续运营。这种做法被称为"预算软约束",将导致政府在国有金融机构中累积赤字。这同时还营造了一种自我抑制型的企业文化,不仅在银行而且在私营企业中也普遍存在。贷款已成为许多统治阶层精英的一个致富工具,因为他们知道无需偿还它(Monga,1997)。美国实业家吉恩·保罗·盖蒂半开玩笑地总结了拥有大量不良贷款的金融机构中存在的难题:"如果你欠银行 100 美元那是你的问题。如果你欠银行 1 亿美元则是银行的问题。"

新古典经济学家从这些情况中得出结论:倡导金融自由化。他们认为官员们一般不会有动力和专业知识去有效干预信贷配置和定价,而界定明晰的产权体系、良好的契约制度和良性的竞争将为一个健全金融体系的出现创造条件。他们批评"官员成为银行家"并认为更大的国家所有权将导致更少的金融部门发展、更低的增长和生产率、更高的利率差、更少的私人信贷和非银行金融业的发展、更集中的信贷,以及产生弱监管和多危机的趋势。他们建议,政府退出对银行的所有权,解除信贷配置和利率决定的限制(Caprio and Honohan,2001)。他

---

① 关于金融抑制对经济增长负面影响的一个实证分析参见 Gerschenkron(1962)。

们还主张发展大型现代化的银行和股票市场，并设立执行巴塞尔公约的独立金融当局。

新结构经济学赞同需要解决金融抑制的不利影响，它还认为：在给定的发展水平下，适宜的金融结构应该由目前的产业结构、企业的平均规模以及它们面临的典型风险类型所决定——这些因素反过来又内生于经济体在这一发展水平上拥有的要素禀赋。

在一国发展的早期阶段，由于其禀赋的特性，比较优势通常存在于资源密集型和劳动密集型产业中。除了少数大型矿业公司或种植园外，大部分生产和就业由农业、制造业和服务业中的小农场或小公司组织。它们的资本需求较小，使用成熟的技术生产成熟的商品，主要服务于当地市场。它们往往缺少标准的财务记录，也没有展示出长期的财务历史。

在为这样的公司或农场提供贷款时，金融家将公司或农场经营者的管理能力视为主要的风险。能最好地满足这些客户需求的金融安排，包括非正规放贷者和小型地方银行。它们可以提供小额贷款并具有信息优势，因为它们能与借款人保持经常甚至密切的联系。①

当经济增长和要素禀赋结构改变时，工厂和农场的运作升级到资本密集度更高的阶段，并且规模增大。它们投资和经营的资金需求也随之上升。当升级扩展了市场范围并使技术与世界前沿更接近时，这反过来又增加了它们的风险。服务于这些新需求的适当金融机构逐渐变为有能力动员大量资金和分散风险的大型国家银行或股票市场。

很多情况下，发展中国家金融部门的政策顾问建议，应发展与发达国家相似的大型银行和股票市场，而不考虑其发展水平和经济结构。

---

① 由于上市和财务披露将产生较高的固定费用，因此股票市场不能为小公司和小农场提供适当的金融安排。大银行普遍歧视小公司和小农场，因为它们缺少财务记录，并且向它们放贷的单位交易成本较高。小额信贷因为数额太小而无法为商业用途提供资金，即使对于小公司和小农场而言也是如此。

新结构经济学认为，低收入国家应选择小型的当地银行作为金融体系的主干，而不是试图复制发达工业化国家的金融结构。这将允许农业、工业和服务业的小型企业获得足够的金融服务。当产业升级发生，经济越来越依赖于资本更密集的产业时，金融结构也将发生转变，给予大型银行和先进的股票市场以更大的权重（Lin, Sun and Jiang, 2009）。

## 穷国应该选择适合自己的外资模式

美国科学家霍华德·斯科特曾试图将热力学和矢量分析运用于经济和其他社会现象，并以此闻名于世，他对资本家持有高度怀疑的态度。他曾经半开玩笑地说："罪犯是一个有着掠夺本能但没有足够资金开办公司的人。"一些旧结构主义学者赞同这种对资本极度不信任的观点，特别是当资本在外国人手中时。在他们想象中的以中心—外围关系为特点的世界里，他们往往认为外资主要是工业化国家利用其跨国公司保持对发展中国家有害控制的一种工具。他们拒绝国家间资本的自由流动可以实现资源有效配置的观点。他们将流向穷国的FDI（在境外的一家企业内建立持久收益或有效管理控制权的外国投资）视为外国所有权和支配权的工具。他们主张严格限制几乎所有形式的国际资金流动。

毫不奇怪地，新古典经济学家持有一个完全不同的观点。他们认为，国际资本流动有几个目的。它使得只有有限积蓄的国家能够为国内生产性投资项目吸引融资；它使投资者多样化其投资组合；它更广泛地分散投资风险；它还可以促进跨期交易——当前货物与未来货物之间的交易（Eichengreen et al., 1999）。因此，新古典经济学理论通常赞同开放的或自由化的资本市场，预期储蓄能够得到更有效的配置，从而为投资风险多元化、快速增长和抑制经济周期提供更多的可能性。但是，需要注意的是，一些新古典经济学家还认为，在发展中国家自由化的金融市场可能被信息不完全、系统内外的大震荡走势以及许多产生一般福利损失等次优结果的其他问题所扭曲。

新结构经济学认为，在发展中国家，FDI相对于其他资本流动而言是一种更有利的外资来源，因为它通常面向符合一国比较优势的产业。在恐慌期，相较于银行贷款、债务融资和证券投资，它更不易出现突然的逆转。它也不会像债务和投资组合流动的急剧逆转那样造成金融危机之类的严重问题。此外，它带来的不仅是资本，还带来了发展中国家缺少的技术、管理、市场准入以及社会网络，而这些对产业升级是至关重要的。

一个实证研究的综述总结道，FDI有助于东道国生产率提升和收入增长，超过了国内投资通常所能达到的水平（OECD，2002）。尽管这些利益难以衡量，但有一项研究表明，FDI使委内瑞拉制造业获利于营销和售后服务，但由于高度依赖进口投入品，因此未能产生正的后向外溢效应（Aitken, Hanson and Harrison, 1994）。一般用一个关于吸收能力（即基础设施和教育）的函数反映技术外溢。那些已经接受大量FDI的较高收入发展中经济体——如墨西哥、中国香港特别行政区、菲律宾和捷克共和国——已产生大量的劳动力市场和技术外溢效应（Blomström, Lipsey and Zejan, 1994）。因此，对内直接投资的自由化通常应该是更广泛的发展战略中一个有吸引力的组成部分。

相比之下，与直接投资不同，投资组合投资——股票、债券和货币市场工具的购买，不是在企业内部建立持久收益或有效的管理控制权——可能会大量快速地流进或流出一个国家，旨在进行投机活动（主要是在证券市场或房地产），并产生泡沫和波动。在爱尔兰、希腊、西班牙和其他一些欧洲国家，短期资本流入前所未有的增加滋长了房地产泡沫，并引发了欧元区的主权债务危机。大量流向新兴经济体的投资组合也造成了股票和房地产泡沫以及货币的升值，导致金融危机期间宏观经济管理的复杂化。

我们应该永远记住，大量突然涌入的投资组合资本最有可能投入投机性行业而不是生产部门。这有两个原因：首先，现有行业的投资大幅增加，可能会导致资本回报率减少。其次，快速大型的产业升级潜能受制于有限的基础设施和人力资本。这就是投资组合应被小心处理的原因。[①] 新结构经济学同样解释了罗伯特·卢卡斯（Lucas, 1990）所提出的难题——资本为什么会从资本稀缺的发展中国家流向资本丰裕的发达国家。如果不改善基础设施和向新的比较优势产业升级，发展中国家可能会遭遇累计资本回报率递减从而导致较低的资本回报率，因此证明了资本流向发达国家的合理性。

## 求解贸易政策悖论

斯坦利·费希尔是我在世界银行的前任之一也是 IMF 的前副总裁，他曾在向非洲国家元首的演讲中说道："讨论我们应该支持还是反对全球化是没有意义的。"他补充说："问题可以总结为去年抗议布雷顿森林体系的一句标语：全球联合反对全球化。但全球化就在这里：现实情况是我们已经生活在一个全球化的经济中——跨国界的贸易、资本和知识流动不仅巨大，而且逐年增加。不愿意与其他国家交流的国家，

---

[①] 一份国际货币基金组织报告提出警示："尽管在当前情况下十分必要，但低政策性利率对金融稳定具有长期的威胁。当发达经济体的增长持续迟缓时，作为自然的政策反应，以低利率应对疲弱的经济活动是恰当的。然而，在很多发达经济体中，因为资产负债表一直不能完整修复，一些部门仍被困在信贷周期的修整和恢复阶段，同时对高收益的追求将使其他一些部分具有较大的杠杆性及脆弱性。此外，低利率将信贷创造转移到了更不透明的渠道中，如影子银行体系。这些情况增加了信贷周期出现更急剧而强劲转变的可能性，因此在新的冲击下，资产质量会遭遇更严重恶化的风险。"（IMF, 2011, pp. ix-x）

其收入和人类发展冒着进一步落后于世界其他地区的风险。这种方式存在非常现实的边缘化危险。"(Fischer, 2001, p.2)

在另一个场合,费希尔也曾清晰并深切地关注过这一问题:"有证据强烈支持这一结论:增长需要一个具有融入全球经济取向的政策框架。三个方面各司其职:对国际经济运行承担主要责任的主要是发达国家的政府;决定学术氛围的主要是政府、非政府组织及个人,包括在座的各位;而发展中国家的政府应对它们国家的经济政策承担主要责任。"(Fischer, 2003, p.3)

旧结构主义学者有许多实现全球化(特别是对外贸易)的方案。但是,一个不变的信念是,经济全球化必然会维持世界权力结构,即西方国家及其跨国公司将支配贫困国家并剥削其经济。为了打破这种依赖的陷阱,旧结构主义经济学家建议优先考虑进口替代战略,即发展中经济体在世界市场上与先进的工业化国家竞争前,应采取封闭和保护的策略。

很多新古典经济学家曾经是费希尔的学生或同事。在20世纪80年代,他们采用了相反的观点。注意到发展中国家的宏观经济危机几乎总是涉及对外领域,他们认为其直接原因是缺乏偿还债务和支付进口的外汇。他们建议贸易自由化和促进出口,通过出口收入赚取外汇。与此一致的观点是,从长远来看,外向型的发展战略比内向型政策更有效。支持这种观点的证据是,这种战略会增加非熟练劳动力的需求及其工资,正如在成功的东亚国家所出现的情形(Kanbur, 2009)。

新结构经济学与新古典经济学一致的观点是,出口和进口应该内生于一国由要素禀赋结构(它们是产业升级的基本特征,并反映了比较优势的变化)决定的比较优势。全球化为发展中国家利用后发优势,并以快于已处于全球技术前沿的国家的速度实现创新和结构转型提供了一个路径。因此,开放是缩小经济差距的一条重要渠道。

但是，新结构经济学家也认识到，很多发展中国家在攀登产业阶梯时，都会存在进口替代等旧结构经济学战略遗留下来的扭曲。这就是新结构经济学提倡渐进式贸易自由化的原因。在过渡期间，在逐渐开放并促进企业进入那些原先被控制和抑制却更有竞争力的部门的同时，政府也可以考虑为那些不符合一国比较优势的产业提供暂时的保护。而新开放行业的蓬勃发展将为改革旧的优先部门创造条件。这种务实的双轨方式既有助于实现增长目标，又避免了在转型期产生惨重的损失（Lau, Qian and Roland, 2000；Lin, 2009；Naughton, 1995；Subramanian and Roy, 2003）。

## 破解人类发展之谜

苏格兰作家亚瑟·柯南·道尔爵士是侦探福尔摩斯的缔造者，他曾经写道："技巧是很好的，天才是辉煌的，但两者的正确相联要比其中任何一个的价值都大得多。"他的直觉可能为经济学家兰特·普利切特提供了答案，普利切特曾在一篇有影响力的文章中质疑："教育去哪了？"（Pritchett, 2001）实在令人费解的是，跨国数据显示，虽然劳动力受教育程度的提高有助于人力资本的提升，但这一提升与人均产出增长率之间却没有任何关联。注意到不同国家教育对发展影响的巨大差异，普利切特推测，可能该影响有三种低于预期的原因：第一，制度和治理环境可能有悖于常理，从而导致教育资本的积累减弱了经济增长。第二，当需求不变时，受教育劳动力供给量的扩张迅速降低了教育的边际收益。第三，教育质量非常低，导致多年的教育并未创造人力资本。

旧结构经济学甚少提及经济增长中人类发展的作用。与此相反，新古典经济学认为，在19世纪和20世纪，许多国家人均收入的持续增长主要源于科学和技术知识的扩张,这些知识提升了劳动力及其他生产要素的生产率。经济理论表明,经济增长是新知识和人力资本协同作用的结果。这也是在所有已取得显著经济增长的国家,教育和培训的大幅增长会伴随着技术知识的重大进步的原因所在。对人力资本至关重要的教育、培训和健康等方面的投资,被认为是经济发展最重要的驱动力(Becker,1975;Jones and Romer,2009)。

如果是这样的话,为什么一些实证研究得到的结论都类似于普利切特,并赞同柯南·道尔的讽语呢?新结构经济学将人力资本作为一国禀赋的组成部分。对于经济个体而言,伴随经济增长而出现的产业升级和技术创新,风险和不确定性也在上升。因为当各个企业沿着产业阶梯攀升至资本密集度更高的产业并更接近全球产业前沿时,它们也将面临更大的风险。

人力资本提高了工人应对风险和不确定性的能力,但是它的形成需要长期的酝酿(Schultz,1961)。一个在年轻时失去了受教育机会的人,在以后的岁月里可能都无法弥补这一损失。在一个动态增长的经济中,提前计划十分重要,在经济对新产业和新技术所涉及的技能提出要求之前,就应先进行人力投资。但是,人力资本的改善应该与物质资本的积累和经济中的产业升级相称。否则,一种情况是人力资本成为经济发展的制约因素(因为投资不足所以供给不足);另外一种情况是如果经济体的产业升级速度不足以提供足够的高技能工作,那么这个国家将会有许多失意的受过良好教育的青年。这种情况只要看一看突尼斯、埃及等国家的"阿拉伯之春"便可知晓了。

一个设计良好的人力资本发展政策应该是任何国家整体发展战略中不可或缺的组成部分。新结构经济学超越了新古典主义的教育处方,提出发展战略应包括人力资本投资措施,以促进产业升级和经济体资源的充分利用。这种战略的重要组成部分,应遵循卢卡斯(Lucas,

2002）关于人力资本取得质量和数量双重发展的建议。它还应包括旨在针对生命周期的不同阶段促进技能形成的可供选择的政策①，并要求政府和私人部门紧密合作，共同预测或回应劳动力市场对技能的需求。新加坡也是13个高速增长的经济体之一，它在二战结束后超过25年的时间里，增长速度都超过7%。它为人力资本发展的国家战略提供了一个很好的例子（Osman-Gani，2004）。它的战略超越了教育决定论，并认识到在职培训对总人力资本来说十分重要。它的人力资源政策经过了不断的修改和调整，以便与其他的国家战略经济目标保持一致。

综上所述，本书提出的新结构经济学建立在经济理解和历史经验教训的基础上，并对社会现实做出了严谨的分析。但它也是一个非常务实的框架，所有国家的政策制定者都可以在通往繁荣的道路上，通过这一框架使其成功的可能性最大化。为了确保发展实践者可以行之有效地使用它，还必须辅助提供一份用户操作手册（参见第七章）。

## 参考文献

Aitken, B., G. Hanson, and A. Harrison. 1994. "Spillovers, Foreign Investment and Export Behavior." NBER Working Paper 4967, National Bureau of Economic Research, Cambridge, MA.

Banco Central de Cuba. n. d. a. "Home." Available at www.bc.gov.cu/English/home.asp. Accessed 6 Feb 2012.

Banco Central de Cuba. n. d. b. "Monetary Policy." Available at www.bc.gov.cu/English/home.asp. Accessed 6 Feb 2012.

Barro, R. J. 2009. "Government Spending Is No Free Lunch." *The Wall Street Journal*, January 22.

---

① Carneiro and Heckman（2003）曾证明了在生命早期形成的认知和非认知能力的重要性，这些能力解释了不同社会群体之间教育程度的差距以及社会经济成功的其他方面。他们提供了关于早期干预的高回报和在以后岁月中补救或补偿措施的低回报的实证证据。

Bates, R. H. 1981. *Markets and States in Africa: The Political Basis of Agricultural Policies.* Berkeley: University of California Press.

Becker, G. S. 1975. *Human Capital: A Theoretical and Empirical Analysis, with Special Reference to Education*, 2nd ed. New York: Columbia University Press.

Bernanke, B. S. 2004. "The Great Moderation." Remarks at the meetings of the Eastern Economic Association, Washington, DC, February 20.

Blanchflower, D. 2009. "The Future of Monetary Policy." Open Lecture at the University of Cardiff, March 24.

Blankenburg, S., J. G. Palma, and F. Tregenna. 2008. "Structuralism." In *The New Palgrave Dictionary of Economics*, 2nd ed., volume 8, eds. S. N. Durlauf and L. E. Blume, 69—74. London: Macmillan.

Blomström, M., R. E. Lipsey, and M. Zejan. 1994. "What Explains the Growth of Developing Countries?" In *Convergence of Productivity, Cross-National Studies and Historical Evidence*, eds. W. J. Baumol, R. R. Nelson, and E. N. Wolff, 243—261. New York: Oxford University Press.

Caprio, G., and P. Honohan. 2001. *Finance for Growth: Policy Choices in a Volatile World.* New York: Oxford University Press.

Carneiro, P., and J. J. Heckman. 2003. "Human Capital Policy." IZA Discussion Papers 821, Institute for the Study of Labor, Bonn, Germany.

Collier, P. 2010. "Why Natural Resources Should Help End Poverty." *New Statesman*, June 28.

Eichengreen, B., M. Mussa, G. Dell'Ariccia, E. Detragiache, G. M. Milesi-Ferretti, and A. Tweedie. 1999. *Liberalizing Capital Movements: Some Analytical Issues.* Washington, DC: International Monetary Fund.

Fischer, S. 2001. "The Challenge of Globalization in Africa." Remarks at the France-Africa Summit, Yaoundé, January 19. Available at http://www.iie.com/fischer/pdf/Fischer077.pdf. Accessed 7 Feb 2012.

——. 2003. "Globalization and Its Challenges." Ely Lecture presented at the American Economic Association meetings, Washington, DC, January 3. Available at http://

www.iie.com/fischer/pdf/fischer011903.pdf. Accessed 7 Feb 2012.

Francesco, G. and M. Pagano. 1991. "Can Severe Fiscal Contractions Be Expansionary? Tales of Two Small European Countries." In *NBER Macroeconomics Annual 1990*, ed. O. J. Blanchard and S. Fischer, 75—122. Cambridge, MA: MIT Press.

Gavin, M., and R. Perotti. 1997. "Fiscal Policy in Latin America." In *NBER Macroeconomics Annual 1997*, Vol. 12, ed. B. S. Bernanke and J. Rotemberg, 11—72. Cambridge, MA: MIT Press.

Gerschenkron, A. 1962. *Economic Backwardness in Historical Perspective: A Book of Essays*. Cambridge, MA: Belknap Press of Harvard University Press.

Grauwe, P. de. 2008. "Cherished Myths Fall Victim to Economic Reality." *Financial Times*, July 22.

Hausmann, R., and B. Klinger. 2006. "Structural Transformation and Patterns of Comparative Advantage in the Product Space." CID Working Paper 128, Harvard University, Harvard Kennedy School, Center for International Development, Cambridge, MA.

Hirschman, A. O. 1958. *The Strategy of Economic Development*. New Haven, CT: Yale University Press.

Ilzetzki, E., and C. A. Vegh. 2008. "Procyclical Fiscal Policy: Truth or Fiction?" NBER Working Paper 14191, National Bureau of Economic Research, Cambridge, MA.

IMF (International Monetary Fund). 2001. *Guidelines for Foreign Exchange Reserves Management*. Washington, DC: IMF.

——. 2011. *Global Financial Stability Report*. Washington, DC: IMF.

Ito, H. 1980. "Financial Repression." Portland State University, Oregon.

Jones, C. I. and P. M. Romer. 2009. "The New Kaldor Facts: Ideas, Institutions, Population, and Human Capital." NBER Working Paper 15094, National Bureau of Economic Research, Cambridge, MA.

Kanbur, R. 2009. "The Crisis, Economic Development Thinking, and Protecting the Poor." Presentation to the World Bank's Executive Board, Washington, DC, July 7.

Lau, L. J., Y. Qian, and G. Roland. 2000. "Reforms without Losers: An Interpretation of China's Dual-Track Approach to Transition." *Journal of Political Economy* 108

(1): 120—143.

Lin, J. Y. 2009. "Beyond Keynesianism: The Necessity of a Globally Coordinated Solution." *Harvard International Review* 31 (2): 14—17.

Lin, J. Y., X. Sun, and Y. Jiang. 2009. "Towards a Theory of Optimal Financial Structure." Policy Research Working Paper 5038, World Bank, Washington, DC.

Lucas, R. E. 1990. "Why Doesn't Capital Flow from Rich to Poor Countries?" *American Economic Review* 80 (2): 92—96.

——. 2002. *Lectures on Economic Growth*. Cambridge, MA: Harvard University Press.

Mankiw, N. G. 2006. "The Macroeconomist as Scientist and Engineer." *Journal of Economic Perspectives* 20 (4): 29—46.

McKinnon, R. I. 1973. *Money and Capital in Economic Development*. Washington, DC: Brookings Institution.

Monga, C. 1997. *L'argent des autres-Banques et petites entreprises en Afrique: le cas du Cameroun*. Paris: LDGJ-Montchretien.

Naughton, B. 1995. *Growing Out of Plan: Chinese Economic Reform 1978—1993*. Cambridge, UK: Cambridge University Press.

O'Rourke, P. J. 1991. *Parliament of Whores: A Lone Humorist Attemps to Explain the Entire U. S. Government*. New York: Grove Press.

OECD (Organisation for Economic Co-operation and Development). 2002. *Foreign Direct Investment for Development: Maximizing Benefits, Minimizing Costs*. Paris: OECD.

Osman-Gani, A. M. 2004. "Human Capital Development in Singapore: An Analysis of National Policy Perspectives." *Advances in Developing Human Resources* 6 (3): 276—287.

Pritchett, L. 2001. "Where Has All the Education Gone?" *World Bank Economic Review* 15 (3): 367—391.

Rocheteau, G. 1982. *Pouvoir financier et independence économique en Afrique: le cas du Sénégal*. Paris: Orstom-Karthala.

Romer, C. 2009. "The Case for Fiscal Stimulus: The Likely Effects of the American

Recovery and Reinvestment Act." Speech at the University of Chicago, February 27.

Roubiniand, N., and X. Sala-i-Martin. 1992. "Financial Repression and Economic Growth." *Journal of Development Economics* 39: 5—30.

Schultz, T. W. 1961. "Investments in Human Capital." *American Economic Review* 51 (1): 1—17.

Shaw, E. 1973. *Financial Deepening in Economic Development*. New York: Oxford University Press.

Subramanian, A., and D. Roy. 2003. "Who Can Explain the Mauritian Miracle? Mede, Romer, Sachs, or Rodrik?" In *Search of Prosperity: Analytic Narratives on Economic Growth*, ed. D. Rodrik, 205—243. Princeton, NJ: Princeton University Press.

United Nations Conference on Trade and Development (UNCTAD). n. d. *UNCTADstat*. Geneva: UNCTAD.

# 第七章　新结构经济学实践：
# 两轨六步法

你身在世界上任何一个角落，只要轻点鼠标，就能立刻访问泰国的珠宝专区、土耳其的皮革专区、津巴布韦的茶叶专卖区、印度的某家外贸工厂或者是多米尼加共和国的某家公司网站。① 你还可以订阅商务促进机构印发的精美宣传册的电子版，其中会列出很多各国向全球投资者提供的特别激励方案。仅仅在电脑屏幕前浏览虚拟的图像和文字，谨慎的商人们可能并不

---

① 参见国际劳工组织（ILO）的部门涵盖范围（http://www.ilo.org/sector/sectors-covered/lang——en/index.htm）。2012年2月7日访问。

完全放心，他们更希望能够前去这些圈划了大片特色地区的国家去参观它们的工厂。例如，毛里求斯就向对环岛周围的潜在养鱼场感兴趣的投资者提供了实地考察的机会，各种热带的海产品可以在泻湖内外进行养殖。

如今，很多低收入国家的政府都推出了激励政策方案，其所具有的吸引力可以与半个世纪前诸如香港和新加坡等港口城市为出口加工和转口贸易提供的特殊关税优惠制度相当。这些区域有很多名字——从出口加工区到经济特区。① 它们大大加长了给予优惠政策的产业的名单，从传统的纺织业、服装业以及电子制造业延伸到技术更加复杂的产业甚至软件开发业，比如印度的班加罗尔。这是一个清楚的信号——即使是在撒哈拉沙漠以南非洲地区，那些低收入国家中最为贫困的国家都已不再仅仅满足于依靠咖啡、可可、棉花和其他原材料商品这样的传统商品的出口。事实上，非洲有22个国家已经拥有工业区并且不满足于此，这从加纳总统启动的针对六个产业（服装和纺织品、采盐、产棉、油棕产品、木薯淀粉产品和远程教育）的专项计划以及乌干达雄心勃勃的2011—2015年综合性国家发展计划中可以明显看出。

同样激动人心的事情也发生在中等收入国家。俄罗斯正在建设斯科尔科沃项目，即在莫斯科附近建立一个高科技研究中心。该中心将

---

① 第一个"现代区"成立于1959年的爱尔兰。在最近的几十年，新建立起来的各种区域也被涵盖进经济特区的概念中来。自由贸易区（也称为商业自由区）是一个圈划出来的免税区域，为贸易、转运和再出口业务提供仓储、存储、配送、分销设施。出口加工区是以国外市场为首要目标的工业园区。混合出口加工区（EPZ）通常分为面向所有产业开放的一般区和一个单独为出口导向的EPZ注册企业服务的出口加工区。企业区旨在通过税收刺激和财政拨款振兴陷入困境的城市和农村地区。自由港通常覆盖了更大的区域，面向所有类型的活动（包括旅游和零售），允许现场驻扎，并提供一套更广泛的激励和福利方案。单工厂EPZ计划类似于保税工厂计划，为个体企业提供激励，无论其地理位置如何；工厂不需要位于指定区域内才能获得奖励和特权。专业园区包括科学/技术园、石油化工区、物流园区和机场园区（FIAS，2008）。

优先进行对五个领域的研究：能源、信息技术、通信、生物医药以及核工业技术。这个项目被媒体称为"俄罗斯的硅谷"，这一称呼源于美国加利福尼亚州北部地区的硅谷一直以来都是作为成功的典范在美国乃至世界范围内被此类研究中心所效仿。在最近一次对"真正"硅谷的访问中，梅德韦杰夫总统表示俄罗斯将通过减少对石油和天然气出口的依赖，发展高科技产业并鼓励研发以促进其经济的多样化发展。

通过采用新的产业政策工具，发展中国家的政府只是试图重复扮演历史上已经在其他国家甚至是最富裕的国家取得成功的因势利导角色。① 如张夏准所述："在诸如计算机、航空航天和互联网等产业中，美国尽管在总体上科技领导地位有所削弱，但仍位于全球前沿，并且当年如果没有在国防领域的相关研究以及联邦政府提供的研发基金支持，这些产业甚至根本不会存在。"（Chang，2002，p. 31）欧洲同样如此，那里关于积极的产业政策的讨论自二战以后就没有间断过。② 近年来，欧盟官方的战略性文件主要集中于产业政策的一些新方面：去工业化风险、监管负担以及欧盟范围的扩大对欧洲企业竞争力及其地理位置的影响。在2005年3月对里斯本战略的回顾中，欧盟成员国明确表示要继续保持"创造一个稳固的工业基础"的目标，并重申了包括信息和通信技术在内的各种形式的研发和创新日益增长的重要性。③

---

① 参见第四章现代增长的短期经济历史。
② 欧洲煤钢共同体成立于1951年，欧洲原子能共同体成立于1957年。
③ 2005年10月，欧盟委员会宣布了七个新举措，旨在：（1）巩固欧盟在知识产权领域的法律框架；（2）考虑竞争力和环保问题间的联系；（3）调整贸易政策，发展欧洲工业的竞争力；（4）简化特定产业部门（例如，建筑业和食品工业）的法律；（5）解决特定部门（例如，新技术和纺织业）熟练劳动力短缺的问题；（6）预测并支持产业结构的变化，在欧盟其他政策（尤其是结构基金）中考虑这一目标；（7）就产业研究和创新采取欧洲一体化的方法（欧盟委员会，2005）。

走访世界各地是我在世界银行的职责所在。所到之处，当地政府的各级官员常常要我帮助他们设计和实施一些战略，来找出经济增长之源，以及促进竞争性产业的出现，从而帮助当地创造就业和减少贫困。这些总能给我留下深刻的印象。正如一些经济学文献所怀疑的那样，他们中有少数人可能真的是在为寻租和自己发财致富创造条件，但我所见到的绝大多数政治领袖和行政精英确实是希望为他们的人民做出一些贡献——并为他们的国家留下一份宝贵的遗产。遗憾的是，他们中的许多人并没有明确理解政府成功干预经济所需的条件，也不清楚适用于他们国家不同发展阶段的各种不同类型的战略、政策措施以及政策工具之间的细微差别。

本章为政策制定者提供了一个具有实用性和可操作性的指南以方便其应用新结构经济学，主要集中于两条轨道：增长甄别与因势利导。问题由"为什么"变为"怎么办"对政府而言常常是一个挑战，由此看来因势利导显然比增长甄别更加棘手。原因在于不同发展阶段的国家具有不用的禀赋结构，因此需要采取不同的政策措施，而这又会产生很多种可能的结果，其中有些结果常常是意想不到的。尽管存在这些困难，政策制定者必须全方位地了解他们国家的情况，并在这个全球化的世界里随时甄别并利用各种有利于经济发展的机会。这里的增长甄别与因势利导框架（GIFF）可以帮助他们做到这一点。①

## 甄别还是不甄别：这是一个问题

在提出进行"正确"甄别的战略之前，有必要回忆一下它的目的：寻找特定的产业，让一国可以采用遵循比较优势的方法来进行技术和产业的升级，这是保证经济快速和可持续增长的关键之所在。欠发达

---

① GIFF 框架出自 Lin and Monga（2011）。

国家进行工业化的时候可以利用它们的后发优势——从更发达的国家那里引进现代技术、产业和制度。在这个问题上它们不必进行无谓的重复劳动。在政府因势利导之手的帮助下，它们那些具有比较优势的产业也可以在国内外市场上具有竞争力，通过利润的再投资，假以时日，最终成为资本充裕的国家。这样的战略使得它们的产业结构也能得到升级。尽管这一过程看似缓慢，它实际上却是最快、最可持续的缩小与发达国家之间差距的方法。

在实践中很多发展中国家都无法这样做。它们的经济学家和政策制定者常常像哈姆雷特（莎士比亚笔下的著名角色）那样，怀疑死亡之后的未知世界是否比生命更容易让人去承受："生存还是毁灭，这是一个问题。"他的这句独白也许是英语中最著名的一个句子，表达了他对不能确定何为适当行为以及无法评估其行为潜在后果的挫败感。

同样，很多人尽管承认产业政策是有着强大的理论依据的（亚当·斯密在较少为人所知的《国富论》第五卷中有相关论述，并且阿尔弗雷德·马歇尔也概述过外部性与协调性问题的分析框架），但他们还是怀疑其在实践中的施行，因为他们害怕事情有可能进展得十分糟糕。仔细考虑了不确定性以及失败带来的潜在成本，他们更易于接受这样的观点：政府只应提供一般性的激励政策和对企业有利的发展环境（通过经营环境的改善），而将发展哪种产业的问题留给私营企业家们自己去决定。尽管其中的一些经济学家认可经济特区或工业园区在克服基础设施瓶颈方面的作用，但他们仍不愿为这些区域设定特定的目标产业。

我认为甄别出那些具有良好增长前景和潜在竞争力的产业是发展中国家产业政策取得成功的先决条件。为什么呢？适当的硬件和软件基础设施的改善通常是针对特定产业的发展。让我们看一下近年来发生在贫穷的非洲国家的一系列成功案例：它们包括毛里求斯的纺织业、莱索托的服装业、布基纳法索的棉花产业、埃塞俄比亚的鲜切花产业、加纳的可可产业、卢旺达的猩猩旅游业和马里的芒果产业。① 显然，它们能实现成功发展并在全球市场中取得优势地位所需要的不只是一个"一般的"、自由放任的发展战略。把埃塞俄比亚的鲜切花运往欧洲拍卖地点需要在机场和正常航班上有冷藏设备，而毛里求斯的纺织品出口需要港口设施的改善，二者需要的基础设施显然不同。类似地，莱索托服装业所需的基础设施，与马里的芒果生产和出口，或者卢旺达用以吸引猩猩观光者所需的基础设施是完全不同的。因为财政资源和实施能力的限制，每一个国家的政府必须设立优先级，以决定哪些基础设施应予优先改善，以及公共设施的最优位置应设在哪里，这样才能取得成功。

增长甄别也十分必要，因为产业集群是将符合一国比较优势的产业转变为在国内外市场上具有竞争力的产业的关键。正如第五章论证的那样，对于任何给定的产业，产业的专业化、集聚和集群都是其降低交易成本的决定性因素（Krugman，1991；Porter，1990）。如果政府不对私营企业提供激励以促使其进入那些具有比较优势的特定产业，它们可能就会分散于太多不同的产业。结果是，它们中没有一个可以形成足够大的集群以在国际市场上具有竞争力。也许最终会有一些产业集群自发形成，但这要以许多产业的失败为代价，还要经历一个长时间的试错和淘汰的过程。

新加坡贸易工业部前常任秘书长以及现任新加坡金融管理局局长孟文能在2010年10月的一次演讲中，对这个问题进行了很好的解释。在20世纪80年代，新加坡政府发现石油化工业的全球性繁荣即将来临，并决定对其石油精炼产业进行升级。为了克服新加坡的成本劣势并培育一个具有自生能力的化工产业集群，就需要将企业的生产由

---

① 关于非洲的成功案例参见 Chuhan-Pole and Angwafo（2011）。

"下游"转移到生产高附加值的特种化学品上来。然而整合发展需要大量的土地——新加坡显然是缺少土地的。因此政府建造了一个综合性的"化工岛",并且准备了一份列有全球知名化工企业的清单——包括雪佛兰、住友、三井、埃克森美孚、壳牌及其他知名企业。到2000年10月裕廊岛正式对外开放,已经有超过60家在石化相关领域处于领先地位的公司累计投资两百多亿美元在这个岛上。正如孟文能解释的那样:"政府在帮助石化行业解决一些市场的协调失灵问题时扮演了积极的角色,而这些问题对于单个的私营企业而言是无法解决的。裕廊岛成功的关键并非在于基础设施——而在于政府推动的产业整合。企业聚集在一个地方,使用着共同的输油管道和一体化物流中心。它们只要'越过围栏'就可以相互买卖各自的产品和服务。上游的炼油厂可以轻松地将原料卖给下游的制造商。横向的经济联合允许不同的工厂之间进行外包以及共享诸如仓储和废物处理等公共服务。由此,各个企业可以降低运营成本,享受规模经济,并专注于它们的核心业务。"(Menon,2010)

爱尔兰在20世纪80年代末前后对比鲜明的表现,充分证明了仅靠改善商业环境不足以实现经济的成功发展,政府必须辅之以产业甄别。在20世纪50年代初,爱尔兰开始采取一种"强力政府干预主义但不具体插手"(Sweeney,1999,p.127)的产业政策,提供税收优惠(零企业所得税)、政府奖励和补贴来鼓励任何以出口为目的的投资。这样的政策并没有产生太多效果,爱尔兰仍然是西欧最贫穷的国家之一,人才大量外流,而爱尔兰人也得到了一个绰号——欧洲乞丐。

直到爱尔兰投资发展局开始"挑选优胜者"——集中于电子、医药、软件和化工——情况才开始发生了变化。在20世纪80年代末期,其工作人员开始主动从美国、英国和德国向这四个产业内引入外商直接投资（FDI）。①政策的转变也使得商业协会说服信息通信技术（ICT）领域的跨国公司投资于爱尔兰。同时它还吸引了世界10大制药公司中的9个和世界15个顶级医疗器材公司中的12个对其进行投资。一些国际领先的电子商务公司如谷歌、雅虎、易趣和亚马逊，也纷纷将它们的产地和欧洲总部设立在爱尔兰。这一战略不仅将爱尔兰的称号一举变为"凯尔特之虎"，也使它成为西欧最富裕的国家之一以及东欧移民目的地。②

"瞄准了再打"，这是我在军校读书时在第一堂课上所学到的。政府的协调对于产业的升级和多样化而言是必不可少的。没有政策制定者与私人部门密切合作而进行的产业甄别，政府就不太可能能发挥出良好的因势利导作用。然而，考虑到以往政府在挑选优胜者方面有着许多失败的记录，主流经济学界和华盛顿的发展机构对针对特定产业的干预存在着广泛的质疑。正如第三章所论述的，那些失败主要源于不切实际且雄心勃勃的政治领袖发展了违背本国比较优势的产业。企业能在那些行业投资并生存完全依赖于政府通过各种扭曲或直接的资源再分配提供的强大保护和巨额补贴，包括垄断租金、高额关税、配额限制或信贷补贴。这些措施之中存在巨大的经济租金，很容易产生政治捕获和政府治理问题。

要使得政府的因势利导能够成功，前提条件是明确的：被甄别出

---

① 1980年，爱尔兰的人均收入是8 541美元——约为美国人均收入18 577美元的46%。所以从美国、英国和德国选择这四个产业符合GIFF框架的标准，这在下一节将详细阐述。产业清单随后被扩展到包括进20世纪90年代的金融服务和电信业务。

② 两个原因经常被用来解释爱尔兰的成功：进入欧洲共同市场和较低的企业所得税（Romalis，2007）。但是这些并不是主要的原因。自1973年以来，爱尔兰一直是欧洲经济共同体的成员，并且在加入共同体后其企业所得税从零增加到10%（2003年变为12.5%）。爱尔兰的成功仅仅在20世纪80年代后期其产业政策从"不参与"改变为"挑选优胜者"之后才出现（Sweeney，1999）。2008年全球金融危机后爱尔兰的困境是源于其房地产泡沫（主要由外国银行融资）的破灭，以及在危机后政府做出的向那些外国银行提供全面担保的决定。爱尔兰的工业部门仍非常有竞争力。

来的产业必须在经济上具有潜在的比较优势。仅基于要素成本而言，这样的产业将会在国内以及国际市场中具有竞争力；如果它们暂时不具有竞争力，仅仅是因为落后的基础设施带来的高昂的交易成本，或是不充分的后勤保障、短缺的金融服务，以及其他硬约束和软约束。政府的因势利导作用应仅限于帮助私营企业克服这些约束，以将国家潜在的比较优势转化为现实中的比较优势。一旦承认了这个推理，那么主要问题则变为：按照定义潜在的比较优势是不明显的，那我们怎样才能将它们甄别出来呢？这属于发展思想的一个领域，并且新结构经济学正试图在这方面做出一些贡献。

## 如何甄别具有潜在比较优势的产业？几项基本原则

近年来，发展经济学界将如何甄别产业这个古老而广泛的问题提上了研究日程。在讨论增长甄别与因势利导以前，我先简单地介绍两个在最近的经济学文献中最新并且最有发展前景的方法。

第一个是豪斯曼和克林格（Hausmann and Klinger，2006）以及伊达尔戈等（Hidalgo et al.，2007）提出的。它是建立在隐性知识的概念之上，并且从所有国家出口的商品全体开始的，作者定义了被他们称为"产品距离"的概念。如果一个国家仅出口一种特定的产品，那么它就能去考察这种产品和其他所有产品的距离。距离上越接近的两个产品，生产这两种产品所需的隐性知识就越类似，已出口其中一种产品的国家出口另一种产品就越容易。例如，如果一个国家出口衬衫，那么很可能它也可以很容易地出口 T 恤，而且它还可能升级到出口更高端的西装。

以接受这样的建议开始是有意义的，它甚至和一些我将要在本章后面提出的方法类似。但对其进行仔细的思考，可以发现它存在着两个局限。第一，大多数低收入国家现在仍只出口自然资源和农产品。

这种旨在考察"接近程度"的方法无法帮助它们发现可供其发展的制造业种类。而从农业和资源型产业到现代制造业的多样化发展对于即将开始现代经济增长的低收入国家而言是必不可少的。如果芬兰遵循这种观点，将不会有诺基亚的存在——它将一直出口木材或是家具。第二，该观点假定一个国家出口的所有产品皆符合该国的比较优势。然而，事实未必如此。那又如何呢？正如第三章中所讨论的那样，很多发展中国家都倾向于发展资本密集型的制造业，比如汽车。一些国家可能的确已经成为汽车出口国，但它们的汽车产量不大并且需要政府的巨额的（显性和隐性的）补贴。这些国家的政府是否应该将这些对企业的补贴和保护扩大至卡车的生产中去？显然不是。

第二种方法由哈里森和罗德里格斯·克莱尔（Harrison and Rodríguez-Clare，2010）提出，如果市场失灵和外部性与产业规模相关，那么政府应该扶持特定产业以使得经济中能生产更多种类的产品、升级其产业部门，并实现增长的加速。尽管这一观点对政府干预的论证是建立在坚实基础上的——市场失灵或外部性——但它无法帮助发展中国家的政策制定者实现因势利导和产业甄别的结合，因为它并没有提供应该鼓励或支持哪种新产业方面的指导。

使用比较优势和后发优势的概念，我提出了一种甄别一国潜在比较优势的方法，那就是观察那些有着类似禀赋结构但具有更高国民收入并且在近几十年快速增长的国家中的那些日益成熟的贸易产业[①]和服务业。这个提议的逻辑如下：

首先，一个国家不可能数十年如一日地对动态增长的贸易产业进行补贴并维持其快速增长。因此，在一国内有活力的贸易产业若几十

---

① 贸易产品是指制成品、农业产品、渔业以及其他自然资源产品。由于在制造业中国际生产网络的支配地位和主导性，制成品在这里不只包括最终产品还包括在制造业中最终产品的中间投入。

年内均表现良好，那么它们必然是符合该国比较优势的。随着经济的快速增长，该国资本量迅速累积，工资率也会迅速上升。结果，这个国家将会在那些贸易产业中逐渐失去比较优势。拥有相同禀赋结构的国家常常具有类似的比较优势。因此，这些产业将成为那些具有相似禀赋结构但工资率更低的国家的潜在比较优势。如果那些拥有更低工资和相似禀赋的国家的政府可以帮助私营企业克服协调性和外部性问题以促使其进入这些行业，那么这些后发国家就可以通过工资上的优势战胜现有企业。

第二，对于那些资源密集型产业如采矿、农业和渔业，一个国家可以参照其他与之具有类似资源禀赋的高收入国家并学习它们成功的秘诀。智利敢于进入鲑鱼养殖业，是因为它有一个与挪威和苏格兰类似的海洋环境。它开始从事葡萄酒生产也是因为它拥有类似于意大利的土壤和气候（Katz，2006）。同样，厄瓜多尔发展鲜切花业是因为和哥伦比亚有着相似的自然条件（Sawers，2005）。在现代制造业中，一个国家的比较优势主要取决于资本和劳动力的相对丰裕程度，而这又反映在它的收入水平上。一个资源稀缺、劳动力丰裕的发展中国家要发现那些具有潜在比较优势的制造业，可以通过分析那些具有更高收入、更快增长的国家中有活力的贸易产业来达到目的。一个资源丰裕的国家可以遵循相同的方法来确定制造业多样化的方向。在20世纪60年代，芬兰（一个资源丰裕的国家）开办了家用电子产品公司诺基亚，并在"原始设备制造商"的协议下为荷兰（一个资源稀缺的国家）的飞利浦公司进行生产。

"智者以事实来确定自己的信念。"大卫·休谟如是说。因此，让我们来看看历史中的事实。快速地回顾各种历史经验之后我们发现：那些可供作为目标学习其成熟产业的更发达国家其人均收入平均高出本国水平的100%（以购买力平价计算）。

在16世纪和17世纪,当英格兰通过产业政策来帮助其羊毛纺织产业赶超荷兰的时候,其人均收入大约为荷兰的70%。在19世纪,当德国、法国和美国利用产业政策来帮助它们的钢铁、机械、造船和纺织业赶超英国的时候,它们的人均收入约是英国的60%—75%。同样,在20世纪60年代,日本将产业政策的目标定为美国的汽车工业时,其人均收入大约为美国的40%。①

那些成功实现了从低收入向中等收入转变的国家也使用过相同的策略。明治维新之后的日本将德国的普鲁士王国作为效仿的榜样。根据麦迪森的估计,德国在1890年人均收入是2 428美元,日本是1 012美元,为德国的42%,因此日本的战略是现实的。当韩国和中国台湾在20世纪六七十年代制定产业政策以促进它们的产业升级时,它们应该以日本的产业为目标而不是美国的,这样做的理由是:那时它们的人均收入大约已是日本的35%,却仅是美国的10%。②

相比之下,20世纪50年代中国在毛泽东主席的领导下开始了它的工业化运动,其目标是在10年内超过英国,在15年内赶上美国!这个雄心勃勃的计划将目标定位于英国和美国的现代化先进产业,而事实上当时中国的人均收入(按购买力平价计算)大约只有美国的5%和英国的7%。二战后,非洲、亚洲和拉丁美洲的其他发展中国家也在它们充满理想主义的领导人的带领下,在制订发展计划时犯了相同的错误。这些计划的合理性以及理论依据主要来源于旧结构经济学思想。

---

① 日本在1950年、1960年和1965年的人均收入分别是1 921美元、3 986美元和5 934美元,而美国是9 561美元、10 961美元和13 419美元,比率为20%、36%和44%。1960年和1965年的数字与我建议的一般原则是一致的。1950年的数据低于"正常"的阈值。这可能是由于这样的事实:日本仍然在从战争中恢复,其人力资本和软硬件基础设施均大于由其人均收入所表明的水平;一个强烈的迹象是日本的人均收入在20世纪30年代已经达到美国的40%左右的事实(例如,在1935年是2 120美元比5 467美元)。

② 关于这些国家产业政策的讨论参见Chang(2002)。关于这些国家人均收入的估计参见Maddison(2006)。

这是一个大的失误，因为所有成功的经济体（发达国家和战后东亚新兴工业化经济体）所采用的产业升级和多样化战略都具有一个共同特点——它们选择作为目标的那些成熟贸易产业所在的国家其人均收入都和它们自己的相差不太远。

这里所阐述的原则正是成功赶超战略最重要的秘诀。纵观人类历史，那些先驱国家总是（通常非其所愿的）为后来者扮演着"经济指南针"的角色。荷兰被英国模仿；英国被美国、德国、法国和日本模仿。日本在20世纪七八十年代又反过来被韩国、中国台湾、中国香港和新加坡模仿。在70年代，毛里求斯选取中国香港和中国台湾作为其赶超战略的"指南针"。而80年代的中国内地则选择了韩国、中国台湾和中国香港（Lin and Monga，2011；Chang，2002）。①

在概述了甄别的逻辑和基本原理并汇总了支持性的历史事实以后，现在到了为全世界政策制定者提出用于操作的实践框架的时候了，这一框架将帮助他们面对那些其他人已经成功解决的同样问题。下面我们将要提出的GIFF框架，建立在针对产业和技术升级的有效战略的两大支柱——甄别与因势利导之上，并包含六个必要的步骤。

## 一个为结构转型排序的实用指南

### 第一步：选择正确的目标

路易斯·卡罗尔的经典童话《爱丽丝梦游仙境》中充满了有趣且性格鲜明的人物，他们有时通过一些荒谬的引述提出有益的哲理。例如，国王总是建议"从开始的地方开始吧，一直读到末尾，然后停止"。当被卡特彼勒问到一个简单的问题"你是谁"时，爱丽丝回答道："我……眼下很难说，先生……至少今天起床时，我还知道我是谁

---

① 关于这些国家人均收入的估计参见 Maddison（2006）。

的，从那时起，可是我就变了好几回了。"（Carroll，1865）

一个正处在产业发展和多样化之路上的政府也许可以从卡罗尔的冷幽默中获得一些启发。它必须准确地知道从哪里开始以及在哪里停止，它还必须仔细思考这个问题，"你是谁？"——精确把握本国的经济特征和禀赋结构。它应该这样做以避免在相信事情会随时间而改变的同时高估其潜力。

首先，一个发展中国家的政府可以在那些有着相似禀赋结构且人均收入大约高于本国100%的快速增长国家内识别出一系列动态增长的贸易产品及服务，并且它们在该国已经生产了大约20年。[①] 作为增长甄别与因势利导的第一步，对于一个想在产业升级和多样化中获得后发优势的发展中国家而言，这是最为关键的原则。原因很简单。如上一节所解释的，每当一个国家在很长一段时间都有着高增长的记录，那么该国的资本便会积累，该国的工资水平最终会上升，从而它将在过去曾拥有过比较优势的产业中丧失这一优势。随着这些产业成为该国的夕阳产业并且退出，它们在那些有着类似禀赋结构但具备较低工资水平的国家中就成为其潜在比较优势产业或朝阳产业。这扇机会之窗可以一直被那些后发国家利用，直到超越机会被用尽。后发国家的政府可以将那些人均收入大约高于本国100%左右（以购买力平价计算）的国家作为自己准备追赶的先驱国。

美国作家马松·库利曾说过："艺术始于模仿，成于创新。"这同样适用于产业和技术的升级。那些人均收入在1 000美元左右（以购买力平价计算）的低收入国家，其政策制定者如果可以很好地理解他们国家的经济特征（我们将其定义为禀赋结构），那么他们就有可能更好地利用他们国家的后发优势。除了可以找到一些人均收入在2 000美元

---

① 我对政府的定义包括中央和地方两个实体，并且我所提出的进程也可以由愿意促进产业升级和多样化发展的利益相关者（多边发展机构和非政府组织）所跟随。

左右的国家的成熟贸易产品外，他们还可以去找出那些在20多年前有着相似人均收入并且一直保持动态增长的国家所生产的贸易产品。在30年前，中国、印度、印度尼西亚和越南的人均收入类似甚至低于今天大多数贫穷的撒哈拉沙漠以南非洲国家。因此，后者在制定它们的产业甄别战略的时候，可以集中于那些20年前在中国、印度、印度尼西亚和越南持续增长的贸易产品和服务。为设置产业升级和多样化的目标，它们也可考虑那些在进口产品中经济规模不大、所需投资不多的简单劳动密集型制成品。

当后发国家的收入达到发达国家收入的一半水平，或者20 000美元的当前水平时，政府会发现甄别具有潜在比较优势的产业将更加困难。大多数产业处于或者接近国际前沿，而且产业升级和多样化越发依赖于本土创新，而不是简单地复制国外的成功案例。在这种情况下，支持产业升级和多样化的政策开始类似于发达国家的产业政策，并且具有更高的失败风险。

**第二步：消除约束**

在第一步中确定的产业清单中，政府可以优先发展那些已有国内私营企业自发进入的产业，并去发现是什么阻碍了其产品质量的升级和规模的扩大，以及限制其他私营企业进入该领域以形成集群的障碍。为什么呢？因为除了像资金、土地和公用设施这类对所有产业都适用的一般投入要素之外，还有一些产业需要诸如本地原料、产业特定知识、中间投入、劳动技能等专门投入要素（Hausmann and Klinger，2006）。存在于产业内的那些少量私营企业具有信号效应——经济体内至少部分地拥有那些特殊投入要素——同时说明该产业还有尚待开发的潜力。因为这些企业已经承担了率先进入该产业的风险，所以政府应该尝试去找出那些阻止它们产品质量升级和市场扩展的约束，以及限制其他私营企业进入的障碍。

"魔鬼藏于细节",这是一句古老的谚语。的确,要识别并消除那些真实存在于产业和国家经济增长潜力之中的约束并非易事。相关文献主要集中于改善基础设施和经营环境的多种办法,而这些都影响到企业的运营和交易成本。大量基于企业绩效量化数据和感知数据的实证知识表明,发展中世界的企业面临着严重的潜在约束。这些数据指出了在大多数撒哈拉沙漠以南非洲国家,企业倾向于认为投资环境中的许多方面是影响其业务发展和更先进技术使用的主要障碍。融资和获得土地的机会似乎特别受到小企业的关注,而大企业往往会将劳动法规和熟练工人的可获得性视为它们经营活动的主要约束。所有企业都关注腐败和基础设施方面的问题——尤其是网络型公用设施,如供水、供电、通信和运输(Gelb et al.,2007)。

"如果尾巴也算一条腿,那么一只狗有几条腿?还是四条。因为把尾巴想成一条腿并不会真的让它成为一条腿。"[①] 这句经常被错误地归于亚伯拉罕·林肯的名言抓住了那些试图为企业找到它们理想的政策和制度环境的投资环境调查的要害。它们显然对政策制定者和投资者非常有用,但却常常被滥用或曲解。正如个人关于幸福的理解十分主观那样,经常不与收入或消费这些客观的指标相联系,企业所认为的那些限制其发展的约束往往并不是实际上决定其绩效的因素。

这些局限来源于投资环境调查数据的性质和使用方法。在一个典型的调查中,样本企业的管理者对投资环境的每个维度(如"基础设施"、"融资渠道"、"腐败")按从一到四的量表进行评价,每一个数字都对应着这个维度影响企业绩效的程度。[②] 某一维度的投资环境如果

---

① Hesse(2008)对这一名言进行了一些研究并得出结论:林肯从来没有这样说过。他喜欢关于牛的相关轶事。
② 这些微观分析的一个例子是 Ayyagari, Demirgüç Kunt and Maksimovic(2008)的一项研究,该研究介绍了在80个国家超过6 000家企业的样本中关于许多投资环境变量的平均报告值。在整个样本中,税收和监管、政治不稳定、通货膨胀和融资被报告为企业成长的最大障碍。

有着较高的平均值，就说明这方面的环境严重阻碍了经济增长。

然而，事实也许并不是这样。法国历史学家和生物学家琼·罗斯坦德写道："错误无法减损思想的美丽；有些错误如此巧妙，人们不能不把其作为人的成就之一。"我们主观上认定的一些投资环境变量往往并不同于那些实际影响企业生产率、经营绩效和企业发展的变量。尽管企业对它们自己的业务流程和运营环境方面的情况了如指掌，但它们可能并未充分地认识到其主要问题的真正根源，并且错误地将其他一些并不明显的问题所表现出来的症状认为是其约束。正是由于这些不足，对投资环境约束的研究越来越需要世界银行营商环境指数的补充，它基于专家调查（而不只是企业的看法），并提供一个在不同的规制细节之间更具可比性的跨国视角。

然而问题依然存在，因为调查结果取决于受访者对他们认为最重要的约束的评价和排序。研究者所支持的排序可能并不完全可靠：当企业或专家被要求对不同的约束进行排序时，他们也许没有一个好的基础去决定那些他们排在最高的约束是否严重。如果不能为一国本地企业评价那些特定的约束提供一个坚实并且有意义的基准，排序可能无法提供有用的信息。

此外，挑选任何单一的定量标准（"基础设施"、"税收"、"融资渠道"）都可能产生误导：在加拉加斯、拉各斯或者新德里的所有商人都会认定他们的公司同时面临着诸多约束。将所有这些都归类于重要的约束对决策者而言并没有什么帮助。在增长分析中为了解释企业异质性的主要作用，研究者不能局限于仅从企业调查中获取投资环境变量的均值。为了发现对增长影响最大的变量，有必要谨慎建立计量模型。换言之，那些产生最大经济影响的政策变量可能并不同于那些主观上被认为最重要的变量。①

投资环境调查还有两个局限。首先，它们不能提供那些尚不存在的产业的有关信息，但国家在这些产业内可能具有潜在的比较优势。如果哥斯达黎加的当前禀赋结构允许其参与到生产平板电视屏幕的竞争中去，但这不会被任何现有的专家调查发现。此外，被调查的产业可能并不符合该国的比较优势，要么因为它们太过先进（作为违背比较优势发展战略的遗产），要么因为它们已经在根本上缺乏竞争力了（由于随着国家的发展工资有了普遍的提高）。这两个局限性的存在，使得投资环境调查只能很好地涵盖那些符合自生能力标准，并能代表真正经济潜力的样本企业。

其次，许多制约商业发展的其他约束内生于发展中国家的目标产业。比较好的例子包括特定类型的人力资本、金融工具或转移到特定行业的企业所需的基础设施。甄别和消除它们可能需要一系列互补的分析工具。

另一个被广泛用于甄别和消除产业发展和增长约束的工具是由豪斯曼、罗德里克和贝拉斯科提出的增长诊断框架（Hausmann, Rodrik and Velasco, 2008）。它基于这样的观察：当政策制定者面对一系列需要进行的改革时，他们要么毕其功于一役，要么从对他们国家增长潜力无关痛痒的领域着手。因为在一个领域内的改革可能会在另一个领域产生意料之外的扭曲，所以集中解决那个对经济增长产生最大障碍的问题才是正途。因此，各国应该找出一两个对其经济产生最大影响的约束然后集中解决它们。

---

① 我的前任世界银行首席经济学家弗朗索瓦·布吉尼翁观察到："'提取手段'是我所描述的世界银行正在实施的投资环境评估活动的一个特点。如同营商环境指标一样，这些无疑是有用的。然而，它们给我们的是跨国回归中本质上更新和更好的右手边变量，却不一定是对具体国家分析的更好数据。我们的目标应该是使用投资环境调查来衡量不同类型的公司对投资环境变量的敏感性，作为准确决定哪一个变量对应了增长主要障碍的另一种方法。"（Bourguignon, 2006）

增长诊断方法提供了一个"决策树"来识别任何给定的国家中的相关约束。它首先制作一个造成发展中国家低增长的各种可能原因的列表，一般而言这些原因要么是过高的融资成本（无论是由于过低的经济和社会回报还是社会收益和私人收益之间巨大的差距），要么是过低的私人投资回报。政策制定者必须找出哪些条件更准确地描述了经济情况。在一些国家，增长战略应该识别出产生低投资回报的原因。而在另一些国家，它们必须解释为什么国内储蓄没有上升以充分利用巨大的投资回报。

尽管增长诊断框架试图促进关于增长的政策讨论，它也受到投资环境调查方法中相同问题的困扰，它的理论焦点和模型设定依然过于宏观，当然这是可以理解的。毕竟，经济增长是个宏观经济学概念，并且要进行部门层次的分析必须考虑部门之间的相互作用和权衡取舍的问题。更大的问题在于增长诊断框架和那些促进增长进程的制度之间的联系是不精确的。① 即使它可以得到关于一个国家增长约束的相对确定性，仍然有一些广泛的政策选项可供选择。最关键的经济增长约束可能就集中于一个国家的一两个产业的经济活动之中。以像赞比亚这样的自然资源型国家为例，在那里铜产业具有压倒性优势。豪斯曼、罗德里克和贝拉斯科提出的框架无法帮助决策者识别出那些具有潜在比较优势的新产业，也无法指出赞比亚当前的产业是否符合其当前的比较优势。

显然，所有这些识别和消除产业升级约束条件的不同方法仅为政策制定这门既是艺术又是科学的复杂学问提供了部分真相。并且它们

---

① 识别增长约束的方法并不总是简单直接的。即使关于影子价格的数据被广泛应用，对于这是否将准确地识别每个国家最需要进步的领域也是不明确的。例如，你可以想象一个关于低收入国家的简单模型，其中技术和人力资本是互补的。在这样一个国家，教育和技术采用的回报会因为低水平的人力资本和技术而较低。仅仅关注影子价格而忽视跨国的水平比较将会表明不需要提高教育水平和鼓励技术引进。

应该根据各国的特殊情况逐个讨论。因此，在这一步中，政策制定者应使用多种不同的宏观和微观工具，而不是仅仅依赖一种方法，去识别那些目标产业的约束条件。要在总体层面对增长进行诊断，需要很好地了解在微观层面上发生了什么。微观经济分析表明，公司的动态分化很好地促进了总生产率的增长和资本的累积。特别是，监控企业的进入和退出以及影响它们的政策变量对于理解那些由实质性的结构变迁导致的经济中生产率的整体提升是必不可少的。只有考虑到在国家环境和微观主体之间存在的差异性，才能更有效地进行国别分析。

除了这里讨论的方法外，研究商业约束还可以采用一体化价值链分析，这样就可以将产品在国内生产的成本结构同其他参照国作对比，从而发现政府在哪些领域进行干预可以获得最高的回报。随机化控制实验也可以用来测试消除这些约束以及施加适当的干预以后的影响，以确保这些干预措施扩大到国家层面依然是有效的（Duflo，2004）。

即使可以识别那些制约具有潜在比较优势的产业发展的约束条件，并且一国的经营环境也得到了改善，先行者面临的外部性以及协调性方面的关键问题仍未解决。因此，即使消除了约束，一国可能仍会发现其产业升级和多样化停滞不前。我的建议是，政府应该识别出一系列具有潜在比较优势的产业，并且从中支持那些已有部分国内私营企业自发进入并且获得成功的产业，以帮助解决这些基础性问题。

智利葡萄酒的生产是一个很好的例子。智利生产葡萄酒已经有很长一段时间了，但是在20世纪70年代以前没有大规模的出口。在70年代，智利从一个微不足道的葡萄酒出口国变为世界第五大葡萄酒出口国，主要得益于政府通过技术转移工作组项目将国外的技术传播给本地的农民和葡萄园以提高质量，并通过贸易促进会向国外推广智利葡萄酒以改变外国消费者对智利葡萄酒的印象（Benavente，2006）。

在印度，马哈拉施特拉邦农村的小型葡萄种植者的私人创业吸引了邦政府的政策制定者的注意，因为葡萄生产部门具备出口潜力并且严重缺少外汇。以前，马哈拉施特拉邦的葡萄种植者无法在印度国内长途运输葡萄是由于其糟糕的国内物流。接着，一旦国内公司发现了欧盟市场的需求，一个与政府合作的葡萄生产者组织就会进行对特定产业的诊断以识别那些制约对欧盟出口葡萄的因素。结果发现主要的障碍是葡萄质量差、机器落后和基础设施（特别是冷藏链）贫乏。

通过公私合作的伙伴关系，政府消除了约束并帮助其扩大规模，使之成为一个净出口部门。慷慨的政府援助主要是以支持技术升级的形式，包括派出交流考察团去培训农民，创立葡萄的专门研究机构，和来自葡萄主要生产国的国际专家进行交流合作以使果农生产的葡萄在大小和形状上符合欧洲良好农业规范（EUREPGap）的植物检疫标准。并且政府还对进口冷藏链装置和改善基础设施方面的支出提供高达95%的政府资助。除了加入了梦寐以求的欧盟夏天供应商俱乐部——智利、以色列和南非——印度葡萄也让其他易腐商品在欧洲站稳了脚跟（Naik，2006）。

**第三步：引诱与吸引全球投资者**

法国总统戴高乐曾经说过："伟大是一条通向未知之路。"这印证了他的同胞以及著名作家安东尼·德·圣艾修伯里的思想："一旦人们被卷入了一个事件，他们便不再害怕。人类不畏任何事情，只有未知才令人害怕。"增长甄别与因势利导的第三步涉及如何处理未知。那些作为潜在目标的产业可能是未知的，因此对于国内公司而言是全新的。在那些没有任何国内公司存在的产业中，政策制定者应该致力于从那些正在被其效仿的国家那里吸引外商直接投资或组织"孵化"新公司的项目。虽然这样做并不容易，但是有一些明显的好处。

全球化和竞争对那些生产贸易产品和服务的公司在寻找新的投资地点以保持竞争力方面增加了新的压力。并且全球市场一体化程度的加深使得全球生产商能够更容易挑选那些投入品价格最便宜的投资地点。那些可以自由流通的产业（如服装、鞋类、玩具和电子产品）中的外国企业为了寻找具有最便宜的劳动成本的地方常常货比三家，所以低收入国家的政府往往可以通过丰富的非熟练劳动力来吸引这样的全球生产商。

一个新行业如果缺乏关于其可行性方面的信息，外国企业以及本地企业将不愿意承担投资这一未知领域的风险。为了抵消失败的风险，发展中国家政府可以采取具体的措施，以鼓励那些在第一步中识别出来的高收入国家中的企业投资于这些行业。那些高收入国家中的企业有动力将它们的生产转移至低收入国家以享受更低的劳动力成本。政府也可以设立企业孵化项目来促使国内的私营企业进入到这些行业中。

许多理论和实证研究表明，政府通过吸引外国企业来迅速开启一个新的行业是十分有价值的，这样做可以在国内企业中产生大量的溢出效应，为它们提供一个学习、进入新行业以及在其中发展的机会（Larraín, López-Calva and Rodríguez-Clare, 1996）。外国企业进入一个新产业可以提高那些以前无法在本国取得的投入品的当地可获得性，或将现有投入品的质量提升到国际标准——这对于可获得这些投入品的国内企业来说同样是有利的。外国企业也可以通过技术、市场渠道和管理技能方面的溢出效应刺激东道国的产业发展（Larraín, López-Calva and Rodríguez-Clare, 1996）。在中国的制造业中这两个效应就相当明显，从外国买家到国内投入品供应商的技术转移刺激了国内企业生产率的提升（Du, Harrison and Jefferson, 2010）。溢出效应同样也会使我们可以用较低的价格来获得更高质量的投入品，这是由国内供应商之间激烈的竞争导致的。这反过来又使国内新兴的购买者（如在本地采购并直接供应给国外买家的贸易公司）获益。

亚洲的成功经验正是与此相关的。当亚洲本地的企业对那些国家想发展的产业没有任何了解时，政府常常会吸引外商直接投资或鼓励合资企业。

- 在20世纪80年代已经过渡到市场经济以后，中国内地吸引了来自中国香港、中国台湾、韩国和日本的直接投资。这一促进政策有助于当地经济在多个产业中起步。

- 在20世纪70年代，孟加拉国朝气蓬勃的服装行业也开始于来自大宇公司（一家韩国制造商）的直接投资。几年后，大量的知识转移发生了，并且大宇的投资是一种"孵化"。当地的服装企业如雨后春笋般在孟加拉国迅速成长起来，其中多数可追溯到大宇的足迹（Mottaleb and Sonobe，2009；Rhee，1990；Rhee and Belot，1990）。

- 越南的主要出口产业（如服装、鞋类、家具等）也采取了相同的战略。政府为外国公司提供有吸引力的激励措施以使其在越南落户，从而促进制造业的多样化发展，并使这些新型的自由流动的产业成为其核心产业。

- 高收入的新加坡也是这样做的。在20世纪70年代，它开始在像半导体装配这样的劳动密集型产业中失去竞争力。政府让希捷公司相信这个国家能够为其提供成本更低的零部件，于是该公司将它的磁盘驱动器生产设在了新加坡，这使新加坡很快就成为世界上最大的温彻斯特硬盘驱动器生产国。在20世纪八九十年代，随着硬盘驱动器产业开始面临压力，政府又开始创造市场条件去吸引电脑制造商（Menon，2010）。

在中美洲和拉丁美洲的成功发展故事也证实了这些积极的政府战略的有效性。从20世纪80年代起，在厄瓜多尔蓬勃发展的鲜切花出口业务始于三家哥伦比亚的花卉种植者创立的公司（Sawers，2005）。另一个关于成功的政府孵化项目的例子是由智利基金会创办的商业性鲑鱼养殖。

根据联合国贸易和发展会议，智利政府在一些河流和湖泊中进行了多次试验以掌握渔业技术，其中包括一些历经了数十年的尝试。"它从多个有鱼类繁殖和饲养经验的国际机构寻求技术支持，并利用其国家机构获取、吸收、开发和传播鱼类养殖技术。早期的一些公司就是由那些在养鱼方面积累了一些基本操作知识和技能的公共机构和研究人员开办的。那些成果卓著的国家参与者推动了那些促进鲑鱼养殖技术传播的企业和技术的发展。"（UNCTAD，2006，p.1）[①] 智利基金会通过一家名叫南极鲑鱼的有限公司证明了大规模培育、饲养和生产鲑鱼的商业可行性。该公司还进行了养殖程序的研究，为新兴的小生产者提供了技术援助。它的成功激发了私人的兴趣并导致了该产业的扩张。

哥斯达黎加成功地说服了英特尔公司这一高科技芯片生产商将它的一个主要的工厂设在其境内，这给人留下了十分深刻的印象，因为直到20世纪90年代末，存储芯片封装和测试的主要产地是马来西亚和中国台湾，它们的人均收入分别是13 354美元和7 199美元，相比之下哥斯达黎加的人均收入只有5 242美元（Maddison）。英特尔还考虑过其他六个国家：阿根廷、巴西、智利、印度尼西亚、墨西哥和泰国。哥斯达黎加虽有一个良好的投资环境，但它却连一家IT公司都没有。对英特尔公司的决策进行案例研究可以发现：哥斯达黎加被选中是因为它具有独特的区位优势——包括对自由贸易区内满足一定条件的公司进行税收豁免、高教育水平的劳动力、低成本结构、稳定的政治格局和较少腐败的经营环境（Spar，1998；Dulfano，2003）以及一个负责任的政府。[②]

---

① 也可参见 Katz（2006）。

② 在2010年华盛顿举行的国际货币基金组织—世界银行春季会议中，我遇到了一位来自哥斯达黎加的部长，他告诉我哥斯达黎加的总统当时亲自率领一个政府小组，包括几个部长和其他官员，前去美国加州圣克拉拉市的英特尔总部去说服该公司进行投资。他自豪地告诉我他是这个团队的一名普通成员。

英特尔入驻之前，哥斯达黎加在服装（其主要出口品）产业方面的优势正逐渐减弱，并且咖啡和香蕉（另外的主要出口品）的价格也在迅速下降。哥斯达黎加国内投资主管部门CINDE成功地协调了当地供应商的快速发展，并吸引了像英特尔这样的高科技企业来哥进行投资，尽管后者曾拒绝过这样的邀请。哥斯达黎加中央银行行长爱德华多·利扎诺将外商直接投资比做一个重振经济的关键催化剂。在1996—1998年，CINDE的主要扶持目标是电子工业：建立和巩固与英特尔的合作，吸引更多的高科技公司来发展集群，并强化它们的周边支持行业。得益于这种战略，哥斯达黎加的出口品由"金豆"（高品质咖啡）进化到"金片"（MIGA，2006）。

由于英特尔出现在哥斯达黎加的商业链条中，该国在对德国、日本、马来西亚和英国的出口中充分享受了溢出效应。企业高管们在之前接触不到的市场中发现了学习经营方法的新机会。在近几十年内哥斯达黎加的经济结构改变了：由20世纪20年代传统的咖啡和香蕉占到出口总额的80%，到今天非传统出口品占到80%。

**第四步：壮大自我发现的规模**

增长甄别与因势利导的第四步是以支持成功自我发现的私营企业扩大规模的方式来对它们进行奖励。随着技术的迅速变化，一些商机在10或15年前可能还不存在，也不会出现在基于第一步中的标准识别出的具有潜在比较优势的行业清单上。此外，每个国家都有一些其参照国所没有的独特禀赋和比较优势。如果国内私营企业已经发现了新产业的巨大商业潜力，那么即使这些产业在第一步中没有被甄别出来，政策制定者也应该找出并消除那些影响企业技术升级或阻碍其他企业进入的壁垒。

印度的信息产业是一个很好的例子。在20世纪80年代，硅谷的印度裔专家帮助印度企业充分利用了IT工作外包的机会。早期他们依靠昂贵的卫星数据传输。潜在的信息服务出口初露端倪之后，印度政府马上建立了一个高速数据通信系统，并允许散居在外的印度人回国为美国客户建立离岸工作场所。印度的信息服务产业已经连续20年以每年超过30%的速度增长。①

在20世纪80年代，厄瓜多尔鲜切花出口的成功也是一个很好的例子。厄瓜多尔拥有向美国市场出口鲜切花的潜在比较优势，这一事实早在20世纪70年代就被花农知晓。但直到政府设置了定期航班并在机场附近安置了冷却设备，该产业才迅速扩大并实现出口起飞（Harrison and Rodríguez-Clare，2010）。

埃塞俄比亚在鲜切花出口方面的成功则是另一个例子。在20世纪90年代政府决定通过产业政策扶持该产业以前，一个当地私人公司已经向欧洲市场出口鲜切花十多年之久。尽管这些政策的结果仍在讨论之中，但鲜切花的出口已呈现出指数级增长，并创造了数十万的工作岗位（其中70%为女性）。现在超过100家私人公司在从事鲜切花生产和出口方面的业务，其中一半由外国投资者拥有。②

秘鲁的芦笋发展是另一个政府成功支持私人创业的例子。芦笋作为一种外国作物，在秘鲁生长似乎是违反直觉的，但这还是在20世纪50年代被一些秘鲁农民实现了。然而，在1985年美国政府通过美国国际开发署提供了一笔赠款，以帮助一个农民协会获得宝贵而关键的知识之前，该产业和出口都没有得到很快的发展。该项技术建议来自于加州大学戴维斯分校的一位专家，他最近发明了UC-157这一适合美国市场的品种，同时也来自于另一位专家，他向协会试验站的成员展示

---

① 2008年印度的IT出口接近600亿美元（Bhatnagar，2006）。
② 在其博士论文中，Zelalem T. Chala（2010）认为，实施出口促进政策以鼓励外商直接投资流入选定的农业活动，不可能真正改变许多穷人的生活。他的结果表明，在花卉、蔬菜和其他经济作物的投资无法重新安排许多仍然以种植咖啡和粮食为生的未充分就业者和失业者。但他承认数据的局限性可能限制了他的分析。其他的实证研究更积极地评价了埃塞俄比亚的鲜切花产业（例如，Melese，2007）。

了如何为大规模生产建立苗床以及如何对芦笋进行包装以便于出口。政府还支持诸如秘鲁芦笋研究所和冷冻协会等合作机构参与研究、技术转让、市场调查、出口驱动和质量提升，并投资于处理80%新鲜芦笋出口的冷冻厂和包装厂。在这些干预下，秘鲁已经超过中国，成为世界最大的芦笋出口国。（O'Brian and Rodriguez，2004）。

印度尼西亚政府也奉行同样的成功战略来振兴其虽然盈利却不具备竞争力的造纸业。到了20世纪80年代中期，政府希望以制造业来取代其不断下降的石油工业（其主要外汇来源）。造纸业在印度尼西亚已经具有比较发达的制造能力，而关税降低和其他自由化改革又提高了其竞争力，因此造纸业是符合该国比较优势的。然而，政府想将印度尼西亚提升为排名世界前十位的纸浆和纸张生产国。这就需要生产成本的进一步降低以及一个大型的可再生原材料基地，这是私营企业不可能实现的。在以出口为导向的工业化阶段（1984—1997），政府利用产业政策将初级木材出口转移至造纸业，它以非常低的特殊成本向私人工业种植园划拨大片混合热带硬木园区。许可证持有人将被允许在特许区域中任意砍伐，并将这些木材作为一个临时性的"过渡性供应"来使用，直到木质纸浆种植园完全投入生产。这使得印度尼西亚公司的原材料成本相对于美国和欧洲的生产商下降了20%—30%。其他政策支持还包括种植园补贴、国有银行贷款补贴和税收减免。该产业的迅速成长让印度尼西亚成为世界领先的纸浆和纸张生产国和出口国（Djik and Szirmail，2006）。

**第五步：工业园的力量与奇迹**

经济发展中的一个大问题是如何解决硬件基础设施和软件基础设施的不足，这常常是发展中国家生产力增长的一个主要障碍。任何去过西非内陆国家布基纳法索的首都瓦加杜古的游客，都会对市镇中间繁忙的机场留有深刻印象。与许多发展中国家一样，简陋的道路、充满故障的电网、过时且昂贵的通信系统以及繁复的官方程序都给生产和商业交易带来了沉重的负担，并使企业难以在国际市场中具有竞争力。

在一篇以其典型的诙谐幽默风格写成的有关非洲基础设施的文章中，《经济学人》指出："今天，将一个集装箱运往非洲的心脏——从喀麦隆的杜阿拉到中非共和国的班加苏——仍要在港口等待三周才能到；路障、贿赂、坑坑洼洼的路面以及泥泞的道路；疟疾发烧、妓女和卡车小屋内的猴子肉炖菜；晚间道路上的鬣狗和士兵。燃料和维修成本使得经过这些仅有的（穿越非洲南部的）主干路线都显得很不划算。"（*The Economist*，2008）这些被美国贸易部门的实证研究所证实：将一吨小麦从肯尼亚的蒙巴萨运到邻国乌干达的坎帕拉的成本比将它从芝加哥运到蒙巴萨还要高。

"设计精良的基础设施有助于规模经济、降低贸易成本，因此是专业化以及有效的产品、服务生产和消费的核心。这对于经济增长和发展而言是一个重要的因素，同时也是提高生活标准的关键。"（Henckel and McKibbin，2010，p. 2）这一经济学家的广泛共识并不令人感到惊讶。对于贫困的经济体而言，基础设施能够提高生产率，降低私人的生产成本。它对那些贫国还有一个（积极的）不成比例的收入与财富效应：它降低了进入市场的交易成本和费用，提高了现有资产的收益，促进了人力资本积累，并促进了集聚经济和知识传播——以上是持续性增长所需的所有要素。

2009年全球监测报告估计，如果撒哈拉沙漠以南非洲国家的基础设施达到毛里求斯的水平，其年均经济增长率将会增加2.1%，如果其基础设施达到韩国的水平将会增加2.7%（世界银行，2009）。此外，由各种背景的经济学家最近所做的工作，其中包括我的世界银行同事考尔德伦和塞尔文，提供了关于基础设施投资回报的新估计。通过更广泛地定义基础设施,包括基础设施的实际存量而不是简单的基础设施支出,他们计算出基础设施的产出弹性在0.07和0.10之间——这意味着基础设施资产增加10%将直接促使人均国内生产总值增加0.7%到1%(Calderón, Moral-Benito and Servén, 2009)。

为解决这样一个重要的问题,我建议那些基础设施落后和商业环境不友好的发展中国家依靠工业园区和出口加工区的力量和奇迹,这对于那些试图在全国范围内迅速建立起优良的基础设施并改善整个经济体的商业环境的梦想而言是一个可控并现实的替代选择。这些工业园区和出口加工区还具有鼓励产业集群的优点。已有几个成功的国家遵循了这样一条道路,即使是在非洲,毛里求斯也为国内和外国企业提供了良好的基础设施,并通过在出口加工区内允许灵活的劳动就业克服了约束严格的劳动法规定,同时保持了对国内经济的现有规定(Mistry and Treebhoohun, 2009)。

在印度,早在1976年卡纳塔克邦政府就试图通过卡纳塔克邦电子产品开发公司鼓励电子产业的发展。即使在今天,由于基础设施方面的赤字极为严重,印度的制造业活动主要由全国各地的工业园区来进行。在中国,贫穷的内陆省份政府已经利用工业园区以一个合理的价格为企业提供"即插即用"式的场所。制造业企业可以一次雇用几千名员工以扩大其生产,政府也已经在工厂车间附近建起了工人宿舍。这一政策减少了工人上下班的成本和时间,并降低了他们的住房成本,而这些公司也都乐于在收取一个象征性费用之后一并提供伙食。这些都降低了劳动成本并且提高了效率。

在越南,大部分生产服装、鞋类、家具的大型外国企业都在提供有厂房和基本的基础设施的工业园区内。为实现出口,非洲有超过22个国家拥有至少一个特区或工业园。由于非洲的大多数国家基础设施较为落后,工业区似乎是唯一的解决方案,尤其是在这些国家衷心想要吸引大公司的情况下。

政府也可以建立工业园区以培育那些根据增长甄别与因势利导标准识别出的新产业。一个相关的例子是中国台湾的新竹科学工业园区,该园区是一个面积超过500公顷,针对电子和IT行业的综合性工业区。它的设计用途是满足地区工业迅速发展的需求,防止未经授权的企业建立,阻止任何可能导致公共灾难的不当使用农用土地的行为,并更好地利用公共基础设施的投资(道路、供水、排污、电网和电信系统)(Mathews,2006)。

**第六步:向正确的产业提供有限的激励**

对于那些在第一步中甄别出的产业内的先驱企业或国外投资者,政府通过对其在投资过程中产生的非竞争性公共知识进行补偿,也可以为它们提供一定的激励。这个提议也许听起来略有争议。实则并非如此。世界上所有的国家都在这样做,并且常常产生一定程度的扭曲和寻租机会。

为理解此项政策的合理性,需要谨记做一名先驱者是有风险和代价的。企业通常会为要不要成为第一批行动者而摇摆不定,因为没有人对此项业务的可行性有十足的把握。他们知道,一旦失败了,他们将要承担由此带来的所有损失,而他们的失败则为其他企业提供了警示作用;然而一旦成功,其他企业就可以免费得知此项业务是可行的,然后进入市场,并瓜分利润。因此,不管是成功还是失败,这些先驱企业都会对产业内其他企业形成信息外部性。2010年,世界银行在赞比亚的一项实地研究发现,当地的一个企业家2008年在听取了一位来访的印度亲戚的建议后,成功启动了波纹屋顶板的生产。一年之内,已有20多家企业也开始了此类建材的生产。在世界范围内,类似的案例几乎每天都在发生。如果对先驱企业创造的信息外部性没有任何补偿,那么几乎没有企业会有动力投入资源进行生产,甘冒风险成为第一批行动者。如此一来,产业升级和多样化的进程连同经济增长将会一并受到阻碍(Aghion,2009;Romer,1990)。

在发达国家,先驱企业将被授予专利权,以确保在一定时期内它们是其成功创新的唯一受益者。在发展中国家,专利权可能并不适用。这是因为,某个在这里还是全新的产业在其他国家已存在多年。对先驱企业提供一段时间的补贴——即就新产业可行性方面的信息外部性对先驱企业进行一段时间的经济奖励——可以收到同样的效果。对于先驱企业来说,其失败所产生的损失和其成功所产生的收益之间存在着不对称性,因此我认为补贴政策可以对此做出补偿。

有限的政府支持,不管是经济上的还是时间上的,均应足以弥补先驱企业产生的信息外部性,以确保它们(以及新开拓产业的其他任何新进入者)能够获得正常利润。如此一来,政府激励就不至于成为公共财政的负担。对于那些在第四步中讲到的自我发现企业,政府对其给国家经济发展做出的贡献应给予特别表彰。①

激励政策有多种,例如在有限的几年内给予公司所得税优惠,为共同投资提供信贷,或者优先使用外汇储备以引进关键设备。中国的例子值得借鉴。为吸引外商直接投资,在运营的前两年,中国政府免除国外企业的公司所得税,在接下来的三年,又将税率降低一半。这项政策是奏效的。一项关于1998—2007年间中国产业促进政策的实证研究表明,通过实施这种有目的的关税和所得税减免政策,中国政府促进了国外企业向国内企业的技术溢出。② 作为整体增长与因势利导战略的一部分,其他发展中国家也可以考虑采用类似的政策安排。

此项提议产生的一个显而易见的问题是寻租风险以及政治捕获。

---

① 这一事后奖励的想法应归功于魏尚进教授。
② 研究表明,被选定接受税收补贴的外国企业比其他类型的外国企业更有可能通过后向关联(从最终产品的生产者到国内供应商)产生正的外部性。减税的效果要明显优于关税(Du,Harrison and Jefferson,2010)。

而对于旧结构经济学所倡导的产业政策来说，此类问题尤为突出。这是因为，目标产业违背了一国的比较优势，这些产业内的企业不具有自生能力，继而它们的投资以及持续经营都将取决于垄断租金、高额关税或其他形式的补贴或保护政策。事实是，在所有的政治体制内，政治捕获和寻租行为的可能性均与保护政策和补贴政策的力度成正比。用于分配的资金越多，政客、公务员以及商人就越想从中捞一笔。

第一步中甄别出的产业与一国的比较优势相一致，而此处提倡的政府激励政策是为先驱企业的信息外部性提供补偿，因此所需要的支持力度是有限的。这样，腐败所得将会变得很小，政治精英们也将没有动力运用自己手中宝贵的政治资本去捕获那些少量的租金。此外，一旦先驱企业成功了，许多新的企业随后将会跟进，那么这些产业中就会形成竞争性的市场，这又进一步降低了精英们的政治捕获风险（Lin，2009）。

GIFF框架成功应用的秘诀其实很简单。那些被政府甄别出来给予暂时而有限的支持的产业必须与该国的潜在比较优势相一致。一旦先驱企业进入，其他许多企业同样也会进入。政府的因势利导作用主要限定于提供信息、协调软硬件基础设施的改进、补偿外部性以及鼓励外商直接投资以及集聚的形成。政府的因势利导就是通过这种方式来帮助发展中国家挖掘其潜在的后发优势，并实现动态且持续的经济增长。

\* \* \*

很长一段时间以来，主流经济学家不愿从事任何可能被视为促进产业增长的学术实践。那些基于违背比较优势发展战略而提出产业政策失败的遗产已经让许多经济学家认为，也许任何政府都无法成功地"挑选优胜者"。但事情最近发生了变化，许多学者做出的大量的研究和提供的一些方法重新开启了政府在促进经济增长中的角色方面的争论（例如，Di Maio，2008；Agosin et al.，2009）。虽然建议的很多方法可能会产生一些有用的结果，但它们中没有一个特别关注对一个发展中国家可能具有潜在比较优势的产业进行甄别。GIFF 框架填补了这一空白，并为政策制定者提供了一个实用的工具，帮助其设计并实施一个可行的产业升级和多样化战略。

现在的问题是，其见解是否可以扩展应用到那些有着长期扭曲和中央计划遗留问题的国家以及那些中等收入和高收入经济体——我们将在接下来的章节中对这些问题进行讨论。

## 参考文献

Aghion, P. 2009. "Some Thoughts on Industrial Policy and Growth." Documents de Travail de l'OFCE 2009—09, Paris, Observatoire Français des Conjonctures économiques.

Agosin, M., C. Larraín, and N. Grau R. 2009. "Industrial Policy in Chile: A Proposal." Working Paper 294, Universidad de Chile, Departamento de Economia. Available at http://www.econ.uchile.cl/uploads/publicacion/c00d45b0-c1e0-46af-9c1e-2730e6c54c67.pdf. Accessed 7 Feb 2012.

Ayyagari, M., A. Demirgüç-Kunt and V. Maksimovic. 2008. "How Well Do Institutional Theories Explain Firms' Perceptions of Property Rights." *Review of Financial Studies* 21, (4): 1833—1871.

Benavente, J. M. 2006. "Wine Production in Chile." In *Technology, Adaptation, and Exports: How Some Developing Countries Got It Right*, ed. V. Chandra, 225—242. Washington, DC: World Bank.

Bhatnagar, S. 2006. "India's Software Industry." In *Technology, Adaptation, and Exports: How Some Developing Countries Got It Right*, ed. V. Chandra, 49—82. Washington, DC: World Bank.

Bourguignon, F. 2006. "Economic Growth: Heterogeneity and Firm-Level Disaggregation." PREM Lecture, Washington, DC, World Bank, May.

Calderón, C. , E. Moral-Benito, and L. Servén. 2009. "Is Infrastructure Capital Productive? A Dynamic Heterogeneous Approach. " World Bank and Centro de Estudios Monetarios y Financieros, Washington, DC, and Madrid.

Carroll, L. 1865. *Alice's Adventures in Wonderland*. London: Macmillan and Co.

Chala, Z. T. 2010. "Economic Significance of Selective Export Promotion on Poverty Reduction and Inter-Industry Growth of Ethiopia. " Dissertation submitted to the Faculty of the Virginia Polytechnic Institute and State University, Blacksburg, VA, June.

Chang, H. -J. , 2002. *Kicking Away the Ladder: Development Strategy in Historical Perspective*. London: Anthem Press.

Chuhan-Pole, P. , and M. Angwafo, eds. 2011. *Yes Africa Can: Success Stories from a Dynamic Continent*. Washington, DC: World Bank.

Commission of the European Communities. 2005. "Implementing the Community Lisbon Programme: A policy framework to strengthen EU manufacturing-towards a more integrated approach for industrial policy. " Communication from the Commission (5 Oct), Brussels, Belgium.

Di Maio, M. 2008. "Industrial Policies in Developing Countries: History and Perspectives. " Working Paper 48-2008, Macerata University, Department of Finance and Economic Sciences, Italy.

Djik, M. V. , and A. Szirmail. 2006. "Industrial Policy and Technology Diffusion: Evidence from Paper making Machinery in Indonesia. " *World Development* 34 (12): 2137—2152.

Du, L. , A. Harrison, and G. Jefferson. 2011. "Do Institutions Matter for FDI Spillovers? The Implications of China's 'Special Characteristics'. " Policy Research Working Paper 5757, World Bank, Washington, DC.

Duflo, E. 2004. "Scaling Up and Evaluation. " In *Annual World Bank Conference on Development Economics 2004*, ed. F. Bourguignon and B. Pleskovic, 341—349. Washington, DC: World Bank.

Dulfano, I. 2003. "Intel and Costa Rica: A Model for Global Expansion, Economic Development and Sustainability. " *Global Business Languages* 8 (3).

The Economist. 2008. "Connectivity and Commitment Pay Dividends in African Transport. " October 16.

European Commission. 2005. "Implementing the Community Lisbon Programme: A policy framework to strengthen manufacturing. " Communication from the Commission, Commitions of the European Communities, Brussels, Belgium.

FIAS (Foreign Investment Advisory Service). 2008. *Special Economic Zones: Performance, Lessons Learned, and Implications for Zone Development*. Washington, DC: World Bank.

Gelb, A., V. Ramachandran, M. K. Shah, and G. Turner. 2007. "What Matters to African Firms? The Relevance of Perception Data. " Policy Research Working Paper 4446, World Bank, Washington, DC.

Harrison, A., and A. Rodríguez-Clare. 2010. "Trade, Foreign Investment, and Industrial Policy for Developing Countries. " In *Handbook of Economic Growth*, Vol. 5, ed. D. Rodrik, 4039—4213. Amsterdam: North Holland.

Hausmann, R., and B. Klinger. 2006. "Structural Transformation and Patterns of Comparative Advantage in the Product Space," CID Working Paper 128, Harvard University, Harvard Kennedy School, Center for International Development, Cambridge, MA.

Hausmann, R., D. Rodrik, and A. Velasco. 2008. "Growth Diagnostics. " In *The Washington Consensus Reconsidered: Towards a New Global Governance*, ed. N. Serra and J. E. Stiglitz, 324—354. New York: Oxford University Press.

Henckel, T., and W. McKibbin. 2010. *The Economics of Infrastructure in a Globalized World: Issues, Lessons and Future Challenges*. Washington, DC: Brookings Institution.

Hesse, M. 2008. "Truth: Can You Handle It?" *The Washington Post*, April 27.

Hidalgo, C. A., B. Klinger, A. -L. Barabási, and R. Hausmann. 2007. "The Product Space Conditions the Development of Nations. " *Science* 317 (5837): 482—487.

ILO. n. d. "Sectors Covered. " International Labour Organization, Geneva, Switzerland. Available at http://www.ilo.org/sector/sectors-covered/lang-en/index.htm. Accessed 7 Feb 2012.

Katz, J. 2006. "Salmon Farming in Chile. " In *Technology, Adaptation, and Exports: How Some Developing Countries Got It Right*, ed. V. Chandra, 193—224. Washington, DC: World Bank.

Krugman, P. 1991. "Increasing Returns and Economic Geography." *Journal of Political Economy* 99 (3): 483—499.

Larraín, F., L. F. López-Calva, and A. Rodríguez-Clare. 1996. "Intel: A Case Study of Foreign Direct Investment in Central America." In *Economic Development in Central America*, Vol. 1: *Growth and Internationalization*, ed. F. Larraín, Ch. 6. Cambridge, MA: Harvard University Press.

Lin, J. Y. 2009. *Economic Development and Transition: Thought, Strategy, and Viability*. Cambridge, UK: Cambridge University Press.

Lin, J. Y. and C. Monga. 2001. "Growth Identification and Facilitation: The Role of the State in the Dynamics of Structural Change." *Development Policy Review* 29(3): 264—290.

Maddison, A. 2006. *The World Economy*. Paris: Organisation for Economic Cooperation and Development.

——. n. d. "Historical Statistics of the World Economy: 1—2008 AD." Available at www.ggdc.net/maddison/Historical_Statistics/horizontal-file_02-2010.xls. Accessed 7 Feb 2012.

Mathews, J. A. 2006. "Electronics in Taiwan: A Case of Technological Leaning." In *Technology, Adaptation, and Exports: How Some Developing Countries Got It Right*, ed. V. Chandra, 83—126. Washington, DC: World Bank.

Melese, A. 2007. "Triple Role of the Dutch in the Growth of the Cut-Flower Industry in Ethiopia." Unpublished thesis, The Hague, the Netherlands.

Menon, R. 2010. "Markets and Government: Striking a Balance in Singapore." Opening address at the Singapore Economic Policy Forum, Singapore, October, 22.

MIGA (Multilateral Investment Guarantee Agency). 2006. *The Impact of Intel in Costa Rica Investing: Nine Years after the Decision to Invest*. Washington, DC: World Bank Group.

Mistry, P. S., and N. Treebhoohun. 2009. *The Export of Tradeable Services in Mauritius: A Commonwealth Case Study in Economic Transformation*. London: Commonwealth Secretariat.

Mottaleb, K. A. and T. Sonobe. 2011. "An Inquiry into the Rapid Growth of the Garment Industry in Bangladesh." *Economic Development and Cultural Change* 60 (1): 67—89.

Naik, G. 2006. "Bridging the Knowledge Gap in Competitive Agriculture: Grapes in India." In *Technology, Adaptation, and Exports: How Some Developing Countries Got It Right*, ed. V. Chandra, 275—300. Washington, DC: World Bank.

O'Brian, T., M., and A. D. Rodriguez. 2004. "Improving Competitiveness and Market Access for Agricultural Exports through the Development and Application of Food Safety and Quality Standards: The Example of Peruvian Asparagus." Inter-American Institute for Cooperation on Agriculture, Agricultural Health and Food Safety Program, San José.

Porter, M. E. 1990. *The Competitive Advantage of Nations*. New York: Free Press.

Rhee, Y. W. 1990. "The Catalyst Model of Development: Lessons from Bangladesh's Success with Garment Exports." *World Development* 18 (2): 333—346.

Rhee, Y. W., and T. Belot. 1990. "Export Catalysts in Low-income Countries." Discussion Paper 72, World Bank, Washington, DC.

Romalis, J. 2007. "Capital Taxes, Trade Costs, and the Irish Miracle." *Journal of the European Economic Association* 5 (2—3): 459—469.

Romer, P. M. 1990. "Endogenous Technological Change." *Journal of Political Economy* 98 (5): S71—S102.

Sawers, L. 2005. "Nontraditional or New Traditional Exports: Ecuador's Flower Boom." *Latin American Research Review* 40 (3): 40—66.

Spar, D. 1998. *Attracting High Technology Investment: Intel's Costa Rica Plan*. FIAS Occasional Paper 11. Washington, DC: World Bank, Foreign Investment Advisory Service.

Sweeney, P. 1999. *The Celtic Tiger: Ireland's Continuing Economic Miracle*, 2nd ed. Dublin: Oak Tree Press.

UNCTAD (United Nations Conference on Trade and Development). 2006. *A Case Study of the Salmon Industry in Chile*. New York: United Nations.

World Bank. 2009. *Global Monitoring Report 2009: A Development Emergency*. Washington, DC: World Bank.

# 第八章 转型经济的独有特性和轨迹

沃尔特·艾萨克森（Isaacson，2007）在他所撰写的文字优美、内容丰富的爱因斯坦传记中，给出了科学家必须从中做出选择的两个主要战略的很好描述。一些人主要基于归纳法——首先分析大量的实证结果，然后推导出能解释所观测到的实证模式的理论。另一些人则更依赖于演绎法——从一些看起来有道理的原理以及被认为不可更改的假设出发，然后从中推断出其逻辑含义。艾萨克森指出，这些战略选择并不是相互排斥的，而且所有的科学家都倾向于不同程度地混合使用这两种方法。爱因斯坦似乎对实验结果有良好的感觉,并利用自身对周围世界的知识和好奇心来找出令人感兴趣的事实和发现("定点"),最终基于这些内容构建一个理论。但他同时也强调对演绎法的应用。

然而,经济学家和其他社会学家在探索可被重复实验(在不同环境中保持一致结果)检验的理论框架方面比"硬科学"专家们面临更严峻的挑战。而他们同时也面临着艾萨克森所提出的广泛战略选择。或许社会学家必须要比其他学者付出更大的努力来调和这两种方法,以应对本学科所固有的认识论挑战。

所以,我们应该谨慎地使"新结构经济学"以及"增长甄别与因势利导框架"(GIFF)具有归纳和演绎的严谨逻辑,强调 GIFF 框架的设计是一种在没有任何扭曲的环境中的产业和技术升级的战略。然而,事实上,很多发展中国家都有一段具有多重复合扭曲的历史需要承认并解决。如果没有分析适合于大多数发展中国家的经济发展战略类型,这本书就算不上是完整的。

使经济理论接受归纳和演绎的双重检验也揭示了"华盛顿共识"政策的一些主要缺点,这些政策曾在 20 世纪八九十年代广泛地被推荐给很多发展中国家和转型经济体。这些国家集中反映了多重复合扭曲的问题,而这些问题是传统的新古典主义发展战略所不能解决的。

本章将着重探讨转型经济体在实行社会主义的几十年时间里对持续增长不懈追求的过程中所面临的问题。我们也会讨论非社会主义发展中国家的问题,这些国家也被之前结构主义违背比较优势(CAD)的进口替代战略遗留下来的扭曲所困扰。经济学中最大然而研究却最少的一个问题是不良决策的组合,这种组合在发展中国家构建起一个复杂的扭曲网络。这样的多重扭曲在整个 20 世纪出现在许多社会主义国家当中,因为它们的政府遵循了促进先进重工业发展的战略,而这种战略与其当时的禀赋结构是不一致的。最终，它们违背比较优势的战略导致了扭曲和无效率，世界其他地区实行旧结构主义进口替代战略的国家虽然也有类似的结果，但没有这些社会主义国家严重。

　　对于几乎任何人来说，注意到并承认这些失败需要花费很长时间。为什么呢？因为违背比较优势战略的错误并不总是显而易见的。采取这一战略的国家在其初期都有一个成功的投资导向型的增长，在大规模资源动员的支持下，其持续时间取决于自然资源的储备、人口的规模和从外国借贷的机会。这种投资导向型的增长在前苏联持续了大约50年，1929—1979年间其年均增长率为5%（Maddison）。而在非洲、拉丁美洲和其他国家，这种成功只持续了一二十年。巴西经济在二战后的几十年间一直以大约6%—7%的速度持续增长。20世纪60年代早期的增长放缓促使其更加侧重于出口导向的改革，在随后的1968—1973年间，巴西经历了年均11%的"奇迹式"增长。但自此之后，其经济增长大幅放缓，而且沉重的外债（进口替代时期的一个后遗症）导致了几十年来不断上演的宏观经济危机（Maddison）。初期的成功之后，这些国家的经济通常饱受种种扭曲的痛苦，而且被一个由"先进"部门的无自生能力的大企业支配的经济结构所折磨。

　　当扭曲存在时，政策制定者们面临着双重挑战，即设计并实施一个可行的经济发展战略来解决之前章节中所讨论的协调性和外部性问题，同时还需要进行承担着巨大社会政治风险的艰难的结构改革。这种双重挑战引发了人们对改革的步伐和次序的质疑：改革必须确保从解除扭曲中获得效率的提高，但也必须以可持续的和自我强化的方式与产业升级的增长甄别与因势利导政策相一致。这对实行中央计划经济的苏联和中国来说是一个特别高的要求，因为与其他发展中国家相比，它们所实施的内向型的违背比较优势的战略更彻底、更全面，且持续时间更长。

本章回顾了两个社会主义大国（苏联和中国）所采取的不同改革战略，考察了其领导人在转型期间所选择的路径，评估其结果，并思考各种经验教训，以及它们是如何提供经验并丰富和完善新结构经济学以及 GIFF 框架的。

## 天堂中的虚构自白：改革的政治学

设想两位前共产党领导人在天堂里与卡尔·马克思相遇，他们彼此分享着在各自国家经济历史的关键时刻所做的一些重要的战略选择的想法与思考。

一位是作风高调的鲍里斯·叶利钦，他在执政期间主导了苏联解体和苏共解散。初入社会时，叶利钦是一名训练有素的工程师，并在建筑业工作，后来成为专业党务工作者，最终成为斯维尔德洛夫斯克的共产党第一书记。1985 年，新当选的苏联共产党总书记戈尔巴乔夫将叶利钦调到莫斯科担任建筑部长。此后不到一年时间，叶利钦又被任命为莫斯科市委书记。最终，他推翻了戈尔巴乔夫，助推了苏联解体，并允许前苏联加盟共和国自行成为独立的国家。此外，他也是俄罗斯联邦的第一位民选总统（1991—1999 年）。①

另一位是温和谦逊的邓小平，从 1977 年开始直到逝世（1997 年）期间，他一直是中国的实际领导人。毛泽东在不同的时期对邓小平而言扮演着导师、强有力的竞争者和盟友等不同角色，而毛泽东曾经这样评价邓小平："邓小平人才难得"，这一点军队和民众都

---

① 叶利钦于 1990 年 5 月当选为俄罗斯国会议员和俄罗斯共和国主席（总统）。那年晚些时候，他正式退出共产党。1991 年秋，他和其他共和国领导人各自宣布独立，12 月，俄罗斯、乌克兰和白俄罗斯的总统成立了独立国家联合体（CIS），宣布他们将自 1992 年 1 月 1 日起不再承认苏联。其他 8 个共和国加入独联体，4 个成为完全独立的国家。戈尔巴乔夫在年底前辞职。而自 1992 年 1 月 1 日起，苏联不复存在。

众所周知。他"柔中有刚",既有原则性,又有高度的灵活性。并且处理问题比较公正,他"思圆行方"。(Salisbury,1992,p. 328)① 在不再担任任何党内职务之后,邓小平只以"桥牌协会荣誉主席"的身份在公众场合出现。

叶利钦和邓小平将会如何评价自己的执政功绩呢?历史又将如何评价他们在各自国家的历史关键时刻所做出的不同决策呢?曾领导着俄罗斯和中国从计划向市场转变的两位领袖将如何为他们完全不同的决策辩护呢?两人的政治和经济遗产将成为一代又一代研究者分析和争论的主题,但可以肯定地说,他们都高屋建瓴,视野高远,都是社会主义历史上伟大的改革人物。他们在各自国家发起的或亲历的事件对世界经济以及在其他发展中国家同时进行的市场化改革的进程都具有深远而重大的影响。然而,俄罗斯和中国的经历反映了执政者对改革路径的不同选择,同时也可以被看做具有鲜明的特征②,这种同一性有助于理解转型经济体政治和经济发展的巨大差异。

叶利钦将其对自己的行动和关键战略决策的理由的见解恰如其分地呈现在他那和盘托出且厚达三卷的回忆录中(Yeltsin,1990,1996,2001)。相比之下,与历史上众多伟大的领导人一样,邓小平没有留下任何一本书或是回忆录。但我们有收录了能够展现他的行动和愿景的讲话的三卷本《邓小平文选》。

我们可以有后见之明的优势,但却缺少反事实证据(在不同情境下有可能实际发生的不同情况)。众所周知,自1991年俄罗斯启动市场化改革以来,其人均 GDP 大幅减少,且停滞了近十年之久,最近由于全球大宗商品价格上涨才有所恢复。但其当前的人均 GDP 仅比1991

---

① 同时也被 Shambaugh(1993,p. 457)所引用。
② 这种鲜明的同一性是一种数学表达,它能够使人们以一种易于理解或解决问题的方式对其进行评估和表述。

年时增长了14%。相比之下，中国却史无前例地将9.9%的年增长率保持了长达32年之久。中国当前的人均GDP是1978年水平的14倍，这一结果令人震惊（Lin，2011）。对比这两种截然不同的表现，初始条件当然是重要的决定因素，但是叶利钦和邓小平可能都会承认，他们的一些主要政策决定在转型之初也发挥了重大作用。

叶利钦和邓小平也许会从回忆彼此步入政坛之前开始交流，当时共产主义和社会主义在世界范围内拥有着强大的意识形态和经济影响力。的确，1917—1950年间，东欧和亚洲的许多国家（拥有世界三分之一的人口）选择了脱离资本主义市场经济体系并开始了一场新的实验。这种趋势开始于沙皇俄国和蒙古，二战后传播到中欧和东欧以及波罗的海诸国，后来又传播到中国、朝鲜、越南和其他许多国家。共产主义和社会主义通过国家计划体系对生产和资源的分配进行集中和控制。这种方式创造了显著的成就：更高的产出、工业化，面向整个人口的基础教育、医疗、住房和就业，相对平等的收入分配，并且表现得丝毫不受20世纪30年代大萧条的影响（世界银行，1996）。

作为两个聪明的人，叶利钦和邓小平应该会承认一个不争的事实：由于违背比较优势所造成的扭曲以及计划编制内在的无效率，计划经济体系并没有看起来那么稳定。若没有一个运转良好的定价体系，计划者无法获得生产和分配的相关信息。而且许多内嵌在违背比较优势战略中的扭曲很快就剥夺了公司的自主性并抑制了个人激励。

我在2007年的马歇尔讲座中解释了此恶性循环："为了实施'违背比较优势战略'，发展中国家的政府不得不保护许多没有自生能力的企业；因为这些政府通常只有有限的税收征管能力，然而它们有限的财政资源无法维持如此大规模的保护和补贴，所以这些政府就必须诉诸行政措施——如准许没有自生能力的企业在优先产业中取得市场垄断地位，压低利率，高估本国货币以及控制原材料价格——来降低那些没有自生能力企业的投资和运营成本。这种干预将会导致广泛的资金、外汇和原材料的短缺。因此，政府就需要通过行政渠道（包括社会主义国家的国家计划体系）将有限的资源直接分配给这些企业。"（Lin，2009，p.31）①

这一经济体制的整体运行效果并不尽如人意。在20世纪50年代取得了高水平的年增长率（据官方估计约为年均10%，叶利钦也许会同意这一数据被高估了）之后，苏联经济开始减速：60年代的增长率平均为7%，70年代为5%，80年代仅为2%，而90年代整个经济收缩了（世界银行，1996）。更令人惊奇的是，这一时期的投资率却非常高。但相对于西方的工业化经济体，苏联的投资回报率却在持续下降——60年代之后，这种下降趋势在其他重要的社会指标（如预期寿命等）中也开始出现（Easterly and Fischer，1995）。

邓小平也会承认，在中央计划体制下，中国的生活水平至少可以说是次优的。尽管政府在重工业方面有高水平的投资，但在毛泽东领导的1955—1976年间，中国的全要素生产率却是下降的。几年的"大跃进"最后以严重的饥荒（1959—1961年）结束，并付出了超过3 000万生命的代价。"文化大革命"（1966—1976年）期间，由于城市缺乏工作岗位，超过1 600万的受过教育的城市青年被送到贫穷的农村或偏远的山区工作。到了70年代，显而易见，社会主义并没有实现它的许诺，亚洲和东欧国家的计划经济需要做出一些根本性的改变。关键时刻，叶利钦和邓小平承担起了领导各自国家走上经济改革道路的重任。

经济改革绝不是那么容易的。叶利钦和邓小平开始了在广泛的社会和政治变革中全新的、艰难的实践，同时不得不应对经济改革中的各种政治活动。哈佛大学政治学家塞缪尔·亨廷顿认为这是全球"第

---

① 一个规范的动态模型可以参见我和李飞跃合作的论文"发展战略、自生能力与发展中国家经济制度扭曲"（2009）。

三波"民主化进程,并指出这种浪潮始于1974年的葡萄牙,随后又动摇了世界各地的政治体制。① 当拒绝了亨廷顿定义的民主以及他将人类历史划分成几个分离的时期时,叶利钦和邓小平可能都会认为,转型(从社会主义计划经济过渡到市场经济)最显著的特征就是它的二重性——必须同时执行艰难的经济改革和具有挑战性的政治变革。

著名经济学家建议东欧和亚洲的社会主义政府寻求正统的改革,包括实行自由化,减少政府对经济的干预以及强化市场的作用。这些国家既没有正式的私人产权制度,也没有任何市场经济的制度基础。迫于巨大的改革压力,政府只能采纳广泛的自由化方案将社会主义转变成资本主义:废除中央计划;彻底革新税收体系以及建立社会保险制度;放开价格;取消补贴和贸易管制;私有化和重组国有企业。

以上改革议程不仅任务艰巨而且风险极高:因为所要废除的体系曾带来了就业,为国民提供了某种意义上的社会福利并为政府维持了政治稳定。庞大的消费补贴以及国有企业和管制联盟的背后聚集起了强大的支持者团体。经济个体数十年来已经适应了贸易壁垒和汇率高估。在中国、俄罗斯和其他地区,新领导人进行经济结构根本性改变和实现全面自由化的能力尚不确定。因而,有些政权在20世纪80年代晚期和90年代早期的倒塌也就不足为奇了。

叶利钦和邓小平同样面临这些挑战,他们必须解决各自国家的几个战略问题。第一,应该同时实施政治和经济方面的转型吗?第二,

---

① 根据亨廷顿(Huntington, 1992)的划分,前两波全球民主化进程发生在 1828—1926 年和 1943—1962 年,随后都出现了逆转。他的"第三波"是基于对 35 个国家的转型进行分析的基础上,主要是亚洲和拉丁美洲国家在 20 世纪七八十年代从非民主走向民主政治体系。他指出了四个大类的政治转型:权力精英领导的民主"变革"(西班牙、印度、匈牙利和巴西);反对派领导的民主"置换"(民主德国、葡萄牙、罗马尼亚和阿根廷);由政府和反对派联合进行的民主"移转"(波兰、捷克斯洛伐克、玻利维亚和尼加拉瓜);以及由外部力量施加的民主"干预"(格林纳达和巴拿马)。很多研究者质疑了亨廷顿以西方为中心的民主化方式(例如,Monga, 1996)。

经济转型的合理次序和政策组合是什么？俄罗斯、中国和世界各地的学术界和政策界都曾热烈地讨论过答案。

有一种观点对新的政治体制（特别是那些努力复制西方民主模式的政权，如俄罗斯）在有争议的多党制背景下实现经济稳定和自由化的能力持怀疑态度。奥古斯托·皮诺切特将军在智利的典型经验常被视为权威体制下经济改革成功的例子。因此这种观点认为，经济改革必须先于政治改革。

其他分析者为支持"经济改革第一"所提供的例子包括韩国和中国台湾，这些国家和地区在民主化之前，经历了20年由政策和制度改革带来的高速增长，这种改革由远离政治和利益集团压力的技术官僚一手操办。这促使一些研究人员建立了以下学说，即民主环境是更加无法容忍由稳定、私有化和重组常常带来的经济损失。正如迪帕克·拉尔注意到的，新的反对党和更自由的工会将必然反对结束社会主义福利国家而走向市场经济。因此，"要有一个勇敢的、无情的，也许不民主的政府来压制这些新生的特殊利益集团"（Lal，1983，p.33）从而保证转型的成功。

回首往事，叶利钦可能会吐露说，他起初并没有采纳那个建议，并认为政治自由化和经济转型应该是同步的。他的第一个后苏联时代的俄罗斯政府（由叶戈尔·盖达尔领导）试图快速改变，但是经济开始崩溃。新政策经常遭到质疑，并在1992年12月与议会的一次大对决中被否决。叶利钦于1993年9月解散了议会。接着，1993年10月初的冲突不但导致了数以百计的伤亡，而且严重损害了国家的政治和经济稳定。就像他的前任戈尔巴乔夫（他在政治自由化（开放）方面比经济重组（改革）方面取得了更大成功（Diamond and Plattner, 1995)）一样，叶利钦自己不会承认他不能成功地同时实现两个进程。他曾经不为所动地说道："没有那种可能会影响到俄罗斯的历史及其进一步发展的战略性错误。是的,没有这样的错误。只是在一些无关紧要的选项、问题等上面出现了战术性错误。但是,总的来说,俄罗斯走上了正确的道路,而且实现了转变。"

邓小平肯定会对俄罗斯急于在几周或几天内解决长达数十年问题的做法一笑置之。邓小平的一些名言表达了他认为渐进且由政府主导的转型是必要的这一务实观点:"贫穷不是社会主义。富裕是光荣的……让一部分人先富起来……从教条主义中解放出来……实事求是……不管白猫黑猫,会捉老鼠就是好猫。从传统的计划经济向市场经济转型的方式就像是摸着石头过河。"

然后,邓小平会提醒其对话者,鉴于中国在最近几十年来取得的长足进步,人们很容易忘记中国在 20 世纪 70 年代末刚开始经济改革时所面临的严峻的双重挑战。中国在 1979 年确实是一个非常贫穷的国家,人均 GDP 为 182 美元,比撒哈拉沙漠以南非洲地区的平均水平的三分之一还低,只有苏联的八分之一。今天,中国是一个中等偏上收入国家,世界第二大经济体,并且正在争取用不到一代人的时间成为第一大经济体。

邓小平可能还会对关于经济改革和民主之间关系的新传统智慧感同身受。他建议:"民主与经济稳定和结构调整至少是潜在一致的,经济改革的成功取决于其他一系列政治、历史、制度和国际因素,这些因素或多或少地独立于民主和专制政权之间的总体区分。"(Diamond and Plattner,1995,p. xi)

但是,邓小平会拒绝一些学者提出的乐观且可能有些天真的观点,即认为民主制度(从西方自由主义的角度定义)更有利于经济改革,因为它们有更大的合法性和能力给予新政治联盟以权力把成本强加给既得利益者。① 邓小平还会再次表示他对西方独特的政治组织方式抱以怀疑态度，并一再强调他曾经说过的："美国把它的制度吹得那么好，可是总统竞选时一个说法，刚上任一个说法，中期选举一个说法，临近下一届大选时又是一个说法。"（Whitman，2003，p. 72）

尽管认识到双重转型的挑战，但这位中国前任领导人会为社会主义国家列出四个主要的战略选项，以试图克服政治自由化和经济改革之间的紧张关系：（1）如果有必要，应创建全新的政治制度以突破过去，或者通过政治和经济的"休克疗法"进行迅速的改革以使得社会和既得利益者措手不及；（2）不同时追求政治和经济改革的双重目标，而是依次进行；（3）等待一个足以迫使社会就改革的必要性达成共识的严重的经济、社会或政治危机；（4）选择一个涉及各种技术性和政治修复的务实方法，逐步实施以达到根本性变化的目标，无需带来不必要的社会政治和经济混乱。邓小平很少援引西方政治领导人的话，但他可能仅有一次同意温斯顿·丘吉尔的观点："无论战略有多完美，你应该偶尔看看其结果。"作为一个务实的人，邓小平选择了第四种方法。

作为中国早期改革背后的指导力量，邓小平将国家目标由"阶级斗争"转向经济现代化（Shambaugh，1993），从而经济增长成为成功的最重要指标。20世纪70年代后期到80年代早期，我正在北京大学学习马克思主义经济学，当时改革刚开始。改革的首要步骤之一就是在农村地区引入一个新的土地使用制度——家庭联产承包责任制。这一制度承包给农民的土地有固定期限，最初为一年，稍后延长至3年，之后为15年，现在是30年。它允许农民保留自己的生产所得，但需

---

① 例如，Haggard and Kaufman（1995, p. 8）指出："从长期来看，民主制度为争论与和平讨论带来的机会向社会冲突以及与经济改革有关的持续的政治困境提供了寻找持久妥协的最好希望"。

要他们履行按固定价格出售预定配额的农产品给国家的义务,此外,还要向生产队上交一定部分作为集体积累。这并不是一个"大爆炸"式的产权私有化,但它曾经是(现在也是)一个提供了足够稳定的土地控制权的中间制度,它足以激发农民为个人利益而生产,同时也可以确保国家以较低的固定价格向城市部门分配足够的农产品。

家庭联产承包责任制在1978—1983年间基本确定。这期间还伴随着其他的农村改革,如粮食收购、放开农资(如肥料)价格和购买等。改革总体上使农业增长一倍以上。当时,超过80%的中国人生活在农村并从事农业生产,所以这一转变极大地提高了他们的生活水平。在看到安徽省和四川省的试点项目(一项实验性的改革措施,之后可以成功地应用于其他地区)的成果之后,邓小平推动家庭联产承包责任制成为一项国家政策。同时,他还支持经济发展向新思想和国外技术开放,前提是这些新思想和国外技术得到了调整并适应本地的实际。邓小平的个人管理风格就是在责任清晰的情况下将职权下放给值得信赖的同志。这种方法也体现出转型过程中国有企业的渐进式改革特点。

我在芝加哥大学读研究生的时候,主要关注早期的中国农村改革,特别是家庭责任制度。我已发表的研究结果显示,大约一半的农业产出增加来自于家庭联产承包责任制改革(Lin,1992)。有人可能会把这种改革视为是"渐进主义",但其对生产力的影响完全可以说是革命性的!①

当改革扩展到城市和工业部门时,中国经济快速转型的后期还涉及了其他复杂的体制变革,但整个转型过程却非常谨慎,而其持续的成功可以作为低收入和中等收入国家的一个榜样,这些国家也面临着将存在普遍扭曲以及强有力的政府干预的经济转变为市场经济的任务。

中国成功的经济转型(同样发生在20世纪70年代的毛里求斯,

---

① 关于中国经济转型的更详细讨论参见 Lin(2011)。

80年代的越南、柬埔寨和老挝人民民主共和国，以及90年代的乌兹别克斯坦、白俄罗斯和斯洛文尼亚）表明渐进主义（而不是"大爆炸"式的）可能是更好的方法。不幸的是，在"华盛顿共识"的名义下，20世纪八九十年代提供给转型经济体的标准政策建议却是旨在瞬间消除所有扭曲的爆发式改革。华盛顿共识背后的主要假设是，以市场为基础的资源配置方式可以迅速建立起来并取代旧的体系。

华盛顿共识的方法被证明是失败的。因为它忽略了（并因此付出了沉重的代价）旧经济结构中的多重扭曲，这种扭曲旨在为大量没有自生能力的企业提供必要的补贴和保护。如果不先解决它们的自生能力问题，那么试图消除这些扭曲就会立即引起经济崩溃和大量失业，以及社会和政治的不稳定。因为害怕以上可怕的结果延长，政府在转型中会再次引入各种其他变相的保护和补贴，这些措施的成本往往甚至高于之前的扭曲（世界银行，2002）。

## 回归现实：多重扭曲的经济学

人们只要粗略地看一下叶利钦、邓小平和其他前社会主义领袖的路线和取得的成就，就会得出这样的结论：除政治、哲学和个人管理风格之外，他们之间确实没有太多区别。或者说，俄罗斯和中国的不同表现主要是因为不同的政治结构和行政能力，也可以说是基于这样的事实：俄罗斯未能建立起可行的市场机制，但中国成功地做到了。当华盛顿共识的支持者们努力地解释为什么其政策处方并没有在前社会主义国家带来任何结果时，他们往往掉入上述的陷阱。[①] 因为这样的分析没有考虑到两个国家在面对现实的多重扭曲时所采取的差异化战略。要了解这两位领导人的选择，我们必须分析两个国家的社会主义

---

[①] 例如，见 Aslund（1994）和 Portes（1993）。

经济史、改革的背景以及叶利钦和邓小平在转型期间做出战略选择的方式。

转型经济体确实有一些内在和独特的东西,并且出现于生产资料公有制主导的经济结构中。几十年来,转型经济体试图通过大量投资于资本密集型的国有企业来追求大规模的工业化。这种发展战略与许多发展中国家的旧结构主义有一个关键的相似点:导致了违背比较优势战略的产业结构。

政府资源主要被用于资本密集型的重工业,这些重工业有三个特征:一是项目需要很长的酝酿期①;二是项目的大部分设备需要从工业化程度较高的经济体进口(至少在初始阶段);三是每个项目都需要巨大的一次性投资。低收入的农业经济也同样存在三个特征:一是可用资金是有限的,因此市场利率很高②;二是外汇稀缺且昂贵,因为可出口的商品有限而且主要由廉价的农产品组成;三是经济剩余规模小而分散,这是由贫穷的农业经济的性质所决定的。因为低收入经济的这些特征与重工业项目的三个特征不匹配,所以在这样的经济中,资本密集型产业的自发发展是不可能的。③

因此,重工业导向的发展战略需要一组扭曲的宏观政策。例如,

---

① 建造一个轻工项目,如一个小型纺织厂,需要一到两年。建造一个大型重工业项目需要的时间通常要比这长得多。例如,在中国建造一个冶金工厂的平均时间为七年,一个化工厂则要五到六年,一个机械制造厂要三到四年(李京文和郑友敬,1989)。

② 每月3%的实际利率在中国采用发展战略之前的非正规金融市场中是一个正常的利率。这相当于每年36%。这也是许多低收入国家中的许多小额信贷机构索要的利率。

③ 重工业的自发发展是不可能的,这有几个原因:第一,高利率会使任何一个需要漫长酝酿期的项目变得不可行。例如,在中国建造一个冶金工厂平均耗时七年。20世纪50年代初,中国每年的市场利率约为30%(每月2.5%)。假设该项目的资金是以市场利率借来的并且项目完成后就要还款,本金和利息按复利计算,对于项目第一年借来的每1元钱将需要支付6.27元。很明显,没有一个项目会有足够的利润来承担如此高的利息负担。第二,因为大多数设备都要依赖于从工业国家进口,所以有限的外汇供给再度重工业建设在市场决定的汇率下变得昂贵。第三,因为农业剩余量小且分散,所以很难调动足够的资金用于任何一次性支付的项目。

为了追求这种战略，中国政府制定了一套低利率和高估汇率的政策，以降低利息支付和优先项目中设备进口的成本。① 与此同时，为确保足够的资金用于工业扩张，还要有低投入品价格（包括工人的名义工资率②以及原材料、能源和交通运输的价格）的政策同时实施。因为通常认为低价格能促使企业产生足够的利润以偿还贷款，或积累足够的资金用于再投资。

如果企业是私人所有的，国家就不能确定私营企业家是否将政策创造的利润再投资于预期的项目上。③ 最终，私营企业被国有化，以确保国家能控制利润再投资于重工业项目。④

与此同时，为了维持低名义工资的政策，政府不得不为城市居民提供低价的食品和其他生活必需品，包括住房、服装和医疗保健。

低利率、高估的汇率、低名义工资，以及低价原材料和生活必需品构成了基本的宏观政策环境，用以追求一个重工业导向的发展战略。⑤

---

① 例如，银行贷款官方利率从每年 30% 降到大约每年 5%。7 年期项目的期初借来的 1 元钱资金，在项目建成时的本金和利息支付将从 6.27 元减少到 1.41 元。

② 尽管真实的人均国民生产总值在 1952—1978 年间增加了两倍，但同期的名义工资几乎保持不变，仅增加了 10.3%（国家统计局，1987）。关于低名义工资政策形成的更详细讨论参见 Cheng（1982）和 Wu（1965）。然而需要注意的是，因为存在实物补贴，城市工人的实际工资并没有降到名义工资变化所显示的程度。如果城乡移民的限制被消除，城市工资率可能会急剧下降（Rawski，1979）。

③ 在中国，即使伴随着所有这些促进重工业发展的价格扭曲，重工业项目赚回投资资本所要求的时间，平均而言仍要比轻工项目长大约四到五倍。因此，利润最大化的私人所有者在轻工项目上会有更高的投资动力。参见 Li（1983）。

④ 在中国共产党于 20 世纪 40 年代后期所采取的新民主政策下，革命之后的较长一段时期内，私营企业应与国有企业并存。然而，1952 年之后，在政府采用了重工业导向的发展战略时，这些企业都被国有化了。为了保证重工业项目获得利润，是政府改变私营企业地位的动力所在。

⑤ 政府可以利用补贴而不是扭曲价格信号作为一种在资金短缺经济中促进资本密集型重工业发展的方式。理论上可以证明，补贴政策比价格扭曲在经济上更有效率。然而，采用补贴政策，重工业将会遭受巨大的显性损失，政府将不得不加重其他部门的税收来对损失进行补贴。在这种情况下，政府将发现很难捍卫其加速发展重工业的立场。此外，发展中经济体的政府可能无力征收大量的税。这可以解释为什么无论是社会主义经济还是资本主义经济的政府，都使用价格扭曲而不是补贴来促进优先部门的发展。

然而，这些宏观政策在信贷、外汇、原材料和其他生活必需品的供求方面导致了严重的失衡。因为非优先部门要与优先部门为廉价资源进行竞争，从而一个刚性的计划体系和行政管制取代了市场机制来配置稀缺的信贷、外汇储备、原材料和生活必需品（政府的目标是确保有限的资源将被用于目标项目）。此外，国家还垄断了银行、外贸以及物资分配系统。①

在以上经济模式下，竞争受到抑制，利润不再是衡量企业效率的标准。一家为其他部门（如能源或运输）生产投入品的中国企业将不可避免地遭受损失，因为其产出的价格受到压制。相比之下，一家重型机械制造企业必定会获利，因为它可以同时享受低投入价格和高产出价格。

中央政府控制着国有企业的所有活动，这就意味着国有企业完全丧失了经营自主权。政府计划人员决定并提供国有企业生产所需的所有投入。这些都在中央计划下进行安排，而且中央计划预算涵盖了所有费用。作为回报，国有企业必须向政府交付所有的产出和收入。国家还设定了国有企业职工和管理人员的工资率。实际上，国有企业所有的活动均需要政府的批准。这样的中央控制程度似乎不合常理，然而，命令结构实际上是对"代理"问题②的一种应对，这种"代理"问题存在于资金短缺经济的资本密集型产业中。任何试图分散决策的做法实际上都会增加执行战略的成本。例如，在戈尔巴乔夫领导时期，

---

① 许多写过中国和其他社会主义国家的作者都认为扭曲的政策环境和行政控制是在社会主义学说下形成的。社会主义意识形态在这些政策的形成中可能发挥了一定作用，但也有经济上的原因。这些政策在资金短缺经济中促进了重工业导向的发展战略的实施。这就解释了为什么当非社会主义的发展中经济体（如印度）在相似的经济条件下采用相同的发展战略时，也有类似的政策环境和行政控制。

② "委托—代理"问题产生于当委托方（在这种情况下是中央政府）期望其代理人（在这种情况下是国有企业）去执行特定的任务时，这一任务可能符合也可能不符合他们的共同利益。在这种情况下，适当的激励体系的性质是一个决定性因素，因为委托方对于其代理人是否会按预期行动方面面临着信息和风险的不对称。

将工资制定权下放给国有企业的管理者，结果导致了工资上涨和预算收入的下降。因此，中央政府不得不依靠行政控制和配置，以使投入、预算和产出符合中央计划的要求。

在这种宏观政策环境下，微观层面上的挑战就是解决动员或"激励"国有企业良好表现的"代理"问题。由于没有经历过实际的市场检验，人们就不能收集有关国有企业相对表现或其管理者绩效的足够证据。我们可以考察最终的销售和投入，并计算出每个国有企业的盈利能力。但这样做存在一个严重的归因问题。因为价格是行政制定的，国有企业内部的管理决策也主要由中央政府控制，所以管理者的决策与企业的最终收益率毫无关联。因此，就不能在此基础上奖励或处分管理者。

另一种方法可能是设定相对于历史水平的实物生产目标和基准绩效。然而，归因问题会再度出现：由于政府常常不能兑现自己提供投入的承诺，即便是对实物形式的生产结果，我们也将很难将责任归于管理者。

最后，可能会有人想出一个精心设计的体系来监控管理者的行为。但对于一个由国有企业主导的经济来说，建立和维护这样一个监控系统的代价将是非常高昂的。其结果将是如下的平衡："剥夺管理者的自主权，使国有企业在经济系统中变成傀儡，这些对国家来说都是必要的。"（Lin，Cai and Li，1998，p. 424）旨在向国有企业管理者提供更多自主权的改革往往是失败的，随后又被政府收回中央控制。

社会主义国家的政策制定者们并没有从自己的错误中吸取教训，反而继续开办重工业（这些产业中的企业无力参与全球市场的竞争），并将大量公共资源投入其中。尽管取得了一些初步的成功，但其经济却由缺乏竞争力的"先进"部门中大量没有自生能力的企业所主导，并留下了无数的扭曲。在占据了20世纪下半叶大部分时间的冷战氛围下,这些社会主义国家在西方世界的对手似乎听从了法国将军和皇帝拿破仑·波拿巴的建议:"当你的敌人犯错时,千万不要阻止他。"有人认为美国前总统罗纳德·里根在1983年发起的太空防御计划(一种防止任何来自核导弹威胁的外层防御系统),在一定程度上就是出于鼓励前苏联继续以违背比较优势战略发展其先进重工业的目的。[1] 实施违背比较优势的发展战略几十年以来,东欧以及许多亚洲社会主义经济体不仅只取得了次优的结果,实际情况还可能更糟,而且还承受着由多重扭曲的复杂影响所导致的低效率。

伴随着从中央计划经济的过渡,社会主义或准社会主义体系的一项特征就是与经济结构转型有关的并发症和代价。如何以政治现实性以及经济损失最小的方式做到这一点呢?这正是邓小平、叶利钦,最终也是所有非洲、拉丁美洲和亚洲发展中国家曾经错误地追求违背比较优势的资本密集型产业导向发展战略的领导人必须全力解决的问题,尤其是当他们意识到中央计划体制向市场体制的转变几乎是不可避免的时候。

## 经济改革的选项:"大爆炸"还是渐进式?

经济转型中一个至关重要的问题就是寻找一种按序改革的战略,从而消除各种扭曲以完善激励机制和提高效率。两大战略选择(都存在一些细微变种)已被东欧和亚洲国家应用在由计划向市场转型的过程中:一是"大爆炸"式或"休克疗法",二是渐进主义。

休克疗法的支持者曾想尽快消除社会主义国家和发展中国家的政

---

[1] Broad(1992)认为,该项目的支持者不得不违背"尼采准则"的约束,这是一种由美国武器专家保罗·尼采所设计的经验准则,该准则认为,在美国投资于战略防御系统之前,它必须确保该系统应该比用来打败苏联所额外需要的武器更便宜。他还评论到,该计划是"最危险的",因为苏联人受到了恐吓。

府扭曲和干预，并建立完善的市场体系。他们期望市场竞争的建立以及国有企业急速的私有化将有助于完善激励机制和提高效率。因此，经济将会是富有竞争力且蓬勃发展的。

波兰后共产主义领导人是这种方法最直白的支持者。当杰弗里·萨克斯于1989年受邀给改革运动的团结工会建议时，团结工会领导人告诉他："请简要地告诉我们您认为合适的方案。但请确保它可以带来快速全面的变化。并请在阐述方案时以这句话开头：'有了这个方案，波兰将跃入市场经济。'我们希望迅速行动，这对我们的社会来说将是唯一有意义的方法，也是政治上行得通的，同时——正如我们从专家那里所了解到的那样——经济上也是唯一有意义的。"（Sachs，1993，p. 43）

也许是因为波兰前工会领袖列赫·瓦文萨进入政界之前曾是一名电工，他用闪电般的方法制定政策，该方法似乎非常满足其需要。1979年，瓦文萨在格但斯克郊区创建了团结工会（苏联集团中的第一个独立工会），仅仅四年之后，他挑战了沃伊切赫·雅鲁泽尔斯基将军的军事政权，并被授予诺贝尔和平奖（1983）。他的领袖气质以及来自西方世界的强有力的支持帮助他推翻了波兰政府，并于1990年就任波兰总统。瓦文萨身边跟随着一个激进改革派团队，如杰出的经济学家莱舍克·巴尔采罗维奇，他曾在共产主义失势后的第一届团结工会政府里担任副总理兼财政部部长。

遵循日本17世纪的兵法大师宫本武藏的告诫，即"通过了解敌人的时间安排并利用敌人未预料到的时机，你将赢得战斗"，巴尔采罗维奇雄辩地主张：短暂的兴奋以及共产主义政权倒台后的"非常政治"提供了一个独特的机会，改革者们必须利用这个机会迅速行动起来，建立新的民主的和市场导向的制度，解除大规模的结构性扭曲以及社会主义经济缺乏激励因素的枷锁（Balcerowicz，1995）。巴尔采罗维奇由此有力地论证了"大爆炸"或"华盛顿共识"在政治和经济方面均适用的观点。在政治方面，他坚信通过实施一项全面计划，经济改革更容易被接受和实施，而如果小步前进，则往往是一个痛苦而漫长的过程，因为这样就为顽固派和保守势力留下更多的时间去寻求机会来反对它。在经济方面，巴尔采罗维奇认为，大刀阔斧的改革更容易控制通货膨胀，这样就预示着一个新的时代，树立了信心，并产生一个不可逆转的新结构。"拖延只会恶化宏观经济形势"而"渐进的或温和的稳定计划将很可能无法克服通货膨胀的惯性和预期"（Balcerowicz，1995，p. 92）。

哈佛大学经济学家杰弗里·萨克斯（Sachs，1993）以及其他许多学者一直推行与此相同的"大爆炸"学说，其中包括瑞典经济学家安德斯·艾斯兰德，他对"东欧和前苏联的发达社会主义国家"与"中国和越南等发展中社会主义国家"（Aslund，1995，p. 74）做出了区分。艾斯兰德首先观察到，西方式民主似乎已经成为向市场经济顺利转型的先决条件。然后他进一步指出："迅速摧毁旧秩序，并加快建立新的民主国家具有令人信服的理由。"（pp. 75—76）最后，他认为摧毁旧秩序越慢，转型将带来越多的麻烦和痛苦："假以时日，共产党的续任官员会想方设法将其剩余的权力转化为财产（无论是直接偷窃还是更隐蔽的方法），从而加剧了不平等，削弱了政府的公信力，并可能走上非民主的民粹主义道路。"（p. 75）

"大爆炸"方案没有考虑到经济系统中潜在的自生能力问题。几十年的中央计划和强制工业化在优先发展的重工业中产生了一个巨大的没有自生能力的企业结构。为了使快速转型有效进行，经济体需要将这些产业中的资源快速地重新分配到以市场为导向的结构中。然而，优先发展的重工业部门的设备和工人不能立即或根本不能迁移到轻工行业和服务部门。结果将会是优先部门的崩溃、大规模失业以及社会和政治的不稳定。

一些宏观经济学界的领军人物一直在提倡一种更加微妙的改革方式,这种方式虽在实践中与典型的华盛顿共识方案完全不同,但受其启发。他们认为共产主义的经济转型应按次序进行:稳定化、价格自由化和私有化必须迅速实施,而结构重组则需要经历更长时间(十年或以上)(Blanchard et al., 1991)。几乎所有的东欧国家进入后共产主义时代都伴随着大量的财政赤字和货币超发。在充分吸取了拉丁美洲稳定计划的经验之后,这些宏观经济学家认为,预算赤字和货币创造在转型开始的时候必须得到控制,而且价格必须放开,因为价格管制只会使社会主义制度下形成的短缺长期存在。同时,他们还建议通胀冲击应被遏制,并且在必要的情况下,可以通过包括部分没收名义资产在内的货币改革来加以实施。

不幸的是,无论是"大爆炸"还是更微妙的"华盛顿共识"均没有在后共产主义国家得到顺利的推行。因为体现在这些国家的改革方案中的主流观点往往不成立,而且一些国家也拿不出可行的战略来管理结构转型以及指导产业和技术升级。例如在俄罗斯,大多数商品的价格于1992年1月开始放开,但是宏观经济稳定政策未能得到实施,原因是一些关键的政策制定者由于其可能导致的失业而在政治上不予以支持。1992年4月,杜马责成俄政府,国家的首要任务是"稳定生产",这就意味着要想通过贷款让国有企业支撑就业,就必须创造货币。其结果是,1992年每月的通货膨胀率都高于9%。

但最高苏维埃于当年6月批准了快速私有化的计划。国有资产很快以低廉的价格卖给后来被称为寡头的一小部分人,他们拥有金融资产或政治关系,因此可以获得特别收益。这种做法同样产生了新的政治经济问题,以至于近二十年之后俄罗斯仍在努力解决(Freeland, 2000)。曾推荐过更微妙版本的"大爆炸"的奥利维尔·布兰查德与其合作者也承认:"雄心勃勃且灵活的计划已经被政治妥协修改得面目全非,深陷于政治斗争,为官僚主义所束缚而裹足不前,并且被在其执行中将受到最大损失的群体所破坏。……基本教训是明显的:私有化并不是国有资产的随意分配问题,而是众多实际申索者(如工人、管理者、地方政府和中央部委等)的资产分配问题。除非这些人被安抚、收买或剥夺了权利,否则私有化就不能继续进行。因此,私有化的主要挑战就是如何处理和调和那些要求。"(Blanchard et al., 1991, p.5)

我在本书中提议的新结构经济学为休克疗法及其更微妙版本的失败提供了另一种解释。采纳了不符合自身比较优势战略的社会主义经济,在其优先发展的部门存在着大量没有自生能力的企业。如果没有政府的保护和补贴,这些企业中的大部分在开放和竞争的市场中是无法生存的。在一些较小的后共产主义国家,如爱沙尼亚、拉脱维亚和立陶宛,只有少量像这样没有自生能力的企业,其产值和就业都是有限的,从而"大爆炸"的改革可以立即消除所有的政府干预。随着政府的保护和补贴的取消,这些没有自生能力的企业将会破产,但就其对经济相对较小的贡献而言,这种"转型成本"是很小的。接下来,起初被抑制的劳动密集型产业将得到蓬勃发展,尤其是随着外商直接投资的流入,这些产业会创造新的就业机会,从而可以吸纳和补偿因没有自生能力的企业的破产所导致的劳动力失业和损失。因此,经济在实施休克疗法不久之后将会实现增长,且只造成了较小的产出和就业方面的初始损失。

在较大的国家中存在着大量无自生能力的企业,因而强制实施休克疗法将导致企业的大规模破产和大量失业。为了避免这种可怕的后果以及为了政治或军事目的而维持先进产业中无自生能力的企业,政府将别无选择,只能尝试由宏观经济学界的领军人物所提供的微妙的方法:"快速进行稳定化、价格自由化和私有化,但推迟结构重组。"

但是,这种方法在逻辑上不仅不一致而且是自相矛盾的。如果价格被放开,无自生能力的企业被私有化,而结构重组却被推迟了,这种稳定则是无法实现的。首先,政府优先部门的大多数企业都有一定的垄断权力,一旦控制被取消,这些企业将会抬高产品价格。其次,私营企业家比国有企业管理者有更强的动机以自生能力问题作为借口来游说政府从而获得更多的补贴,因为它们可以从这样的寻租活动中直接获益(Lin and Tan, 1999; Lin and Li, 2008)。然而,政府收入在转型之后是下降的。

这种方法不会实现其支持者的追求稳定的愿望,反而会在转型中导致恶性通货膨胀。事实上,这正是许多东欧和前苏联国家在转型之后所发生的事情(世界银行,2002)。结果将是"有休克无疗效"(Galbraith,2002)。伊斯特利(Easterly,2001)也用研究结果证明了东欧转型经济体的失败,并提供证据表明这属于发展中国家广泛存在的经济停滞的一部分,而这些发展中国家都坚持"华盛顿共识"。

新结构经济学推荐了一种不同但更加有效的经济转型战略,即采用渐进的、务实的双轨制方法。这种方法考虑到了扭曲的内生性和优先部门企业的自生能力。它建议政府对优先部门中无自生能力的企业提供一些暂时性的保护措施,以保持转型中的稳定,但要放开和促进私营企业和外商直接投资对该国具有比较优势的部门的进入,以便改善资源配置,激发后发优势,实现动态增长。新产业快速增长所获得的资本积累,将使得许多老的优先部门中的企业变得具有自生能力。这样的动态增长也将创造必要的条件,包括财政资源、就业机会以及以卡尔多改进的方式消除的扭曲,这意味着政策变化会增加总的社会福利,输家将得到对其损失的补偿,因此,没有人在政策变化中存在经济损失(Lin,2009)。通过这种方式,改革的阻力可以被最小化。

以上过程是开放市场的步骤之一,它同时也为促进新产业的增长提供了政府支持。政府可以通过使用第七章中所描述的六步法来实现这一目的。例如，经济特区与这种渐进的方式是完全一致的：在经济转型期间，改革以及支持性基础设施在有限的区域内初步建立，并用于支持特定的产业。这种方法的各个要素已在世界各地的转型经济中得到成功的实施。

## 蓬勃发展的转型：来自中国、斯洛文尼亚以及其他几个国家的经验教训

美国作家理查德·赖特指出，人们不应"在能给出证据的时候却只留下了推论"。让我们遵从他的建议并提供一些证据来支持以下观点：一个渐进的双轨制方法比"休克疗法"在转型经济中有更好的成功机会。中国、越南、斯洛文尼亚和毛里求斯都是很好的例子。它们采取了务实的方式来实现改革和发展，对政府原来的优先部门中无自生能力的企业提供了暂时性的保护或补贴，并支持符合本国比较优势的部门，从而实现了动态增长。

在此有必要重申一下，中国于1978年开始从计划经济向市场经济转型时仍是一个贫穷的内向型国家，人均收入为182美元，贸易占GDP的比率仅为9.5%。过去32年的结果不言而喻：GDP年均增长率为9.9%，国际贸易年均增长率为16.3%。

正如德怀特·珀金斯（Perkins，1988）指出的，中国领导人在启动改革进程时可能并没有依据一张蓝图。但是，中国的转型遵循着严格的逻辑。中国先前的经济体系基于三个组成部分："（1）扭曲的宏观政策环境，它以人为的低利率，高估的汇率、较低的名义工资率以及生活必需品和原材料的低价格为特点；（2）信贷、外汇和其他材料实行计划分配机制；（3）自主权被剥夺的传统国有企业和集体农业的微

观管理体制。"（Lin，Cai and Li，1996，p.203）

经济系统最明显的问题是来自结构性失衡和激励问题的低效益。因此，1978年的改革目标旨在纠正结构失衡和完善激励机制，但是微观管理体制的改革偏离了改革先前的意图，赋予了集体农业中的农民、国有企业的管理者和职工等人部分所有权。"三位一体的传统经济体制中的这一小裂缝最终被撬开，结果导致传统体制的逐步瓦解。"（Lin，Cai and Li，1996，pp.212—213）

在实践中，这意味着政府将继续支持优先领域中"不具有自生能力"的企业。然而，与此同时，政府也放开并促进私营企业、合资企业和外商直接投资进入中国具有比较优势的劳动密集型产业。这些部门在改革前的经济战略下一直是被抑制的。在改革初期，农业部门是至关重要的，因为中国的大部分人口居住在农村地区。上述家庭联产承包责任制的逐步实施，允许农民留有一个可观且不断增长的产出份额，从而为提高农业生产力提供了一种激励。一种新形式的集体所有制（乡镇企业）伴随着控制权在地方的分散而得到发展。随着时间的推移，这种混合的制度安排也在不断演变，但是它的一个关键特性是允许农民和非农工人完善激励机制，在资源分配和投资上拥有发言权，并从生产力和效率的提高中获益。

国有企业进行了改革，但只是渐进的，以使其能够适应变化。在改革的第一个十年间，控制和决策自主权被逐渐下放。这种循序渐进的方式无论如何都不是自满的结果。邓小平在1980年的讲话中指出："官僚主义现象是我们党和国家政治生活中广泛存在的一个大问题。它的主要表现和危害是：高高在上，滥用权力，脱离实际，脱离群众，好摆门面，好说空话，思想僵化，墨守陈规，机构臃肿，人浮于事，办事拖拉，不讲效率，不负责任，不守信用，公文旅行，互相推诿，以至官气十足，动辄训人，打击报复，压制民主，欺上瞒下，专横跋扈，徇私行贿，贪赃枉法，等等。这无论在我们的内部事务中，或是在国际交往中，都已达到令人无法容忍的地步。"

改革最终要走向主要基于市场的价格形成和资源分配机制。截至1996年，93%的零售商品、79%的农产品以及81%的生产要素的总销量完全由市场定价（Lin，Cai and Li，2003）。中国的现实转型战略既可以保持社会稳定又可以创造经济活力。社会稳定可以通过避免老的优先部门的崩溃来实现，而强劲的增长可以通过在产业升级和多样化中同时追求国家的比较优势和激发后发优势来实现。此外，新开放行业的蓬勃发展为改造老的优先部门创造了条件。一些国有企业由于资本的快速积累从而在开放、竞争的市场中变得具有自生能力，而其他的国企则允许其破产，由此造成的失业工人可以被强劲增长创造的工作岗位所吸纳。总之，中国实现了"没有输家的改革"，并逐渐且稳步地转移到了一个运作良好的市场经济轨道（Lau，Qian and Roland，2000；Lin，Cai and Li，2003；Naughton，1995）。

越南遵循了类似的双轨制改革来解除其先前的中央集权的经济体制。例如，当销售额超过了中央计划设定的目标时，政策制定者开始允许国有企业管理者从超额收益中获得收入（Lin，1997）。越南政府还授予集体农场一定的自主权并在个人报酬与农业生产之间建立了紧密的联系。此外，老挝人民民主共和国也进行了与中国类似的分阶段推进的改革。

很多东欧和苏联集团国家均选择采用"休克疗法"进行改革，但也有少数例外。在苏联解体和南斯拉夫社会主义联邦共和国分裂之后，斯洛文尼亚奉行了循序渐进的经济改革。该国在20世纪90年代初期曾面临着"三重转型"：从社会主义经济向市场经济的转型，从地区经济向国家经济的转型，以及逐渐融入欧盟（Mrak，Rojec and Silva-Jáuregui，2004）。渐进主义的一部分可以追溯到国家诞生之前：一些政府所属部门的改革暗示着准市场体系是适当的。其管理者比一些苏联加盟共和国的管理者在经营企业时拥有更多的自主权。

自南斯拉夫的解体导致的产出崩溃以来，斯洛文尼亚一直保持着平衡增长。但是，其经济转型之路也一直困难重重。在很长一段时间内，斯洛文尼亚的渐进式转型使其一部分经济免受竞争威胁。自改革开始的十多年之后，政府在许多领域的干预仍然相当之多。法规缓慢地跟随着结构重组的步伐。银行业仍然由两家国有银行所支配，公共或混合所有制企业的产值仍占总增加值的一半以上，而且这类企业出现在从钢铁到保险业的各个领域。资本账户自由化——加入欧盟的一个重要条件（斯洛文尼亚于2004年成为欧盟会员）——存在着风险。因为它使该国的金融系统参与激烈的竞争，政府同时也需要花费时间加强本国金融系统的运行效率。国际货币基金组织对向企业提供贴息贷款的斯洛文尼亚发展公司的活动表示忧虑。在面对20世纪90年代的高结构性失业时，斯洛文尼亚还出台了一系列积极的劳动市场政策，包括岗位津贴、公共工程（吸收那些再就业概率很低的工人），以及在职和脱产的培训和再培训计划。

大量的预算资源投入到这样的项目里，使得主张激进的"华盛顿共识"方案的专家们皱起了眉头。但是这些方案有助于减轻转型的社会成本，确保稳定，并允许政府为实现其目标创建一种"创新和创业型经济"，从而享有"竞争力、可持续增长和社会和平"。考虑到该地区的历史以及位于巴尔干与西欧十字路口上的地理位置，这是一个重要的目标。斯洛文尼亚目前已成为最富有的斯拉夫国家。如按购买力平价计算，其人均GDP在1992—2010年间增加了四分之三，达到了欧盟27国平均水平的85%。

类似地，白俄罗斯和乌兹别克斯坦也没有立即将其大型国有企业私有化，而是采用了循序渐进的方式进行改革，它们同样也比其他采用了"休克疗法"的前苏联国家表现要好。尽管波兰初期曾试图跳转到市场经济,但直到最近才实现对其大型国有企业的私有化,并在东欧国家中有杰出的表现(世界银行,2002)。①

另一个更有趣的例子是毛里求斯,它也成功地实施了渐进和双轨制的改革方式。50年前,诺贝尔经济学奖获得者詹姆斯·米德有一个著名的预言,即毛里求斯是一个经济和社会的定时炸弹,因为这里糅合了人口增长、对单一商品的依赖、狭小的国内市场、远离全球主要市场以及种族冲突,这些将不可避免地造成经济和社会的绝望。

幸运的是,这一预言并没有实现。相反,毛里求斯的经济表现已远远超过撒哈拉沙漠以南非洲地区的平均水平。其公民享有该地区最高的生活水平,人均收入接近13 000美元(按购买力平价计算),识字率达到88%,预期寿命为73岁(世界发展指标,2009)。

毛里求斯是怎样取得如此出众的成就的呢?难道仅仅是因为它拥有比其他非洲国家更好的初始条件吗?答案是否定的:它只有平均寿命较高。在其他许多变量上,毛里求斯并没有优势。虽然毛里求斯避免了类似其内陆邻国的许多缺陷,但它面临着远距离运输的障碍,位于印度洋的南部,距离亚洲、欧洲和北美洲的主要市场中心数千公里。

毛里求斯于1968年独立时在很大程度上是一个单一作物的经济(糖),同时国家机器占主导地位。尽管在国内经济中依然保留了旧的进口替代战略遗留下来的政策扭曲,其在20世纪70年代创建了一个出口加工区,并积极吸引中国香港特别行政区的纺织和服装企业将生产转移到毛里求斯。在加工区中,除了有良好的基础设施和高效的管理外,劳动力和其他规定都是自由的。许多观察者将毛里求斯的成功

---

① 无可否认地,斯洛文尼亚、波兰、白俄罗斯和乌兹别克斯坦的渐进式转型的增长绩效并没有中国和越南那样显著,部分原因是在这些国家的产业转型后,新的竞争性产业缺乏政府积极的因势利导政策。

归因于有利的外部条件：由于其低收入国地位，纺织品进入美国享有优惠地位，糖进入欧盟也享有优惠待遇。虽然这些有利条件肯定有助于毛里求斯的成功，但我要强调的是，这些有利的条件也存在于其他低收入国家，且与它们相比，毛里求斯有更多不利条件，正如刚刚提到的那些。

但是，毛里求斯是利用这些有利条件最成功的国家之一。我认为它的成功基于以下几点：第一，双轨制的转型方式（一方面，通过保留对老行业的暂时性保护措施以维持经济和社会稳定，另一方面，促使经济挖掘自身的比较优势作为新部门增长的动力）；第二，政府正确地甄别出具有潜在比较优势的产业，并有效地促进了这些产业的发展。20 世纪 70 年代，中国香港地区是世界劳动密集型的服装和纺织品的主要出口方。凭借其强劲的增长，工资不断增加，这些领域的企业就会寻找机会以转移业务。毛里求斯在 1970 年的人均收入（按购买力平价和 2000 年国际元计算）为 2 945，约为中国香港同年人均收入（5 695）的 50%（Maddison，2010）。

产业的正确甄别以及政府有效的因势利导作用帮助毛里求斯吸引了服装和纺织企业将它们的生产和出口基地从中国香港转移到毛里求斯。由于服装和纺织产业是毛里求斯潜在的比较优势，一旦中国香港的企业带来了生产、管理和营销技巧，许多当地企业家也会进入该领域。今天，大约 70% 的毛里求斯纺织和服装企业为毛里求斯人所拥有（Subramanian and Roy，2003）。

\* \* \*

虽然双轨制的方式能使一个转型经济体保持稳定并实现强劲增长，但它也带来了社会和经济成本。在第一轨中残余的扭曲被消除之前，向完善的市场经济的转型仍未完成。中国的经济转型是一个很好的例子。在过去的三十多年中,中国取得了骄人的稳定和增长,但仍为结构性问题所困扰:最值得一提的是收入分配不均,以及消费、储蓄与对外账户之间的失衡。当转型开始的时候,中国是一个主张人人平等的社会,但收入分配随着经济的快速增长而开始变得不平等。①

在转型期间,中国政府保留了一些市场扭曲以便对优先产业中无自生能力的企业继续提供支持。其主要的遗留扭曲包括:金融服务集中在四大国有银行和股票市场;自然资源使用税几乎为零;以及包括电力、银行和通信等在内的主要服务业被垄断。这些扭曲在中国的经济转型中促进了稳定性和强劲增长。

由于资本的快速积累以及其他改革,使得原有的优先部门中的大多数企业已开始具有自生能力。但这些企业仍通过剩余的扭曲接收补贴,这引起了日益扩大的收入差距和经济失衡。此外,只有大公司和富人才能在股票市场获得资金以及从大银行获取信贷。资金成本和利率被人为地压制。其结果是,大公司和富人从股票投资者和银行储户那里获得补贴,而这些人却没有机会进入资本市场,也得不到银行的信贷服务。结果,利润和财富集中于大公司,最终收入差距的扩大将是不可避免的。较低的自然资源使用税和服务行业的垄断具有类似的效果。因为富人和大公司有很高的储蓄倾向,所以,他们的高利润以及获得银行信贷和资本市场资金的权利导致了高投资,从而迅速地扩大了中国的产能。然而,随着相对贫穷群体(比富人和大企业有较高的消费倾向)收入份额的下降,中国的国内吸收能力受到抑制。以上两种趋势导致的后果将是:中国的贸易顺差不断扩大。

中国要解决结构性失衡问题,并完成向完善的市场经济的转型,

---

① 基尼系数(用来衡量收入不平等的一个指标)从1981年的0.31增长到2008年的0.47(Ravallion and Chen, forthcoming)。与此同时,家庭消费由约占GDP的50%降至约35%,而固定资产投资增长由约占GDP的30%上升到45%以上。2007年的净出口(开始时大约为零)高达GDP的8.8%。

必须要更普遍地消除金融、自然资源和服务等行业中残留的扭曲。我建议采取以下关键的改革：撤销金融抑制，准许地方小型金融机构（包括地方银行）全面发展；征收适当的自然资源使用税；以及鼓励电力、金融和通信业的准入和竞争。①

为采取双轨制方式的国家设计的进一步改革的确切对策，需要根据其特定的经济、社会和政治环境（尤其是那些在双轨转型期间取得了稳定和强劲增长的国家）进行调整。但是，如果它们想要有一个完善的市场经济，所有国家都需要消除第一轨中的残余扭曲。此外，这些国家的政府需要促进其结构转型以避免中等收入陷阱，以及在达到高收入经济水平时仍需维持动态增长，这将是下一章的主题。

## 参考文献

Armijo, L. E., T. Biersteker, and A. Lowenthal. 1995. "The Problems of Simultaneous Transitions." In *Economic Reform and Democracy*, ed. L. Diamond and M. Plattner, 226—240. Baltimore: Johns Hopkins University Press.

Aslund, A. 1994. "Lessons of the First Four Years of Systemic Change in Eastern Europe." *Journal of Comparative Economics* 19 (1): 22—38.

——. 1995. "The Case for Radical Reform." In *Economic Reform and Democracy*, ed. L. Diamond and M. Plattner, 74—85. Baltimore: Johns Hopkins University Press.

Balcerowicz, L. 1995. "Understanding Postcommunist Transitions." In *Economic Reform and Democracy*, ed. L. Diamond and M. Plattner, 86—100. Baltimore: Johns Hopkins University Press.

Blanchard, O., R. Dornbusch, P. Krugman, R. Layard, and L. Summers. 1991. *Reform in Eastern Europe*. Cambridge, MA: MIT Press.

Blanchard, O., M. Boycko, M. Dabrowski, R. Dornbusch, R. Layard, and A. Shleifer. 1993. *Post-Communist Reform: Pain and Progress*. Cambridge, MA: MIT Press.

---

① 关于中国的双轨制转型方式以及其他改革问题的详细讨论参见 Lin (2011)。

Broad, W. J. 1992. *Teller's War: The Top-Secret Story behind the Star Wars Deception*. New York: Simon and Schuster.

Chen, S. and M. Ravallion. 2010. "The developing world is poorer than we thought, but no less successful in the fight against poverty." *The Quarterly Journal of Eocnomics* 125 (4): 1577—1625.

Cheng, C. -Y. 1982. *China's Economic Development: Growth and Structural Change*. Boulder, CO: Westview.

Diamond, L., and M. F. Plattner. "Introduction." In *Economic Reform and Democracy*, ed. L. Diamond and M. F. Plattner, i-xxii. Baltimore, Johns Hopkins University Press.

Easterly, W. 2001. "The Lost Decades: Explaining Developing Countries' Stagnation in Spite of Policy Reform 1980—1998." *Journal of Economic Growth* 6 (2): 135—157.

Easterly, W., and S. Fischer. 1995. "The Soviet Economic Decline." *World Bank Economic Review* 9 (3): 341—371.

Freeland, C. 2000. *Sale of the Century: Russia's Wild Ride From Communism to Capitalism*. New York: Crown Business.

Galbraith, J. 2002. "Shock without Therapy." *The American Prospect*, August 25. Available at http://prospect.org/cs/articles?article=shock_without_therapy. Accessed 23 Feb 2012.

Haggard, S., and R. R. Kaufman. 1995. "The Challenges of Consolidation." In *Economic Reform and Democracy*, ed. L. Diamond and M. F. Plattner, 1—12. Baltimore: Johns Hopkins University Press.

Huntington, S. P. 1992. *The Third Wave: Democratization in the Late Twentieth Century*. Norman, OK: University of Oklahoma Press.

Isaacson, W. 2007. *Einstein: His Life and Universe*. New York: Simon and Schuster.

Lal, D. 1983. *The Poverty of Development Economics*. London: IEA Hobart.

Lau, L. J., Y. Qian, and G. Roland. 2000. "Reform Without Losers: An Interpretation of China's Dual-Track Approach to Transition." *Journal of Political Economy* 108 (1): 120—143.

李悦. 1983. 中国工业部门结构. 北京：中国人民大学出版社。

李京文，郑友敬主编. 1989. 技术进步与产业结构：选择. 北京：经济科学出版社.

Lin, J. Y. 1992. "Rural Reforms and Agricultural Growth in China." *American Economic Review* 82 (1): 34—51.

——. 1997. "Reform and Development: Lessons from Transitional Economies in East Asia." Paper prepared for the Conference on "Stabilization, Growth, and Transition: Symposium in Memory of Michael Bruno," Jerusalem, November 22—24.

——. 2009. *Economic Development and Transition: Thought, Strategy, and Viability*. Cambridge, UK: Cambridge University Press.

——. 2011. *Demystifying the Chinese Economy*. Cambridge, UK: Cambridge University Press.

Lin, J. Y., and F. Li. 2009. 2009. "Development Strategy, Viability, and Economic Distortions in Developing Countries." Policy Research Working Paper 4906, World Bank, Washington, DC.

Lin, J. Y., and Z. Li. 2008. "Policy Burden, Privatization and Soft Budget Constraint." *Journal of Comparative Economics* 36: 90—102.

Lin, J. Y., and G. Tan. "Policy Burdens, Accountability, and the Soft Budget Constraint." *American Economic Review*, Papers and Proceedings 89 (2): 426—431.

Lin, J. Y., F. Cai, and Z. Li. 1996. "The Lessons of China's Transition to a Market Economy." *Cato Journal* 16 (2): 201—231.

——. 1998. "Competition, Policy Burdens, and State-Owned Enterprise Reform." *American Economic Review* 88 (2): 422—427.

——. 2003. *China's Miracle: Development Strategy and Economic Reform* (revised edition). Hong Kong: Chinese University Press.

Maddison, A. n. d. Historical Statistics of the World Economy: 1—2008 AD. Available at www. ggdc. net/maddison/Historical_ Statistics/horizontal-file_ 02-2010. xls. Accessed 23 Feb 2012.

Monga, C. 1996. *The Anthropology of Anger: Civil Society and Democracy in Africa*. Boulder, CO: Lynne Rienner.

Mrak, M., M. Rojec, and C. Silva-Jáuregui. 2004. "Slovenia: From Yugoslavia to the European Union." *Transition Studies Review* 11 (3): 269—272.

Naughton, B. 1995. *Growing Out of the Plan: Chinese Economic Reform 1978—1993*. Cambridge, UK: Cambridge University Press.

Perkins, D. H. 1988. "Reforming China's economic System." *Journal of Economic Literature* 26 (2): 601—645.

Portes, R. 199. "From Central Planning to a Market Economy." In *Making Markets: Economic Transformation in Eastern Europe and the Post-Soviet States*, ed. S. Islam and M. Mandelbaum. New York: Council on Foreign Relations.

Rawski, T. G. 1979. *Economic Growth and Employment in China*. New York: Oxford University Press.

Sachs, J. 1993. *Poland's Jump to the Market Economy*. Cambridge, MA: MIT Press.

Salisbury, H. 1992. *The New Emperors: China in the Era of Mao and Deng*. Boston: Little, Brown and Co.

Shambaugh, D. 1993. "Deng Xiaoping: The Politician." *China Quarterly* (135, Special Issue: Deng Xiaoping: An Assessment): 457.

国家统计局. 1987. 中国固定资产投资统计资料1950—1985. 北京：中国统计出版社。

Subramanian, A. and D. Roy. 2003. "Who Can Explain the Mauritian Miracle? Meade, Romer, Sachs or Rodrik?" in D. Rodrik ed. *In Search of Prosperity: Analytic Narratives on Economic Growth*. Princeton, N. J: Princeton University Press, 205—243.

Summers, L. 1994. "Comment." In *The Transition in Eastern Europe*, Vol. 1, ed. O. J. Blanchard, K. A. Froot and J. Sachs, 252—253. Chicago: University of Chicago Press.

Whitman, W. B., ed. 2003. *The Quotable Politician*. Guilford, CT: Lyons Press.

World Bank. 1996. *World Development Report 1996: From Plan to Market*. Washington, DC: World Bank.

——. 2002. *Transition: The First Ten Years: Analysis and Lessons for Eastern Europe and the Former Soviet Union*. Washington, DC: World Bank.

Wu, Y. -L. 1965. *The Economy of Communist China: An Introduction*. New York: Praeger.

邓小平. 1980. 党和国家领导制度的改革. 中共中央政治局扩大会议上的讲话. 北京（8月18日）.

———. 1984. 邓小平文选（第一卷）（1938—1965）. 北京：外文出版社。

———. 1992. 邓小平文选（第二卷）（1975—1982）. 北京：外文出版社。

———. 1994. 邓小平文选（第三卷）（1982—1992）. 北京：外文出版社。

Yeltsin, B. N. 1990. *Against the Grain: An Autobiography*. New York: Summit Books.

———. 1995. *The Struggle for Russia*. New York: Crown.

———. 2000. *Midnight Diaries*. New York: PublicAffairs.

Zoellick, R. B. 2010. "Remarks for the High-Level China-Africa Experience-Sharing Program on Special Economic Zones and Infrastructure Development." Beijing, September 14.

# 第九章 在发展的高级阶段促进结构转型

对于今天任何一个访问越南的人来说，很难不去回忆和思考那场长达 21 年的战争。这场战争让这个国家以悲惨的形象出现在 20 世纪六七十年代的国际议程中。越南战争开始时我还是中国台湾的一名年轻学生，像其他人一样，当时我在电视和报纸上看到的都是残暴、毁灭和恐怖。时至今日每当我来到河内时，我脑海里仍然会不自觉地重现那些情景。当飞机即将在河内机场着陆，掠过越北平原时，我看到许多河流向东蜿蜒入海，这幅景象和我位于中国台湾东北角的家乡宜兰是如此相似,我发现自己陷入了一种半清醒的状态,似乎在透过机窗寻找那些在20世纪最严重的冲突中为国死去的士兵、农民和普通人的鬼魂。在那场历时20多年的战争中,大约有5.8万美军士兵、110万越南士兵阵亡,还有400万平民(据越南当局统计,相当于当时越南13%的人口)在此期间丧生(Smith,2010)。

但一切都发生了巨变。当我每次访问这个国家——最近一次是2010年夏天,河内建市一千周年,我总能发现经济在不断发展,但同时也伴随着充满活力的新城市生活的困难。从机场到河内市区28公里的路程总是令人着迷,目不暇接。由于源源不断的车辆进出城市,狭窄的道路变得拥挤不堪,空气污染也非常严重。城市交通安全委员会的报告指出,附近的居民每天都会遭受废气和灰尘的污染,严重的交通堵塞司空见惯,有时会持续几个小时。大量的车辆常常困在十字路口,有成千上万的自行车和摩托车在河内的商业区和行政区之间穿梭。

拥挤和困难的城市生活实际上也反映了一个国家的活力——其悠久的历史特点是坚韧。好莱坞大片,如《野战排》、《现代启示录》、《金甲部队》,都描述了越南战争中战火是如何杀死数百万人,并摧毁了这个国家在20世纪六七十年代少得可怜的基础设施。但拥有同灾难斗争的丰富经验的人所具备的不屈不挠的精神和智慧是不会被摧毁的。很少有分析者能预测到,被越南战争夺去那么多生命之后,仅仅经历了一代人,这个国家就能取得如此的经济成就。越南仍然将自己定义为一个社会主义共和国,但通过80年代至90年代初的改革,特别是将农业生产责任返还给农民,并允许成立家庭企业等政策使得该国农业生产快速增长。越南已经成为一个充满活力的中等收入国家,人均国内生产总值(GDP)在2010年接近3 000美元(按购买力平价计算)。

越南已着手准备新的十年国民经济和社会发展战略,即连续两个五年计划的指导框架。我最近一次到河内参加了一个高层次的、由总理阮晋勇主持的名为"展望越南新十年及未来"的研讨会。研讨会的目的是集思广益，收集各领域专家对政府战略草案文件以及发展中国家产业政策的意见和看法，以期从许多过去的失败中吸取教训。在研讨会上，我提出了一个针对越南等发展中国家的可行的增长甄别与因势利导框架（GIFF）。我的主要观点是，遵循比较优势的发展中国家将拥有最好的机会赢得全球竞争力，成功地提升其要素禀赋结构（会随时间而演变），充分利用潜在的后发优势，维持产业升级，提高国民收入并减少贫困。这样一个成功战略的前提条件是一个运转良好的、有竞争力的市场体系和一个因势利导型的政府。

研讨会上高质量的辩论以及学者、政策制定者、政治领袖和发展伙伴之间开放的讨论基调给我留下了深刻的印象。当我单独会见总理阮晋勇和其他政府高级官员时，我意识到，他们对国家迄今为止的发展表现感到满意，但却被眼下发展战略的制定问题所困扰，事实也是如此。尽管当前的经济发展模式——越南二十多年来一直依赖的经济革新政策①——已促进了过去二十年经济的快速增长（人均收入增长近10倍），但未来持续的经济增长不应被视为理所当然的。越南仍然是一个具有全球竞争力的低工资的制造商和商品生产者。但是，新的治理机制、贫困和不平等等挑战不断出现，加入世界贸易组织既带来了回报，也伴随着风险。

谁能指责越南政策制定者对于国家良好经济表现能否长期持续的担心呢？毕竟，其他许多国家在莫名其妙地陷入衰退之前也表现得相当好。例如俄罗斯，尽管非常努力地想加入高收入国家俱乐部，却被

---

① "革新"（Doi Moi）是越南共产党经济改革和创新的术语。这一术语产生于1986年，当年越南开始从中央计划命令经济过渡到一个社会主义导向的市场经济。革新政策支持渐进和政治稳定，反对激进，在私有化之前先调整经济结构。

困在中等收入国家的行列近两百年。一些高收入国家甚至下滑为中等收入国家。世界银行最近的一份报告指出，阿根廷在1900年曾是世界第六大经济体以及收入最高的国家之一。1950年的委内瑞拉玻利瓦尔共和国也曾是拉丁美洲人均GDP排名最高的国家，与加拿大和澳大利亚拥有同样的收入。然而今天，阿根廷和委内瑞拉的人均收入甚至低于中等收入的马来西亚（世界银行，2010）。

许多越南人民都在密切关注我的祖国中国。尽管在过去的30年，中国取得了显著的经济成就，但现在也面临着相同的挑战。2008年奥运会是一个巨大的成功。政府较好地处理了在举办规模浩大和全球知名的活动中的复杂问题。活动的主题是"同一个世界，同一个梦想"。在经济发展和国际地位等许多方面，举办奥运会都是中国进步的一个里程碑。奥运会确实是一个展示中国在多个领域能力日益增长的好机会：举办奥运会本身的协调活动，高质量的公共基础设施，展示创造力和创新设计的"鸟巢"体育场，高科技和传统音乐、舞蹈交相辉映的开幕式和闭幕式。这些进步通过电视节目让全世界都能看到，就像运动员在运动场上取得的成绩一样。

但就像越南、阿根廷和委内瑞拉，中国有理由对已取得的成绩保持谦逊的态度：40年前，墨西哥就已经举办过夏季奥运会。除了对高海拔和城市空气污染的担心外，那次奥运会也得到了认可，并被认为是一个经过精心组织的国际盛会。它也代表了墨西哥经济发展和国际地位的一个里程碑。当时，墨西哥经济已经进入了中等收入国家的行列，人均GDP为3 461美元（以2000年美元计算）。从那时起，许多社会指标，包括基本服务和教育程度，都得到了显著的改善，在2008年（全球金融危机之前），墨西哥的人均GDP增加了近一倍，达到6 592美元（2000年美元），也出现了新产业的增长和为国际贸易而推行的明显经济开放。然而，从全球范围看，尽管是OECD成员国，墨西哥经济仍属于中等收入阶段，而达不到高收入国家的水平，它的人均GDP仍只相当于美国的19%。

有太多的经济体即便摆脱了低收入陷阱，也难以继续缩小与世界上高收入国家的差距。接下来的问题便是：如何避免相对停滞，并继续缩小与高收入国家的差距？在过去的40年，是否有什么方法能帮助墨西哥大幅接近美国或欧洲的生活水平？中国已经从低收入国家成长为中等偏上收入国家，同时也是世界第二大经济体和全球领先的制造商。中国如何才能继续保持快速增长从而达到发达经济体的水平？哪些措施能保证越南、俄罗斯、阿根廷等中等收入国家的下一代公民能享受到生活在一个真正发达的经济体的权利和机会？

世界各地的政策制定者都面临着这些问题，即使在比较富裕的西欧国家，如希腊、西班牙、意大利。这些国家对收入远低于美国且停滞不前感到焦虑，这种对未来的困惑也反映了近年来它们面临的金融和经济危机。许多中等收入国家在过去的半个世纪里似乎已经陷入了一个痛苦的缓慢增长的陷阱，它们根本就没有"赶上"高收入国家。高度发达的经济体中也有一些已经进入了长时期的零经济增长——近二十年来的日本就是一个典型的例子。在一个全球化的世界，经济竞争正如中国的一句谚语："逆水行舟，不进则退。"政策制定者需要借鉴一切可以继续促进繁荣的知识和智慧。新结构经济学和GIFF框架可以为政策制定者提供答案，并指出所有中等收入国家实现迈入高收入国家行列梦想的路径。

这本书的一个关键主题是，无论一个国家处于低、中、高的任何收入阶段，在不同的发展水平上其经济结构都会发生演变。在这一过程中，现实的和潜在的比较优势也会不断变化，市场经济中的政府应起到因势利导的作用，在国家的动态发展过程中解决不可避免的协调性和外部性问题。如第七章所示，GIFF框架提出了一个国家根据自身比较优势的变化而发展的战略，在产业升级过程中可以挖掘潜在的后发优势。关键的挑战是明确在发展的更高阶段的产业和部门，制定相应的政策去支持和鼓励它们的发展。

本章旨在解决中高收入国家面临的挑战。我首先将描述成功的发展中国家政策制定者一定牢记在心的主要长期挑战——最著名的"中等收入陷阱"。然后，我将讨论一些国家是如何应对这一问题的——这与新结构经济学和GIFF框架不谋而合，并且也几乎适用于所有经济体。对于中等收入国家的政策制定者来说，实现高收入的梦想本身不应该是最终目的，因为即使在高收入水平阶段，持续的技术和产业升级、结构转型仍然是改善福利、创造就业机会和促进社会稳定最重要的驱动力。最后，我将用高收入国家的政府在经济结构转型过程中发挥因势利导作用的案例作为总结，并说明这些政策是如何与我的分析框架的原则相一致的。

## 打破中等收入魔咒

首先让我们阐明几个问题：在越南、中国这些试图赶超先进经济体的发展中国家，政策制定者关注的究竟是什么？什么是中等收入国家，中等收入陷阱又是什么？从广义上讲，我们想要描述的"中等收入"国家的特点是"发展的中间状态"。这样看来，如果我们想把一国划入中等收入国家行列，最好使用一些人均收入的绝对阈值作为标准。然后，人们就可以随时间根据通货膨胀的影响来调整这些阈值。事实证明，多年来世界银行一直在这样做。世界银行将一国作为中等收入国家的标准是，其人均收入（以核算术语来讲是国民总收入）大于1 006美元，小于12 275美元。在这个范围内，如果人均收入在1 006美元至3 975美元之间，将被认为是中等偏下收入国家；如果人均收入在 3 976 美元至 12 275 美元之间，则属于中等偏上收入国家。①

中等收入国家可能仍然具有"落后"的标志，如相对于富裕国家较低的人力和物质资本、较低的技术水平以及制度复杂性等。对于一个典型的中等收入国家，成人识字率约为 80% 至 90%，婴儿死亡率是千分之 20 至 40，平均寿命约为 70 岁。此外，典型的中等收入国家也可能拥有高度发达的、甚至全球领先的部门或产业。例如，一个中等收入的国家，比如中国，能生产诸如微波炉、DVD 播放机、空调、洗衣机等家用电器；再如巴西航空工业公司的中程地区性飞机产品已经达到同类产品的全球技术前沿。但是，大部分其他部门中的技术仍然落后于高收入国家，同时在产业结构中也缺少高收入国家具有的高附加值部门。

在不同的发展阶段，结构调整和经济发展的努力始终是艰难的。查尔斯·狄更斯的著名小说《雾都孤儿》中描述的一些日常生活场景提醒我们，尽管英国已是当时世界最发达的国家，但在 19 世纪初，英国仍然相当落后。用今天的标准来看，18 世纪前的所有国家都是贫穷的农业国。时至今日，那些成功的国家一直在持续增长——不仅从低收入上升至中等收入，进而从中等收入提升至高收入阶段，并且在高收入阶段仍然保持强劲的增长。

不幸的是，一些早期受益于工业化成果或天赐自然资源而脱离了低收入水平的国家，在力图缩小与发达国家差距的过程中，却总是处于一种不稳定的状况。除了在少数行业，这些国家多数并没有为促进其产业升级以达到国际技术前沿，并与发达国家进行正面竞争而进行结构改革。在具体的经济学术语中，"中等收入陷阱"是指当经济体处

---

① 这是基于世界银行图表集法的美元计算的，图表集法能熨平一国汇率的短期变化。在货币稳定的年份，以图表集法美元衡量的人均国民总收入非常接近基于市场汇率计算的人均国民总收入。要了解更多信息可访问世界银行网站（http://data.worldbank.org/about/country-classifications）。

于低成本生产国和高收入创新国的两面夹击之中,从而经济增长和结构变迁放缓的过程。

因此,我们可以这样定义陷阱:在结构上无法继续其产业升级,导致其相对于国际领先国家人均收入增长停滞的状态。平均而言,如将拉美国家视为一个整体,其人均收入相对于美国一直停留在一个固定的比例(图9.1)。而这种现象已经持续了20世纪的大半时间。显然,这是一个有待解决的问题。

**图9.1　比较视角下的发展中地区**

资料来源:Birdsall et al. (2010),基于 Maddison (2006) 以及 IMF 的《世界经济展望》和世界银行的《世界发展指标2010》中的数据。

即使在一些看起来成功的国家案例中,一些异常现象同样引起了担忧。根据世界银行的标准,自1987年以来,下列国家已从中等收入国家迈入高收入国家的行列:安提瓜和巴布达、阿鲁巴\*、巴林、巴巴多斯\*、克罗地亚、塞浦路斯、捷克共和国、赤道几内亚、爱沙尼亚、希腊、关岛、匈牙利、马恩岛\*、韩国、拉脱维亚、马耳他\*、荷属安的列斯群岛、新喀里多尼亚、北马里亚纳群岛\*、阿曼、波兰、葡萄牙、波多黎各、沙特阿拉伯\*、斯洛伐克共和国、斯洛文尼亚、特立尼达和多巴哥等（*表示这些经济体曾经在某个时点达到过高收入标准，后来又回落到中等收入水平，最终再次跨入高收入国家行列）。

需要注意的是这些经济体大多是欧洲国家，在加入欧盟之前其人均收入已经相当接近于高收入国家。在加入欧盟的过程中，这些国家享受了大量的援助。其中还有几个岛屿经济体——有一些只是属国，还不是主权国家。还有一些是资源丰富的特殊国家（例如，赤道几内亚、阿曼、沙特阿拉伯、特立尼达和多巴哥）。

中等收入国家需要多久才能转变为高收入国家？在一个较长的时间框架内，我们利用安格斯·麦迪森的数据，从以下事实中可以发现这一过程中的一些不确定性和灵活性的线索：

- 日本、韩国和中国台湾，从 1 500 上升至 15 000 大约经历了 35 年时间（以 1990 年国际元为标准）。
- 以色列用了 46 年从 2 800 上升至 15 000（1990 年国际元）。
- 西班牙用了 50 年从 2 000 上升至 15 000（1990 年国际元）。
- 毛里求斯用了 58 年时间从 2 500 上升至 14 500（1990 年国际元）（1985 年出现过"经济起飞"）。

一些高收入国家也发现自己陷入了停滞不前的收入陷阱。它们的经济转型似乎停顿下来，因为它们很难找到在哪些产业里能继续提高生产率并保持产业和技术的动态升级。这是近代以来一直存在的情况。英国通过工业革命成为全球领导者，并为经济发展设置了标准。它曾是为制造业创造新技术的领导者。美国凭借加快技术发明和扩散以及基础设施的战略升级，最终在 20 世纪超过了它的"殖民主"——英国。从原材料的殖民地供应商到先进技术的全球领导者，美国用了大约 150 年的时间。

更令人费解的是，一些国家达到了很高的收入，却不能够提高它们的生活水平，也不能向同类的最富裕国家实现收敛。例如，如果仅从量化指标看，爱尔兰在 20 世纪 50 年代的收入已经很高了，但其人均收入只有 20 世纪 80 年代时美国人均收入的 40%。

到底发生了什么事，为什么即使取得了一些成功，还有这么多国家仍陷于低增长的陷阱？英国诗人威廉·布莱克曾经指出："狐狸责怪陷阱而不是自己。"停滞不前的收入陷阱并不是自我永续存在的失败或无法克服的僵局，正如芬兰和爱尔兰所证明的——它们的政策制定者最终使国家恢复稳定增长，并转变成为 OECD 最富裕的国家之一。

芬兰在 20 世纪 80 年代开始进行经济改革，最终激发了"追赶"美国的重要阶段——尽管它经历了 20 世纪 90 年代初的经济衰退（部分是由于邻国苏联的解体）。在过去的 25 年中，一个关键的新产业——信息技术产业快速发展，包括诺基亚企业集团的转型——专注于电子产品，尤其是手机，从而成为一个全球家喻户晓的品牌。很少有人记得，诺基亚是成立于 19 世纪晚期的纸浆和橡胶靴制造商。公司在业务领域进行大幅度的转换：从自然资源，如林业、橡胶，到消费类电子产品，如电视（Daveri and Silva, 2004）。IT 行业增加值占芬兰总增加值的份额从 1980 年的 4.2% 提升至 2001 年的 15.3%（Daveri and Silva, 2004），其中约三分之二的增长源于电信设备，这极大地受益于诺基亚的崛起，作为全球手机行业的领导者，20 世纪 90 年代末诺基亚对芬兰的全要素生产率增长贡献了约 20% 的份额（Daveri and Silva, 2004）。①

政府的信息与通信技术部门全力支持高科技集群企业。芬兰国家技术创新局支持公共和私人的研发活动。总研发支出已达到国内生产总值的近 4%，其中四分之三的研发支出来自私人部门。② 实证研究发

---

① Jalava and Pohjola（2007）发现了类似的结果，并将观察时段延伸到 20 世纪前半叶。应该注意的是，Daveri 和 Silva 发现诺基亚与经济中的其他部分联系较薄弱。
② Maliranta（2010）发现，芬兰生产率的快速增长多归因于企业频繁的进入和退出。他没有量化创新政策对企业实验的影响。

现，芬兰国家技术创新局补贴那些中小企业和接近技术前沿的公司，帮助它们提高生产率增长（Piekkola，2007）。

爱尔兰在20世纪80年代之前经济相对停滞，导致几个世纪来爱尔兰人向英国和美国大量移民。该国的经济进步开始于70年代末，但真正加速是在90年代。初始条件之一是人口比例的失衡，直至1973年，仍有将近四分之一的爱尔兰人从事农业（Honohan and Walsh，2002）。虽然农业外工人的平均产出与英国相当，但爱尔兰农业的人均产出只有当时英国的60%。显然，加速的城乡转型挖掘了爱尔兰的部分潜力，确保了该国在追赶过程中所需的较高生产率。

20世纪80年代，爱尔兰通过加强教育培养了更多合格的劳动力，此外，英语在吸引跨国公司投资上也具有优势。在爱尔兰的成功案例里，低税率结合国际贸易成本的降低也发挥了作用（Romalis，2007）。基础设施的改善是另一个因素，而欧盟的慷慨捐赠和资助尤为迅速地改善了其财政状况（Bailey，de Ruyter and Kavanagh，2007）。

但是，这些有利条件在20世纪80年代后期经济起飞之前就早已形成。在第七章中我们讨论过，爱尔兰成功的一个重要原因是其有目的地支持选定行业的出口导向型投资，并积极吸引产业中来自人均收入高于本国一倍的国家的跨国公司。政府确定潜在的优胜者，在特殊出口加工区对软件和硬件基础设施进行有针对性的政策干预，以推动形成有竞争力的集群。这里，我们再次看到遵循比较优势的合力——发挥自身长处——同时借助政府的援助之手以提供创造生产和增长新能力的有利环境。①

这些成功证实了新结构经济学的预测。低收入和中等收入国家的

---

① 尽管由于世界金融危机，爱尔兰的经济状况在2008—2010年急剧下降，但该国在1995—2007年保持了平均6%的年增长率，因此爱尔兰的案例及其强劲的增长表现，对收入停滞国家的政策制定者仍具有重要借鉴意义。

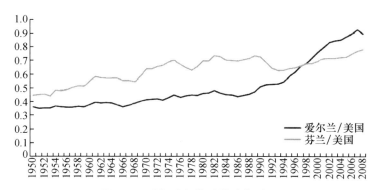

图 9.2　爱尔兰和芬兰的追赶过程
资料来源：Maddison（日期不详）。

收入停滞反映了该国在动态结构转型的战略设计和实施方面的失败。旧结构主义政策（重工业化和广基的贸易保护主义）使得这些国家可以建立大量的工业基地，其代价是严重扭曲和低效率，一些中等收入国家由此陷入困境。这一直是许多转型国家和拉美经济体的情况。它们追求违背比较优势（CAD）的发展战略，形成了存在可预见扭曲的且最终不可持续的经济结构。虽然可能会有一些初步的成功，但扭曲必将导致频繁的危机，并使得经济最终陷入停滞。

公共治理问题——公然腐败或政治捕获——形成了一个自我持续的系统。治理制度本身就是违背比较优势战略的遗留问题：努力的最后防线在于保护在那些在进口替代时期建立的、曾经是世界前沿但已过时的"现代"产业。维持这些产业存活的理由是保护一些就业机会，并满足一些政治精英（通常在城市中）的需要。在中等收入国家这种情况尤为普遍，初始的资金融通以及向不断增长和受保护的国内市场出售产品的能力，使得这些产业达到了可观的规模，但这同时也意味着，无论是继续补贴还是撤除不可持续的风险投资，都需要更高的财务和政治成本。20世纪80年代的债务危机开启了这些国家历史上的一个新阶段：几个拉美国家成为连续的债务违约国，随之而来的就是频繁的、周期性的、严重的经济衰退。这些国家到了必须做出抉择的时候。

在上一章中,我提出了一个在改革过程中保持稳定的双轨法。但是,如何促进中等收入国家新的、富有活力的部门的增长还有待回答。即使是那些可能已经避免了旧结构主义政策的缺陷,遵循了自身比较优势和出口导向型增长的中等收入国家,仍然发现自己身在一个竞争性的陷阱中。它们现在必须与具有"后发优势"的、富有活力的低收入国家进行竞争,同时它们又无法与更先进的经济体竞争,因为后者拥有更大的资本存量、更优越的基础设施以及升级和多样化复杂产品生产的知识基础。问题是:下一步怎么办?

常见的失误是采用了误导性的战略,正如20世纪80年代之前爱尔兰曾经尝试过的:政府没有采用增长甄别与因势利导政策,而这些政策恰恰是在产业升级和多样化过程中克服其内在的协调性和外部性问题所必需的。出现停滞的国家所面临的挑战正是设计和实施积极的干预措施,以释放产业升级和多样化的能量,并打开通往高收入及以上水平的动态增长路径。新结构经济学和GIFF框架提供了一种发现越过竞争压力的狭窄路径的方法。在其应用方面,不同的中等收入国家会有一些细微的差异,这是下面我将要探讨的主题。

## 与 时 俱 进

一个重要问题是,新结构经济学和GIFF框架的政策含义在中等收入和高收入环境下有怎样的不同?中国的一句政治名言"与时俱进"建议政府根据不断变化的机遇和挑战调整政策。还有一个著名的非洲谚语"舞者随乐而动"也给政府提供了相似的启示。但是,面对中等的和先进的经济结构,这些政策如何才能因地制宜?

作为经济发展的通用规则和特征事实,中等收入国家——甚至是

图9.1中明显落后的拉美国家——可能都有一些位于全球技术前沿的产业。高收入国家必然会放弃一些其不再有竞争力的成熟产业，因为它们的资本禀赋（包括人力和物质资本）和工资率的增加促使资源转移到新的、高附加值的产业中。否则，它们将无法产生新的生产率收益来源并实现持续的收入增长。这一有序的发展模式被比喻为"雁阵"（flying geese）。日本经济学家赤松要（Akamatsu，1962）在一篇开创性的论文中提出了这一名词，文中分析了亚洲发展的经验模式。

这一相同模式可以描述为不同的动态过程：单个产业如何沿着进口、制造、出口的循环路径实现升级；各种产业如何实现多样化和从易到难的技术升级；以及发展过程中的后来者如何受益于与其具有相似特征的更先进的动态增长经济体的产业分级。

上述第三个对"雁阵"比喻的解释概括了基于比较优势的国际劳动分工。在这种情况下，低收入和中等收入国家将赶上高收入国家的假设源于一个普遍的层级划分，即商品和服务的生产渐次从发达国家转移至欠发达国家。欠发达经济体可以被视为"依据不同的增长阶段在宽广的雁阵模型中渐次排列在发达经济体之后"的国家（Ozawa，2005，p. 9；Kojima，2000）。

我们可以发现上述模式在历史上一再发生。例如，纺织行业曾是18世纪和19世纪初最先进的资本密集型产业，但如今却成为劳动最密集的产业之一。同样，电子产业，如收音机、电视机、洗衣机、电冰箱、微波炉，在20世纪也曾是最先进的产业，而如今与很多当前的高科技产业相比，它们已成为成熟的、附加值较低的产业。

其他的例子包括电脑芯片的设计、设备（生产线）的制造、制造本身以及信息与通信产品的组装。在20世纪70年代之前，这些生产活动都由美国主导。到了80年代，芯片的制造和组装逐渐迁移到中国台湾，后者在芯片制造方面仍然是最先进的经济体，但组装活动已经迁移到了中国大陆。然而，美国仍然在芯片设计以及从 4 英寸到 6 英寸、8 英寸和 12 英寸的华夫板生产线的创新上保持领先地位。

对于面临产业和技术的持续升级以及经济多样化挑战的中等收入国家的政策制定者而言，一个合理的疑问是，本书所提出的新结构经济学的方法和 GIFF 框架是否能成为设计和实施政策的可靠工具。对经济发展理论持怀疑态度的读者想知道这些分析工具是否只适用于低收入国家。

答案是，它们同样可以被高收入国家方便地使用。前面的章节中提到的适用于中等收入和高收入国家的那些基本框架需要做出一些调整，但应用中的主要区别在于重点不同而不在于本质不同。GIFF 框架提供了分步骤地甄别出具有潜在比较优势的产业的方法，若能辅以适当的政策支持，这些产业将成为新的增长领域。对于中等收入国家而言，关键要素和首要问题是发达国家中存在的哪些高附加值产业即将从其产业结构中退出，哪些产业仍在全球技术前沿之内（尽管这些产业仍比低收入国家的初级产业先进得多），以及哪些行业已经处于全球技术前沿。大多数中等收入国家的经济结构都包含以上三种类型的产业。尽管高收入国家也拥有这三种类型的产业，但其现有产业往往已经处于全球技术前沿。一个初始的步骤应该是将现有的国内产业进行分类，并相应地调整 GIFF 顺序。主要的经验法则依然是：遵循自己的比较优势或发挥自身优势（如世界银行最近的一项研究所指出的）①，并通过政府的因势利导作用创造能力和机会。

对于那些在发达国家即将消失或者仍处于世界技术前沿内部的行业，中等收入国家应继续运用 GIFF 框架挖掘潜在的后发优势，以支持产业升级和多样化。但它们也必须认识到，它们的一些产业已经位于

---

① de Ferranti 等（2002）在世界银行拉丁美洲区域报告——《从自然资源到知识经济：贸易和工作质量》中用"发挥优势"一词特别强调自然资源禀赋。

或接近全球技术的前沿——尤其对中等偏上收入国家来说更是如此。为了进一步促进此类产业技术的创新和升级，中等收入国家应该效仿高收入国家的做法。它们应该建立一个国家创新体系，为技能开发整合教育资源，为私人部门的研发活动建立激励框架，为基础科学研究提供公共财政支持，加强公共和私人部门之间的合作。这类战略成功的例子是芬兰，依托高效的国家创新体系，该国成功地从自然资源依赖型产业转移到更高科技的领域。

# GIFF 原理与持续结构转型

"事实是顽固的东西：无论我们的愿望、倾向或激情如何指挥，都不能改变事实和证据。"这是美国总统约翰·亚当斯的总结。这与中国文化包含的智慧——实事求是、解放思想、与时俱进是不谋而合的——可以指导世界上每一个求索繁荣的政府。因此，我将重点探讨如何考察事实。

在产业和技术升级战略得到成功的中等收入国家中，可以被 GIFF 框架解释的例子比比皆是。印度近年来在信息与通信技术产业的快速增长是众所周知的，它是该领域最成功的中等收入国家之一。公共部门的支持对成功至关重要。信息服务外包企业需要能用于呼叫中心、编程等服务的电脑硬件，也需要最新的尖端技术以有效地提供这些服务。在印度该产业的发展初期，政府通过优先进口该产业所需的硬件提供支持（Bhatnagar，2006）。当然，早期在高等教育的公共投资、及时用基于地面的无线通信替换昂贵的卫星通信也起到了重要作用。

印度的经济发展也为我们提供了政府在符合比较优势的劳动力密集型传统农业部门发挥因势利导作用的案例。这些产业通常在全球技术前沿之内。在政府的支持下，农民致力于升级技术从而提高生产率。

比如葡萄生产，政府的行动与GIFF框架是一致的：小规模种植者进行成功的实验以增加产量，这引起了政府的关注。随后，政策制定者启动了公共和私人部门的伙伴关系，以支持技术升级和市场发展，从而促进了葡萄的出口（Naik，2006a）。

有时，对技术升级的支持需要各个部门的改革。印度的玉米生产成功也说明了该战略的有效性。首先，政府决定放开玉米产业，解除对玉米制种技术的进口禁令。这形成了国内和国外实验室（包括政府研究中心）之间的良性竞争，并有助于促进进口技术的本土化。其次，印度政府认为有必要在释放该产业潜力方面发挥直接作用；大量的公共投资进入玉米研发领域，玉米生产者也有途径获取政府研制的育种材料。如果没有来自政府的支持，国内企业很可能不会进入育种行业，更难以与跨国公司进行竞争（Naik，2006b）。

巴西还提供了政府在传统农业部门和高新技术部门共同进行增长甄别与因势利导的例子。自殖民时代以来，巴西一直是重要的农产品生产国。例如，咖啡是传统的出口作物，也是19世纪圣保罗州的地主精英们的财富基础。近年来，作为世界上许多产品（如牛肉）的最大出口国，巴西已成为全球的农业创新大国。巴西政府对生物燃料产业长期的、备受争议的支持，已经使得巴西站在这个"新时代"产品的全球技术前沿。与新结构经济学和GIFF原则一样，政府甄别出私人部门的主要制约因素，在基础研究领域为私营公司的使用提供了关键的公共产品。

成功的背后是一个重要的政府机构——巴西农业研究院，这是一个国家的农业研究和推广机构。研发使得该国同时提高了传统作物和新作物的生产力，改良了以前的荒凉地带并充分利用，如热带草原。计量经济学研究表明，研发和基础设施的改善对农业生产力的提高是必不可少的（Sá Barreto and Almeida, 2009; Mendes, Teixeira and Salvato，2009）。

需要注意的是产业升级和技术创新通常伴随着大量的外部性和协调性问题。如果一个国家只是升级或多样化到全球技术前沿内部的新产业，遵循GIFF框架的六个步骤就有助于解决问题。对于已经处于全球技术前沿的产业，如果国家计划保留这些产业，企业就需要不断地研究新工艺、新产品、新技术，直至推进技术前沿。政府的政策应该是支持建立国家创新体系。一个良好的创新体系涵盖了各种各样的活动。首先是建立高质量的教育系统，以培养能工作在技术前沿的人才；还包括政府财政预算的支持和有利于企业研发的税收体系，以及政府对基础研究的直接投资（这项政策的依据是，技术开发所需要的基础知识是一项纯公共产品，或者非常接近于纯公共产品，基础知识具有非竞争性——很多人可以同时消费同一商品而不减少它的价值，和非排他性，任何人都不能被阻止消费这一商品）。

这个过程并没有结束，企业还需要专利制度的法律基础和执行，使其创造的新产品或者新工艺能在合理的期限内获得创新带来的租金。否则，这些先驱公司将没有动力再投资于自己的研发。政府还可以利用其采购政策去支持这些新产品，使新产品的生产迅速达到规模经济。

韩国是一个很好的例证。作为一个低收入的国家，在20世纪60年代初它就推出了专注于出口的产业升级方案，并迅速从低收入国家转变为中等收入国家，进而转变为高收入国家。正如林佑赫所描述的："利用自身的比较优势发展劳动密集型的下游产业，韩国通过学习技术、开发人力资本并建立面向全球的规模适宜的工厂等措施，力图将从国外上游产业进口的中间投入本土化。例如，在化学—纺织品价值链中，韩国系统地建立了从纺织品出口，到合成纤维生产，再到基本石化产品的后向联系产业链。"（Lim，2011，p. 199）

农村部门也被包括在这个过程中。中央政府提供资金用于地方社区发展自己的基础设施,以及地方政府在地方治理创新方面的同级学习活动。政府支持也有助于引进改良作物品种和温室基础设施,缩小城乡收入差距。①

政府认识到,作为升级的一部分,技能开发非常关键。1973年,国家技术认证法获得通过,政府建立了职业技术学校以满足未来对技术能力的需求。在20世纪六七十年代,政府首先引导了研发活动,为私人部门研发活动的快速增长铺平了道路,为专利发明奠定了技术基础和制度基础。韩国研发总支出与GDP的比值从20世纪70年代的0.5%上升到21世纪初的3%,其中私人部门的份额从20%上升到75%(Lim,2011)。

韩国政府没有用高贸易壁垒保护特定的产业,并在某些情况下采取了积极的方式推动产业升级到资本密集型产业,这项政策的效果是显著的。在过去的40年里,韩国获得了令人瞩目的GDP高增速,汽车和半导体等产业的升级表现也令人印象深刻。然而,它并没有超越其比较优势。在汽车产业的早期发展阶段,韩国制造商主要集中于组装进口零部件——这一劳动密集型活动是与其当时的比较优势一致的。而在电子产品领域,韩国最初重点发展家用电器,如电视机、洗衣机、冰箱,然后是存储芯片——芯片产业技术复杂性最低的部门。

韩国的技术进步相当迅速,得益于其物质和人力资本的积累,归根结底在于韩国的主要产业部门符合其自身的比较优势以及潜在比较优势的变化。同样重要的是,韩国政府对这些受保护的产业进行严格管理,使其服从市场纪律,确保这些受保护产业始终不偏离该国经济的比较优势。受益于保护和补贴的产业需要证明它们在出口市场的竞争力在提高。此外,政府努力确保韩国制造商的中间投入与世界价格相似,例如,通过关税退税和免税、出口加工区等。政府清楚地认识

---

① 参见 Lim(2011)对韩国经验更详细的讨论。

到比较优势的重要性，知道成功的技术升级也会受到投入品和产出品国际市场价格的影响。总之，韩国政府在将该国经济从低收入到中等收入再到高收入水平的提升过程中起到了因势利导的作用。

## 理解财富和伟大背后的经济学

一些比巴西、韩国富裕的国家也采取了类似的战略促进经济增长，以保持结构转型的持续进行。德国的高科技制造业一向负有盛名，"德国工艺"如此成功以至于已经成为一种品牌名称。这些成功并非是市场力量偶然或自发带来的结果，而是得益于自政府和私人部门在发展产业集群、强化支持私人产业的技术基础等过程中形成的伙伴关系。同时，德国也不可能不面对经济全球化的竞争压力，因此，为保持德国在先进制造领域的领导地位，政府始终推行完善的工业政策。尤其是，政府找到了一些需要克服才能保持竞争力的挑战：高工资和非工资劳动成本、高电力和能源成本、工程师短缺（一个新出现的问题），以及专利申请停滞（不像中国和美国）（德国联邦经济技术部，2010）。

德国政府正在采取符合新结构经济学原理的措施。"德国创新网络"致力于将表现最出色的创新企业集聚起来。"学术自由联盟"旨在提升市场的相关性。针对中小企业的中央创新计划支持了一万个中小企业创新项目。政府还联合州、市，投入更多的资金用于发展具有实用性的职业培训，并提高教育质量。在能源方面，政府推动能源替代技术发展，并与欧洲邻国共同发展跨国能源市场。这只是反映了政府与产业在技术领域促进创新展开合作的几个例子。

其他发达国家的政府也在运用不同的政策，支持持续的结构转型。以美国为例，作为全球技术最先进的经济体，始终保证政府的资源能够支持创新活动。19世纪末和20世纪初,美国与英国经济发展的差距不断缩小,这一时期美国的很多技术创新都来自个人而不是企业(Nicholas,2010)。随着研发活动变得更加资本密集化,企业开始引领新技术专利的申请。同时,政府通过美国联邦机构和发展计划增加对基础研究的投资,包括国防的科学和工程研究。

1950年,以"推动科学进步,促进国民健康、繁荣和富裕,保护国家安全"为宗旨的美国国家科学基金会成立。在基金会成立60周年时,其年度预算计划约为69亿美元(美国国家科学基金会),这个数额相当于乍得或尼加拉瓜的国内生产总值。基金会使用这些资金资助研究,确定研究需求,并在全国各地的大学和研究中心的研究活动中收集数据。在分配研究基金时注意"挑选"最有可能解决技术瓶颈的项目,旨在扩大技术前沿。

人们不会想到美国和英国的政治领导人会是产业政策的倡导者,他们制定着完全符合新结构经济学的政府政策。2010年12月,美国总统奥巴马签署了一项追溯展期为2年的研发税收抵免,鼓励企业为美国的未来进行投资。总统的科学和技术顾问、白宫科学技术政策办公室主任约翰·霍尔德伦解释说:"两党一致通过的美国竞争法案,对美国走上面向21世纪的创新经济之路是一个重要的里程碑。创新经济将促进科学技术的独创性——这一直是美国持续繁荣的核心——并将这些创新用于解决我们现在面临的重大挑战。无论是开发美国将要制造的新产品,还是获取和使用可持续性能源,或是更好地运用信息技术和医疗手段促进人类健康,抑或是为驻外军队以及国内公民提供更好的保护,创新都将是我们成功的关键。而这一切都与竞争法息息相关。"(Holdren,2011)

该法案授权几个"培育和产生明天的突破"的政府机构预算持续的增长(Holdren,2011)。这也支持了美国政府提高教育水平的活动——"将美国学生从中间水平提升到顶尖水平,确保我们在培养新一代的创新思想家和实干家"(Holdren,2011)。它授权持续支持Arpa-E新兴能源研究计划,该项目计划提供"跨越式"技术,以减少美国对国外能源的依赖,刺激绿色经济,并创造稳定和高质量的就业机会。

为大力推动解决棘手国家问题的新方案产生,而这些解决方案又需要仔细斟酌和"挑选",美国竞争法授予每一个部门和机构以进行奖励竞争的权力。"奖励和挑战对于激发美国各个方面顶尖的人才和专家加快解决问题有着很好的效果,[美国]政府支持这种做法,将其作为旨在激励创新的全民动员政策的一部分。在竞争法案下,我们可以期待全国公民新思想的进一步迸发。"奥巴马总统在2011年的国情咨文中提到一个新的"斯普特尼克时刻"(苏联的第一颗人造卫星),为加快技术创新振臂高呼。

符合新结构经济学框架的类似产业政策也被保守派英国首相戴维·卡梅伦采纳,他推出了国家的软硬件基础设施升级换代计划。"这是新的就业岗位和机会的希望所在,这也是为什么作为增长战略的一部分,我们做了一个非常重要的决定,"他说,"我们不仅要支持今天的大企业,我们更要支持明天的大企业。我们坚定地支持未来具有高成长性、高创新性的公司。不要怀疑我们的雄心壮志。现在,硅谷是世界上领先的高科技增长和创新的中心。但是,它没有理由永远是。问题是:谁将是它的挑战者?班加罗尔?合肥?还是莫斯科?我今天的观点是,如果我们真的有信心去争取并真正理解其意义所在,伦敦将是其中之一。所有的元素都在这里。我们的目标是汇集肖尔迪奇的创造力和活力,加上奥林匹克公园那些令人难以置信的奇迹,共同帮助东伦敦成为世界上最伟大的技术中心之一。"(Cameron,2010)

他指出,过时的英国著作权法冻结了互联网的创新,自下而上的、不需许可证的做法常常被证明是最成功的，他的目标是改变英国法律及产业政策。他的政策还包括帮助建立正确的框架，使得新公司更易于起步，风险投资公司更愿意投资，创新更能够蓬勃发展，以及企业更易于成长；为具有高成长潜力的企业提供股权融资。这些政策旨在大力推动英国贸易与投资部门对在英国建立的或试图拓展新市场的技术公司提供帮助。同时，政府采购预算也将向中小企业开放。政府还将修建公共设施和交通基础设施，以促进那些符合国家潜在比较优势的产业的发展。①

我们可以略作想象，一些发展中国家的领导人，比如韩国的朴正熙或新加坡的李光耀听到这些政策时会作何感想。他们所有人为了采取相似的政策都不得不与主流发展理论进行争论。他们也许会感到他们的想法得到了证实。或者，他们也许只是想到了纳尔逊·曼德拉曾经说过的有关对权威挑战的名言："这似乎是不可能的，直到我们做到时。"

总而言之，经济发展并不是国家互相竞争并将对方损失变为我方利益的零和博弈。经济发展是一个持续探索和发现的过程，产业和技术升级是其主要动力，仅受制于人类的想象力和创造力。因此，我们完全有理由期待全人类生活水平的持续提升。

那些停滞在某一收入水平、难以赶上最高发展水平的中等收入国家，通常是因为政策制定者们无法识别自身不断变化的要素禀赋，也未能理解自身潜在的比较优势。每一个国家都有位于技术前沿内部或正处于技术前沿之上的产业。对于前者，他们应该遵循 GIFF 的原理，

---

① 这种积极的产业政策对于保守的英国领导人是前所未有的。David Merlin-Jones（2010, p.1）指出，"出乎人们意料地，[前首相玛格丽特·] 撒切尔和她的部长们并未执行自由放任的产业政策。"撒切尔夫人的政府利用政府补助、贷款和补贴等政策去"争取时间"，使公司能够进行重组以适应国际竞争。撒切尔夫人承认："当出现经济衰退和失业危险时，实施务实的产业政策，要优于政治服从于市场的政策。"

促进其结构转型，正如爱尔兰在20世纪80年代后所做的那样。这些国家的政府需要与私人部门密切合作，确定如何解决协调性和外部性问题，从而帮助具有竞争力的企业进入潜力行业并实现生产率增长。对于后者，政府对研发的鼓励和支持非常重要，正如韩国和芬兰等高收入国家所做的。避免中等收入陷阱或高收入停滞的关键在于：集中精力于利用该国当前和潜在的比较优势。

遗憾的是，成功走上经济发展道路的国家的政策制定者往往易于陷入自满的误区。17世纪法国作家弗朗索瓦·德·拉罗什福科曾提出警告："自爱是最大的奉承者。"对于个人而言，一定的自尊，再加上更重要的知识和对自身禀赋的理解，是充分利用外部机遇的关键。国家的经济发展也是同样的道理：了解一国的要素禀赋结构及其随时间的动态变化，发掘禀赋结构的动态变化决定的潜在比较优势，寻找与之相符的新产业并促进其增长，这就是走向繁荣的秘密。

## 参考文献

Akamatsu, K. 1962. "A Historical Pattern of Economic Growth in Developing Countries." *Journal of Developing Economies* 1（1）：3—25.

Bailey, D., A. de Ruyter, and N. Kavanagh. 2007. "Lisbon, Sapir and Industrial Policy: Evaluating the 'Irish Success Story'." *International Review of Applied Economics* 21（3）：453—467.

Bhatnagar, S. 2006. "India's Software Industry." In *Technology, Adaptation, and Exports: How Some Developing Countries Got It Right*, ed. V. Chandra, 49—82. Washington, DC: World Bank.

Birdsall, N., A. de la Torre, and F. Caicedo. 2010. "The Washington Consensus: Assessing a damaged brand." Policy Research Working Paper 5316, World Bank, Washington, DC.

Cameron, D. 2010. "East End Tech City." Speech, East London, November 4.

Daveri, F., and O. Silva. 2004. "Not only Nokia: What Finland Tells Us about *New Economy* Growth." *Economic Policy* (April): 117—163.

de Ferranti, D., G. E. Perry, D. Lederman, and W. F. Maloney. 2002. *From Natural Resources to the Knowledge Economy: Trade and Job Quality*. Washington, DC: World Bank.

German Federal Ministry of Economics and Technology. 2010. *In Focus: Germany as a Competitive Industrial Nation*. Berlin: German Federal Ministry of Economics and Technology.

Holdren, J. 2011. "America COMPETES Act Keeps America's Leadership on Target." White House Press Release, January 6.

Honohan, P., and B. Walsh. 2002. "Catching Up with the Leaders: The Irish Hare." *Brookings Papers on Economic Activity* 1: 1—57.

Kojima, K. 2000. "The 'Flying Geese' Model of Asian Economic Development: Origin, Theoretical Extensions, and Regional Policy Implications." *Journal of Asian Economies* 11: 375—401.

Lim, W. 2011. "Joint Discovery and Upgrading of Comparative Advantage: Lessons from Korea's Development Experience." In *Postcrisis Growth and Development: A Development Agenda for the G20*, eds. S. Fardoust, Y. Kim, and C. Sepúlveda, 173—226. Washington, DC: World Bank.

Mendes, S. M., E. C. Teixeira, and M. A. Salvato. 2009. "Investimentos em Infra-Estrutura e Produtividade Total dos Fatores na Agricultura Brasileira: 1985—2004." *Revista Brasileira de Economia* 63 (2): 91—102.

Maddison, A. n.d. "Historical Statistics of the World Economy: 1—2008 A. D." Available at www.ggdc.net/maddison/Historical_Statistics/horizontal-file_02-2010.xls. Accessed 23 Feb 2012.

——. 2006. *The World Economy*. Paris: Organisation for Economic Co-operation and Development.

Maliranta, M. 2010. "Finland's Path to the Global Productivity Frontier through Creative Destruction." *International Productivity Monitor* 20 (Fall): 68—84.

Merlin-Jones, D. 2010. "Time for Turning? Why the Conservatives Need to Rethink

Their Industrial Policy (If They Have One)." *Civitas* 7 (January): 1—11.

Naik, G. 2006a. "Bridging the Knowledge Gap in Competitive Agriculture: Grapes in India." In *Technology, Adaptation, and Exports: How Some Developing Countries Got It Right*, ed. V. Chandra, 243—274. Washington, DC: World Bank.

———. 2006b. "Closing the Yield Gap: Maize in India." In *Technology, Adaptation, and Exports: How Some Developing Countries Got It Right*, ed. V. Chandra, 275—300. Washington, DC: World Bank.

National Science Foundation. n. d. "NSF at a Glance." Available at www. nsf. gov/about/glance. jsp. Accessed 23 Feb 2012.

Nicholas, T. 2010. "The Role of Independent Invention in U. S. Technological Development, 1880—1930." *Journal of Economic History* 70 (1): 57—82.

Ozawa, T. 2005. *Institutions, Industrial Upgrading, and Economic Performance in Japan. The Flying-Geese Paradigm of Catch-up Growth*. Northampton, MA: Edward Elgar Publishing.

Piekkola, H. 2007. "Public Funding of R&D and Growth: Firm-level Evidence from Finland." *Economics of Innovation and New Technology* 16 (3): 195—210.

Romalis, J. 2007. "Capital Taxes, Trade Costs, and the Irish Miracle." *Journal of the European Economic Association* 5 (2—3): 459—469.

Sá Barreto, R. C., and E. Almeida. 2009 " A contribuição da pesquisa para convergência e crescimento da renda agropecuária no Brasil." *Revista de Economia e Sociologia Rural* 47 (3): 719—737.

Smith, R. 2010. "Casualties-US vs NVA/VC." Available at www. rjsmith. com/kia_tbl. html. Accessed 23 Feb 2012.

World Bank. 2010a. *Russia: From Yalta to Yekaterinburg*. Washington, DC: World Bank, Poverty Reduction and Economic Management Team.

———. 2010b. *World Development Indicators*. Washington, DC: World Bank.

Zeng, D. Z. 2011. "How Do Special Economic Zones and Industrial Clusters Drive China's Rapid Development?" Policy Research Working Paper 5583, World Bank, Washington, DC.

# 第十章　经济繁荣的秘诀

正如亚当·斯密开创性著作的标题所定义的那样，经济学研究就是探讨国民财富的性质与原因。然而，具有讽刺意味的是，尽管经济学家一直致力于研究它，但经济学仍然常常被称为"令人沮丧的科学"①。此次全球危机以其巨大的金融、经济和人力资本代价，也未能帮助其找到原因。全球社会政治不稳定也提出了一个疑问：至少从亚当·斯密以来积累的经济学

---

① "令人沮丧的科学"这个词来源于苏格兰历史学家托马斯·卡莱尔，其本身的含义是令人费解的。卡莱尔（Carlyle, 1849）批评经济学家信奉供给与需求机制，与他所设想的社会模型——理想的奴隶制观点完全相反。因此他不喜欢经济学，因为经济学为所有人的平等与自由、黑人解放以及奴隶制结束提供了分析支持。

知识有没有用？无论这次危机的产生是归因于周期性因素（如金融泡沫的破裂），还是结构性因素（如低增长、低生产率、年轻人失业或贫困），这些因素往往都是不恰当的经济战略及其误导的政策所带来的结果。

由于受过儒家传统教育，我一直希望找到一种有助于我国实现繁荣的方法，让我们的人民能从贫困与饥饿的恐惧中解放出来，这些童年时代的恐惧记忆至今仍保存在我的脑海之中。经济学应该是实现这一目标的一个完美学科。然而，如果没有一次意外的际遇，我也不会成为一名经济学家。为了理解中国社会主义制度的逻辑，我于1979年来到北京大学学习马克思主义。次年秋，1979年诺贝尔经济学奖得主西奥多·W. 舒尔茨教授，在芝加哥大学经济系主任D. 盖尔·约翰逊教授（他是20世纪40年代舒尔茨在爱荷华州立大学的学生）陪同下，应邀到上海复旦大学访问一个月。他们在返回芝加哥的途中在北京做短暂停留，分别在北京大学做了演讲。我被分派为舒尔茨教授的演讲做翻译。

在两位教授回到芝加哥后，我意外地收到舒尔茨教授的来信，他在信中感谢我的帮助并提供给我一份奖学金。之前，我从来都没有出国留学的打算。但谁能拒绝这样的邀请呢？我非常享受严格的训练、学术性辩论以及对现实世界发展问题及其解决方案的研究，我认为，这些既是知识之源也是知识之鹄。我希望通过对现代经济发展理论的学习，可以帮助政府做正确的事，并避免错误的决策。在芝加哥大学的求学期间和之后的职业生涯中，我发现来自发展中国家的许多经济学家都有着共同的追求：为祖国服务。世界银行首席经济学家这个职位给了我一个与他们密切交流与探索的平台，和他们一起思考关于发展中国家促进繁荣的最佳方式。

作为世界银行首席经济学家，研究部门负责人，行长的经济顾问，高层管理团队的一员,我没有给任何国家直接放贷的权责。但我的专家团队必须对我们所生活的这个世界进行概念总结,勾画出未来发展学思想的战略大方向,不断想出对其他人有价值的新点子。我十分荣幸地接受了这份挑战。2008年6月我刚刚加入世界银行不久,世界就爆发了自大萧条以来最严重的金融危机。很明显,对我而言,当务之急是试图理解危机的性质及其可能对发展中国家造成的影响,并为世界银行以及成员国提出对策建议。我将在另一本书《从西潮到东风》中专门讨论我对危机的原因、摆脱危机的方法以及未来几十年中多极增长世界如何演变的看法。然而,我不会忘记经济发展对世界银行和全世界的经济学家而言总是一个挑战。我希望这本书能为此领域做出贡献。

我十分钦佩亚伯拉罕·林肯和温斯顿·丘吉尔,而且在本书中经常援引他们的话。但是,尽管他们有绝佳的头脑和卓越的政治才能,他们仍低估了政策的重要性。林肯曾经说过:"我从来没有一种政策;我只是每天都竭尽全力做好每一件事。"丘吉尔也持有类似的观点,不过更具讽刺性和幽默感:"我从不在事前预言,因为事后预言是一个更好的政策。"

我不赞同这些观点。尽管政治是世界各地几乎所有政治领导人的主要活动,在政治之外,他们都受到两个基本动力的推动:争取尽可能长的掌权时间,以及在权力未受威胁的情况下在历史上取得好的名声。为自己国家的繁荣做出贡献是政治领袖继续掌权和在历史上获得好名声的最好方法。通过阅读历史以及在担任世界银行首席经济学家期间和世界各国的政治领袖会面,我还没有发现哪个政治领导人最初从政的目的是伤害人民或毁掉国家。对于他们认为能够给他们国家带来繁荣并提高自己继续掌权可能性的政策,他们将很有可能乐于接受并执行。

然而，正如第二章所说，我在求学时期和职业阶段所学的现有经济学理论并未能给发展中国家提出这样的建议，尽管自亚当·斯密的《国富论》出版两个世纪以来，许多杰出的经济学家致力于此。结果，当今世界的政治领导人很容易因为采用了对其国家福利和繁荣不利的政策建议而犯错误。为了保住政权，有的政治领导人可能会采取自我服务和自我保护的政策，这将对他们的人民和国家造成进一步的损失和伤害。

在全书的最后，我将对有关长期发展（特别是在最近的全球危机之后）政策重要性的几点看法做出总结。我提出了新结构经济学，并预料到会有一些质疑，这些质疑可能来自于那些反对任何在促进产业发展的过程中政府可以有积极作用的人士。

## 理解经济发展的本质与原因

19世纪美国著名作家埃德加·爱伦·坡在小说《阿·戈·皮姆的故事》中讲述了一个有趣的关于自我发现、不确定与恐惧的精神寓言故事。在精彩的情节接近尾声的时候，爱伦·坡简单地讲述了南极神秘岛上一个土著"野蛮"人的故事，当他平生第一次照镜子时被自己所看到的吓倒了。2008—2009年的大衰退之后，一些经济学家似乎也有与之类似的惨痛经历。他们不仅对危机的迅速和强度感到惊奇，而且当发现一些最神圣的理论框架对于解释现实世界变得完全无效时而感到震惊。与爱伦·坡的小说角色一样，经济学家们似乎在现实的镜子中看到了陌生的（如果不是奇怪的）自己。因此，一些经济学家进行自我怀疑已经到了质疑自身学科本质的程度。

谁又能责怪他们呢？几十年来，特别是从20世纪80年代中期至20世纪末，经济格局的一个有趣的特征就是产出与通货膨胀的宏观经济波动性呈大幅下降的趋势，即"大缓和"趋势。① 全球市场的改善，使得经济计划更容易，并减少了对冲通胀风险的资源。"大缓和"趋势以家庭与企业面临的更多稳定的就业机会和更少的经济不确定性为特征。这证实了宏观经济理论的新共识。此外，经济衰退不再那么频繁和严重，经济增长也使数亿人摆脱了贫困。

对大多数国家来说，这场危机都是一个大的意外。许多发展中国家在危机之前表现出了非凡的远见，将它们的财政和金融事务处理得井然有序。与此同时，这些国家的经济在面对这次由高收入国家引发的灾难冲击时被证明是相当有弹性的。20国集团制定的优秀协调性政策也有助于避免更严重的后果。

经济复苏极其脆弱，因为大多数高收入国家仍然苦于高失业率和低开工率。这些经济体占到全球生产总值的70%，所以其经济增长乏力将继续拖累全球经济增长。这次巨大的冲击也迫使经济学家重新面对自己的理论、分析工具和基本假设。

事实上，这场危机为反思经济发展问题提供了一个难得的机会。尽管全球经济稳健地复苏，发展中国家要维持强劲的经济增长以弥补与发达国家之间的差距，仍然面临着艰巨的挑战。迄今每晚仍有大约14亿人伴随着饥饿入眠，此外还有超过六分之一的人口（保罗·科利尔（Collier，2007）称之为"最底层的10亿人"）仍在贫困中挣扎。但是，人口的快速增长与马尔萨斯的悲观预言并没有成为现实，世界也没有面临饥饿和死亡。持续的经济增长是减少贫困以及向高收入水平收敛的基础，现在也被认为是由持续的技术创新、产业升级和多样化（只有人类创造力才能产生的过程）所导致的不断的结构变迁的结果。目前，全球知识议程当中的主要问题是如何反思长期增长战略以及革新赶超政策，从而使得发展中国家缩小与发达国家的差距。

① 最令人信服的经验证据是由 Blanchard and Simon（2001）提供的。

全球持续增长最持久的基础是制定并实施国家层面上的可行的经济政策。自1776年亚当·斯密的《国富论》出版以来，如何促进经济增长已经成为经济探讨和研究的主题。尽管发展经济学已为我们提供了广泛且深刻的理论见解，但作为经济学的一个分支，它至今未能提出有关穷国如何创造和分配财富的令人信服的政策议程。近期的全球性经济危机提供了拓展全新研究领域的机会，不仅包括探讨如何帮助发达国家与发展中国家应对危机的挑战以及防止未来发生类似危机的问题，还包括发展中国家如何实现可持续的包容性增长的问题。

理论和经验证据表明，市场机制是生产要素定价以及为资源有效配置提供正确的价格信号和适宜的激励体制所必不可少的。然而，现代经济增长（正如西蒙·库兹涅茨所指出的，是人类历史上相对较新出现的现象）是一个持续的技术创新、产业升级和产业多样化以及基础设施和制度安排改善的过程，它构成了商业开发和财富创造的环境（Kuznets，1966）。此外，市场机制可能是不完善的，所以政府可以帮助企业克服各种现代经济增长理论固有的信息、协调和外部性问题。

本书集中探讨长期发展的挑战以及成功增长提升战略的基本要素。一开始探讨了发展思路的演化，并提出了一个框架以使发展中国家能够实现持续的动态增长，消除贫困以及缩小与发达国家的收入差距。在从实际经历和经济分析中总结经验与教训之后，本书提出了新结构经济学的一些基本原理。新结构经济学是研究结构及其在经济发展中的动态变化的一种新古典方法。这种方法适用于各种收入水平（包括低、中、高收入）的国家。

本书表明分析经济持续发展的出发点应该是一个经济体所具有的禀赋，即经济中拥有什么。经济体的禀赋在任何特定时点都是给定的，但会随着时间的推移而变化。遵循古典经济学的传统，经济学家一般认为，一国的禀赋由土地（或自然资源）、劳动力和资本（包括物质和人力资本）构成，这些实际上属于要素禀赋，亦即企业能用于生产的总预算。而从概念上来讲，有必要将基础设施也作为经济禀赋中的另一个组成部分。基础设施包括硬件（有形的）和软件（无形的）基础设施。像高速公路、港口、机场、电信系统、电网和其他公共设施等，都属于硬件基础设施；而像制度、条例、社会资本、价值体系，以及其他社会和经济安排等，则属于软件基础设施。基础设施影响着单个企业的交易成本和投资的边际回报率。

新结构经济学强调了在不同发展水平下禀赋的重要性以及产业结构的差异性。它分析了过去的误导性干预政策所带来的扭曲的影响，这些干预政策的制定者由于相信旧结构经济学从而追求一种与由禀赋结构决定的比较优势不一致的产业发展计划。这种根本性的错误导致优先发展部门的企业没有自生能力。所以，为了企业的初始投资与持续运营，政府就不可避免地利用各种扭曲以进行补贴或保护。新结构经济学还指出，"华盛顿共识"所倡导的政策往往未考虑到发达国家与发展中国家之间结构性的差异，也忽略了发展中国家中引致扭曲的诸多根源。

在过去的十年中，世界银行启动了一系列吸取成功经济体经验教训的研究项目，主要包括《东亚奇迹》（1993）、《20世纪90年代的经济增长》（2005）以及《增长报告》（2008），这些研究项目总结了很多决定经济发展成功或失败的有价值的特征事实（世界银行，1993，2005，2007）。本书提出的新方法同样继续致力于此，但它并不是试图用另一个基于意识形态的政策框架去替代在过去几十年里支配着发展思路的那些政策框架，同时在很大程度上忽视个别国家的经验现实。相反，它是要引起人们对每个国家发展水平与禀赋结构的关注，并建议采用基于国家层面的严谨、创新以及与发展政策相关的研究路径。这一框架强调了更好地理解一个国家不同发展阶段的结构差异的重要性,尤其是结构变迁过程中对私营部门适宜的制度、政策以及约束和激励。

经济发展是一个持续的产业升级和多样化过程,并伴随着基础设施的相应改善和调整——在此过程中,还涉及与生俱来的协调性与外部性问题。所有已从农业经济转变为现代发达经济的国家,包括西欧和北美的那些老牌工业大国以及东亚新兴工业化经济体,都有一个帮助单个企业在结构转型中克服协调性和外部性问题的政府。事实上,目前高收入国家的政府仍继续扮演着这一角色。

糟糕的是,虽然几乎所有发展中国家的政府也曾试图在其发展过程中发挥某种程度上的因势利导作用,但大多数都失败了。在本书中,我认为发展中国家普遍的失败主要是由于政府无法提出一个好的标准,来甄别那些符合该国禀赋结构与发展水平的产业。政府选择目标产业时往往过于激进,而未与国家的比较优势相结合,这在很大程度上解释了为什么他们"挑选优胜者"的努力却以"挑选失败者"而告终。此外,为了保护就业,发达国家与发展中国家的政府可能也会支持其国内已失去比较优势的夕阳产业,这样的政策也是代价高昂的。

相比之下,成功的发展中国家的政府,却是有意或无意地选中那些与其禀赋结构类似、发展水平相近的高增长国家的成熟行业。发展史以及经济分析中的经验教训是显而易见的。因此,政府促进产业升级和多样化的政策必须定位在具有潜在比较优势的产业上,这样,一旦克服了协调性和外部性问题,且新的产业被建立,那么它们就可能迅速形成国内与国际竞争力。

因此,经济成功的秘诀就在于帮助发展中国家的政策制定者识别出由其禀赋结构(即他们所拥有的)决定的具有潜在比较优势(即他们可以做得很好的)的产业,然后消除这些产业发展的约束从而促进私营企业的进入与运行。考虑到在这条不确定的道路上有如此多的国家表现得成绩平平,因此我不得不承认这也许不是一个简单的任务。但它肯定不是不可能的,因为巴西、中国、芬兰、印度尼西亚、爱尔兰、日本、韩国、马来西亚、毛里求斯、新加坡和越南于20世纪下半叶保持了快速增长。这些国家的政策制定者成功地设计并实施了一个工业化的过程,而且迅速地改变了维持生存的农业经济,用一代人的时间使数亿人摆脱了贫困。

## 现实中的产业政策

发展中国家促进其经济增长和工业化的积极经济政策一直被经济学家们普遍怀疑,而且他们也确实有充足的理由。经验表明,这样的政策往往未能达到其预期的目标。然而世界上的每一个国家也都在有意或无意地追求某种产业政策,即使人们不喜欢产业政策的理念,但每个国家仍然在使用它。

发展中国家关于产业政策的争论与困惑有两个主要原因。首先,研究此问题的经济学家往往将注意力集中在发展中国家实施的失败政策上,而不是成功案例中的具体目标和更广泛的战略选择。其次,不同类型的政府干预往往被集中到一起做回归分析,而很少有人考虑其中有哪些可能催生了符合潜在比较优势的新产业的出现,以及还有哪些促进了远远超出本国发展水平的新产业的发展,或者保护了已经失去比较优势的夕阳产业。

本书介绍了两种类型的政府干预之间的重要区分。第一种政策通过克服信息、协调性以及外部性问题促进结构变迁,这些都是产业升级和多样化以及结构变迁过程所固有的问题。这种干预旨在提供信息,补偿外部性、协调产业进入,以及改善软硬件基础设施以使私人部门的增长与经济体比较优势的动态变化同步。第二种政策旨在保护一些违背由现有禀赋结构决定的比较优势的特定企业和产业，它们或者在过于先进的新部门，或者在已经失去了比较优势的旧部门。

以上分析为经济学家打开了两条歧路。首先，他们可以采取强硬立场反对积极的政府干预，并且站在旁观者的角度发表一般性的技术声明以批评或解释为什么不应尝试这样做。其次，他们也可以介入并建议应如何做才能取得最大可能的成功。此外，历史教训与经济分析也清楚地表明，成功经济体的政府一直在促进结构变迁以及帮助其私人部门自始至终地维持这种变迁。在所有已从农业经济转变为现代发达经济的国家中，包括西欧和北美的那些老牌工业大国以及东亚新兴工业化经济体，政府都在帮助克服协调私人企业进入新产业所需要的各种投资挑战，为先驱企业提供激励措施以补偿其承担先行者角色的风险，以及为经济中的企业提供实用的技术和产业信息。

直到最近的这次全球经济危机之前，各国政府还经常通过直接补贴、税收抵免，或开发银行的贷款给私人部门提供金融支持（Rodrik，2009）。经济衰退为政府在经济政策中发挥更积极的作用提供了正当理由。最近，在许多由主要国家召开的高层经济峰会上所进行的政策讨论，都旨在强化其他争议较少的产业政策特征，包括硬件基础设施的公共供给或融资，以及软件基础设施的不断升级。而且可以看到，大萧条之后的产业政策变得更为广泛：它应能促进由政府资助的经济计划的设计，从而协调公共和私人部门齐心协力地开发新的基础设施、技术和产业。

作为一名关心实际政策问题和现实结果的经济学家，我选择了第二个选项：介入并提出相关建议。这也是本书提出新结构经济学的理由。作为王阳明的崇拜者，我深受其教导："知之真切笃实处即是行，行之明觉精察处即是知。"我也完全赞同伟大的德国剧作家歌德的观点："光有认知是不够的，我们必须应用。光有意愿是不够的，我们必须行动。"我同样意识到,世界各地的政策制定者(特别是发展中国家的)可能会发现新结构经济学的理论框架对于战略思维是一个有用的指导,但仍面临着一些大的问题。这一理论框架怎么才能被准确地应用到各国的特定条件和具体问题中去?如何选择具有潜在比较优势的产业?如何消除约束并促使私营企业进入这些被扶持的产业?

增长甄别与因势利导框架(GIFF)是新结构经济学的实施工具。它提供了一种设计并执行具有最大成功可能性的产业政策的方式,从而确保经济增长仍然是一个持续的产业与技术升级的过程。其关键特征既可以应用于高收入经济体,也可以应用于发展中经济体。在发达国家,大多数产业接近于全球前沿,这意味着升级需要某种原创性。除了诸如对成功的创新授予专利或者通过政府采购支持新的产品等事后措施之外,政府还可以采用事前措施,例如支持基础研究通过行政命令强制使用一种新产品(例如乙醇)。

对于发展中国家向新产业的升级和多元化,政府可以通过以下六个简单的步骤去挖掘后发优势:

● 第一步:政策制定者应选择具有类似的禀赋结构和人均收入高出大约100%的高速增长国家。然后确定这些国家中过去20年发展良好的贸易产业。

● 第二步:如果本国的一些私营企业已经出现在这些行业中,他们应识别出技术升级或企业进一步进入的约束,并采取行动来消除这些约束。

● 第三步:在没有国内企业存在的产业,政策制定者可以尝试从第一步列出的国家中吸引外商直接投资(FDI),或组织新企业孵化项目。

● 第四步:除了在第一步中确定的产业,政府还应该关注私营企业自发的自我发现,并支持成功的私人创新在新产业中的推广。

- 第五步：在只有糟糕的基础设施和恶劣的商业环境的国家中，经济特区或工业园区可以用来克服企业准入和 FDI 的障碍，从而鼓励产业集群的形成。
- 第六步：政府应有意愿在一段有限的时间里使用税收优惠来补偿以上步骤确定的产业中的先驱企业，为投资筹取资金或提供外汇支持。

这六个步骤为政策制定者提供了一个可行的框架，首先是识别这个国家可能具有潜在比较优势的部门，然后通过消除约束以及对先行者提供激励以促进私人企业的进入和运行。

## 过于谨慎是最大的风险

希腊哲学家亚里士多德曾说过："批评是可以很容易避免的，只要我们闭口不言，无为而治，以及心无杂念。"近年来通过在学术界和政策界参与这类想法的讨论，我也意识到其中可能存在的一些问题（Lin, 2011a, 2011b; Lin and Monga, 2011）。

对于新结构经济学和 GIFF 框架，我的一些同行学者认为锁定更富裕的参照国的产业然后遵循相应的比较优势可能是有问题的。他们的怀疑基于两个想法：第一，富裕国家的经济结构可能是扭曲政策的结果；第二，在识别潜在产品之外还需要巨大数量的政策组合。

以上质疑是一个很好的提醒。即使在成功的案例中，执行产业政策也从来都不是一帆风顺的。它总是需要政府反复地试验，然后将从试错中获得的有效机制和渠道落到实处，进而调整经济策略，最终尽量减少不良决策所带来的潜在成本。然而，GIFF 框架建议目标国家不仅比较富裕而且还要保持较长期的持续增长。如果这些国家已经持续增长了几十年，那么它们就不可能采取了违背比较优势的发展战略。

如果与比较优势是不一致的，任何政府都不可能几十年如一日地对一个动态增长的贸易产业实施补贴。其动态增长产生的工资上涨将导致它们失去曾经的比较优势产业。GIFF框架建议后来者在选择参照国和目标产业时更现实（甚至更保守）一些。

其他怀疑者还观察到，世界贸易的形式经历了显著的快速变化，相比几十年前，现在可以被锁定的稳定产品和产业越来越少。事实上，尽管在流行风格和产品定制上发生了改变，但不同发展水平国家之间的劳动分工仍然是相同的。例如，电视机已经由过去的黑白电视演变为今天的彩色和平板电视。而电视机的主要生产国也在不断发生变化，从20世纪50年代之前的美国到60年代至80年代的日本，从80年代至90年代末的韩国再到今天的中国。今天进入市场的后来者可以首先进入劳动密集型的平板电视生产组装线，正如几十年前的先驱者决定在黑白电视以及彩电领域展开竞争一样。

全球化提供了通过专业化实现工业化的巨大潜力。几十年前，许多低收入国家面临着自身有限的市场规模、高运输成本以及贸易障碍的限制，因而无法利用大规模生产的机遇。随着全球化的深入，几乎任何国家都可以识别其国内存在明显或潜在比较优势的生产活动，然后将其规模化，并在世界市场上开创出属于它们的利基。正是因为有了全球化，所以每个国家的经济发展战略都应该密切遵循其比较优势。

跨国公司在决定生产或采购地点时更有可能去充分利用生产成本的任何细微差别。全球化也使得政府的因势利导作用显得更为重要，因为只有拥有可以降低交易成本的良好的软硬件基础设施，基于禀赋结构以及专业化生产的成本优势才能得以实现。

我们也经常关注由于目标产业涉及的知识数量相当惊人，从而需要政府官员设计出成功的产业政策，并且需要发展中国家的政府具有满足这些需要的能力的问题。① 首先，所有低收入国家从定义上看并不倾向于有明显的高能力。张夏准曾提醒我们，不久前，还经常有"懒日本贼德国"的说法（Chang，2008）。任何一个社会在经济发展过程中，能力都将得到加强。更重要的是，他提出的一些要求很可能只与高收入国家的先进产业有关。对于技术含量低的产业，应大幅削减这些要求。此外，私人企业和政府官员还可以依赖后发优势，观察具有相似禀赋结构的高增长国家是如何做的，而不是仅仅分析各行业的技术性质以便找出支撑它们的相关知识。因为，这些国家必定已经通过试错或分析等办法成功克服了这些挑战。

最后，一些经济学家就不同类型公共政策执行的政治经济困难进行了有说服力的论辩，其中一些还是众所周知的。在赶超发达国家的热情的吸引下，国家可能忽视经济理性而追求更加先进的部门；延长成功的政策直至超过了其有效时限，这就为寻租活动创造了机会。这些一般意义上的治理问题被经济和政治学文献研究得越来越透（Tollison and Congleton，1995；Robinson and Torvik，2005）。

这些顾虑是合理的，但只限于传统的鼓励企业进入违背比较优势产业的产业政策。这些产业中的企业在开放的竞争性市场里是不具有自生能力的。它们的进入和持续经营通常依赖于大规模的补贴和保护，这为寻租和腐败创造了机会，也使得政府难以放弃干预、停止扭曲（Lin，2009）。GIFF 促进了截然不同的方面；符合经济潜在比较优势的产业的发展。一旦企业的进入障碍和经营障碍被消除，企业就是具有自生能力的。政府对先行企业提供的激励是暂时性且小规模的，比如几年时间的税收优惠，只为补偿其信息外部性。在这种情况下，普遍寻租和政府干预超出最初时间表的问题将得到缓解。本书提出的方

---

① 参见《发展政策评论》（*Development Policy Review*）上 H. Pack 在关于 GIFF 的论文集中的细致评论。

法有风险吗？在某种程度上是可能有的。但我认为这是迄今可用的发展战略中风险最小的一个。贾瓦哈拉尔·尼赫鲁说得好："过于谨慎的政策是最大的风险。"

\* \* \*

"没有一个国家可以永远依靠援助发展，"卢旺达总统保罗·卡加梅在最近的一次采访中如是说，"这样的依赖让我们失去了人性和尊严。"（Chu，2009）可见发展最核心的根本问题怎样也无法表达得非常优美。与增长和减贫的常识（更高的收入、更多的就业机会、更好的人类福利和一个更稳定的世界）有所不同，持续增长的真正目的是让每一个人满足其最迫切和最宝贵的人生目标：提高每一个社会成员的自尊心。因此，发展经济学思想的实质是一种有关尊严的经济学。

在我被任命为世界银行首席经济学家之前及其后的任期内，我见过许多国家元首、首相、中央银行行长、各级政府官员、非政府组织的领导人、研究人员、学者、企业家和普通民众，他们每天都在为这一目标而努力。过去的发展经济学关注发展中国家没有什么，不擅长做什么，并以发达国家拥有的和相对擅长的作为参照，建议它们纠正这些缺点。例如，旧结构主义倡导采用进口替代战略来发展先进的重工业，而华盛顿共识的新自由主义倡导私有化、市场化和自由化。基于发展中国家本身与国际发展组织的逆向思考的各种努力的结果是令人失望的。在本书中，我提出了对发展思维方式的一种转变，即经济学家和国际发展组织应与发展中国家的政府通力合作，以一种务实的方式基于发展中国家所拥有的（即它们的禀赋结构）来识别和扩大其所能做好的（即它们的比较优势产业），这样成功就会水到渠成。

现代经济增长的本质是一种技术、产业、基础设施和社会经济体制的持续性结构变迁过程。我相信每一个发展中国家，包括撒哈拉沙漠以南的非洲国家,都能以8%或更高的增长率持续增长数十年,显著地减少贫困,并在一两代人的时间内成为中等甚至高收入国家,只要它的政府根据本国的比较优势采取了正确的政策体系促进该国私人部门的发展并充分发挥后发优势。

政治领导人的目标一是持续掌权二是在权力不受到威胁的情况下名垂青史。实现这些目标最好的方法就是为其国家带来强劲的、可持续的和包容性的繁荣。正如凯恩斯在其伟大的著作《就业、利息与货币通论》中的最后一句所写道的:"但是,不管好坏,思想,而不是既得利益,才是危险所在。"政治领导人总是有一些自由裁量权,且不一定都受到精英的掌控。在正确的思想指导下,政治领导人将有动机和能力去改变国家的命运。我希望这本在借鉴历史经验与经济分析的同时挑战了公认理论的书,能为所有发展中国家增长潜力的实现和繁荣的求索做出自己的贡献。

## 参考文献

Blanchard, O., and J. Simon. 2001. "The Long and Large Decline in U. S. Output Volatility." *Brookings Papers on Economic Activity* 32 (1): 135—164.

Carlyle, T. 1849. "Occasional Discourse on the Negro Question." *Fraser's Magazine* (December): 670—679.

Chang, H. -J. 2008. *Bad Samaritans: The Myth of Free Trade and the Secret History of Capitalism*. New York: Bloomsbury Press.

Chu, J. 2009. "Rwanda Rising: A New Model of Economic Development." *Fast Company Magazine*, 134, April 2009.

Collier, P. 2007. *The Bottom Billion: Why the Poorest Countries Are Failing and What Can Be Done about It*. New York: Oxford University Press.

Kuznets, S. 1966. *Modern Economic Growth: Rate, Structure and Spread*. New Haven, CT: Yale University Press.

Lin, J. Y. 2009. *Economic Development and Transition: Thought, Strategy and Viability*, Cambridge, UK: Cambridge University Press.

——. 2011a. *New Structural Economics and Policy*. Washington, DC: World Bank.

——. 2011b. "New Structural Economics: A Framework for Rethinking Economic Development." *World Bank Research Observer* 26 (2): 193—221.

Lin, J. Y., and C. Monga. 2011. "Growth Identification and Facilitation: The Role of the State in the Dynamics of Structural Change." *Development Policy Review* 29 (3): 264—290.

Pack, H. 2011. "DPR Debate: Growth Identification and Facilitation." *Development Policy Review* 29 (3): 259—310.

Robinson, J. A., and R. Torvik. 2005. "White Elephants." *Journal of Public Economics* 89: 197—210.

Rodrik, D. 2009. "Industrial Policy: Don't Ask Why Ask How." *Middle East Development Journal* 1 (1): 1—29.

Tollison, R. D., and R. D. Congleton, eds. 1995. *The Economic Analysis of Rent-Seeking*. Aldershot, UK: Edward Elgar Publishing.

World Bank. 1993. *The East Asian Miracle: Economic Growth and Policy*. Oxford, UK: Oxford University Press.

——. 2005. *Economic Growth in the 1990's: Learning from a Decade of Reform*. Washington, DC: World Bank.

——. 2007. *World Development Report 2008: Agriculture for Development*. Washington, DC: World Bank.

# 术语表

**后发优势** 任何国家都可以向更先进的国家学习，是一项减少创新成本和风险的实践。现代经济增长本质上是在技术、产业、社会经济和政治制度方面的连续的结构变迁过程。产业升级和技术创新的后发优势使得发展中国家有潜力比发达国家增长快数倍。

**比较优势** 一个国家可以比竞争者更低的机会成本生产一种产品的情况。这个观点最初由英国经济学家大卫·李嘉图提出，他给出了一个极具说服力的理论例子，即每个国家应该专注于那些它拥有较低机会成本的生产活动。其主要推论是两国之间的贸易会使得双方的真实收入都得到提升。瑞典经济学家埃里·赫克歇尔和伯蒂尔·俄林通过将拥有不同要素禀赋的国家包含在内，从而扩展了李嘉图的概念。它规定国家生产产品和服务，需要将相对丰裕的要素作为投入，从而相比于生产相同产品的其他国家就会拥有更低的成本。举例来说，发展中国家拥有相对丰裕的劳动力或自然资源，但是资本相对稀缺，因此，如果不存在扭曲性政策，劳动力或自然资源的价格应该相对较低，而资本价格相对较高。在这种情况下，在开放的竞争性市场中，发展中国家将在劳动密集型产业中拥有比较优势，而在要求大量资本投入和少量劳动力投入的重工业拥有比较劣势。

**违背比较优势（CAD）战略** 政府的经济发展战略没有遵循由其要素禀赋结构所决定的比较优势的情况。例如，许多发展中国家为达到发展目标而选定的项目，对以资本相对稀缺为特征的经济体而言，太过资本密集了。因为发展中国家的劳动力和自然资源相对丰裕，而资本相对稀缺，所以先进的资本密集型产业与它们的要素禀赋结构并不适应，与它们的比较优势也不一致。结果，企业在一个开放的竞争性市场不具有自生能力。接受了二战后主流发展思想的建议，在20世纪50年代和60年代，许多发展中国家的政府采取了违背比较优势战略（CAD），尽管资本稀缺而非熟练劳动力丰富，仍尝试建立资本密集型产业。这些产业中的企业需要政府对它们的投资和持续经营提供补贴和保护。在最初投资引导的增长时期之后，这一战略在许多发展中国家引起了反复的危机和停滞。

**遵循比较优势（CAF）战略** 发展中国家为扶持那些与由其要素禀赋决定的比较优势相一致的竞争性产业的发展而实施的一系列政策。现代经济增长本质上是一个持续的产业和技术升级的过程。那些选择根据其比较优势来开始发展产业、采用技术的发展中国家，将会在国内外市场上最具竞争力，拥有最大的经济剩余和投资回报，并最快地积累资本。随着资本的积累，国家的要素结构将会升级，从而拥有比之前更丰富的资本，其比较优势也会改变，并要求产业也随之升级。遵循比较优势战略（CAF）是一个国家发展经济的最快方式。为了使企业能遵循经济的比较优势来选择技术和产业，相对要素价格应该反映经济中要素禀赋的相对充裕程度。只有在运行良好的市场中，相对要素价格具有这样的性质。因此，遵循比较优势战略要求政府不仅要维持市场的竞争性，还要克服产业升级过程中固有的协调性和外部性问题。

**荷兰病**　一般来说，是指当发现一种自然资源（通常是石油）使本币升值时，一些经济体中出现的去工业化情形。本币升值使得该国其他产品在出口市场上的价格更不具有竞争力，同时也使得进口产品价格更为便宜。最终的结果就是大大减少制造业产品（和其他国家相比）的竞争力，减少出口，增加进口。这个术语发源于荷兰，当时荷兰发现了北海天然气，随后在20世纪60年代出现经济危机。它的含义在经济学文献中得到了扩展，用来指任何因引起外汇急剧流入而给经济带来负面影响的情形，包括大量的外国援助。

**增长甄别与因势利导框架（GIFF）**　新结构经济学的实施工具。它提出了一种根据一国比较优势来设计和实施产业政策的方法，以最大可能地支持产业升级和多样性，保证经济的动态和持续增长。它的主要特点同时适用于高收入和发展中经济体。对于发展中国家来说，为了实现向新产业的升级和多样化，政府可以遵循六个简单的步骤，这些步骤为政策制定者提供了一个可操作的框架，用来甄别出可能成为该国潜在比较优势的部门，然后通过为先行者消除约束、提供激励来促进私人企业的进入和经营。这一框架认为政策制定者要甄别出在拥有相似要素禀赋且人均收入大约是其两倍的快速增长国家中表现良好的贸易产业。如果国内的私人企业已经存在于这些部门，政策制定者就应该找到并消除影响这些企业技术升级或限制其他企业进入的约束。在那些没有国内企业存在的产业中，政策制定者应该致力于从它们效仿的国家中吸引外商直接投资，或者组织孵化新企业的项目。政府还应当关注国内私人企业发现的新的竞争性产品的发展，并支持对新产业中成功的私人部门创新的推广。在商业环境比较糟糕的国家，经济特区或工业园区可以用来促进企业进驻、外商直接投资和产业集聚的形成。最后，政府还可以通过提供一定期限内的税收激励、共同筹资或土地、外汇使用的优先权来支持新产业中的先驱企业。

**潜在的比较优势** 一国产品的要素成本在一个产业中具有全球竞争力，即在基于其要素禀赋结构的产业中拥有比较优势的情况。然而，因为与物流、交通、电力、官方程序和其他因素相关的交易成本较高，该产业在国内外市场还不具有竞争力。例如，低收入国家应该在劳动密集型产业拥有比较优势，比如服装、鞋类和玩具，这些产业中劳动力是最重要的成本组成部分。然而，由于高昂的交易成本，这些产业很少拥有全球竞争力。增长甄别与因势利导框架为政府协调必要的行为以减少交易成本和帮助私营企业有竞争力地发展潜在比较优势产业提供了实践方法。

**中等收入陷阱** 一个国家很长一段时间无法逾越中等收入状态的情形。世界银行将一国作为中等收入国家的标准是，其人均收入（以核算术语来讲是国民总收入），大于 1 066 美元，小于 12 275 美元。在 1950—2008 年间，世界上只有 28 个经济体缩小了与美国人均收入差距的 10% 或以上。其中只有 12 个不是西方国家或者不是石油或钻石产国。换言之，世界上还有 150 多个国家停留在中等收入或低收入状态。早期通过工业化努力或天赐自然资源走出低收入状态的大多数国家发现就进一步缩小与发达国家的差距而言，它们仍处于一个危险的处境中。

**新结构经济学** 新古典经济学对一国经济结构的决定因素及其随时间而动态变化的原因研究的现代应用。根据新古典经济学的传统，这一领域应被称为"结构经济学"。然而，过去的发展经济学中已经存在结构主义学派，为了与之区别，这一新方法被命名为"新结构经济学"。新结构经济学假定经济的产业结构对内生于它的要素禀赋，要素禀赋在任何特定时间都是给定的，但会随着时间的推移而改变。要素禀赋决定了经济的总预算，而要素的相对充裕程度决定了特定时间上的相对要素价格。新结构经济学的基本信息就是遵循比较优势的发展中国家拥有最优的机会获得全球竞争力，成功升级它的禀赋结构，利用潜在的后发优势，维持产业升级，增加国民收入，创造就业，并减少贫穷。它建议，为了在经济转型中维持稳定，发展中国家的政府在对待扭曲的经济环境时，应当为那些之前在误导性发展政策下建立的优先部门中没有自生能力的企业提供暂时性的保护。与此同时，政府应该放开并促进私营企业和外商直接投资进入该国具有比较优势的部门，从而改善资源分配，实现动态增长。动态增长也会为消除残留的扭曲创造必要条件，并增加社会总福利。这是开放市场的一个过程，同时也为促进新产业的增长提供了政府支持。后者可以通过增长甄别与因势利导框架的六步操作战略得以实现。

**结构主义经济学**　二战后主要由拉美经济学家发展起来的发展经济学早期思潮。这些经济学家强调结构变化的重要性，将其缺乏归因于市场失灵，建议政府通过干预来纠正这些失灵，其中最值得注意的是进口替代战略。很多尝试在发展中国家都失败了，因为它们的目标产业与国家的比较优势相悖；优先产业中的企业在开放的竞争性市场中不具有自生能力；它们的投资和持续经营依赖于政府通过多种扭曲进行的保护和补贴。

**华盛顿共识**　指代在20世纪八九十年代主导发展思想的新自由主义政策以及随后由布雷顿森林体系给出的政策改革的结构调整方案。这些方案鼓励发展中国家政府消除市场扭曲，彻底改革社会计划，避免使用产业政策。标准的华盛顿共识政策处方旨在通过一种"大爆炸"方法同时扫除所有扭曲，以市场资源分配方式替代旧的体系。广泛的改革致力于确保财政纪律、"竞争性"汇率、贸易和金融自由化、私有化以及放松管制——也就是确保在经济发展中政府有最小的参与。虽然华盛顿共识体现了新古典经济学关于宏观经济稳定的广泛原则,但是它却忽略了发展中国家面临的主要政策问题:如何确保政府之前为保证就业和稳定而采用的发展战略所遗留下来的优先部门中大量无自生能力企业的存活,以及如何促进企业进入具有实际或潜在比较优势的产业,从而使得贫穷国家也可以开启产业与技术升级以及结构转型的过程。华盛顿共识的政策处方并不总是能产生预期的或令人满意的结果。

# 译后记

十多天前，北京大学出版社经管事业部负责人林君秀女士打来电话，希望我能帮助翻译林毅夫教授的新作《繁荣的求索》，而且要赶在开学前出版付印。当时我正在外地调研，正打算尽快回武汉后为新学期教学科研做准备。的确，从时间上讲，这不是一个承接此项重任的恰当时机，而且此时我刚得知我申报的2012年度国家社科基金重大招标项目"基于创新驱动的产业结构优化升级研究"中标获批，需要我全力筹划重大课题的相关工作。但由于能有机会第一时间拜读林毅夫教授的发展新作，再加上我意识到这部新作对于普及和推广发展经济学新知识和新方法具有十分重要的意义，于是我答应了出版社的诚意邀约。

得到书稿电子版后，我很快通读了全文，深深被书稿的内容所吸引。在这部力作中，林毅夫教授以通俗的语言和轻松的表达方式，记录了他自就任世界银行首席经济学家兼高级副行长以来探索发展中国家经济发展新方法的思考进程。在书中，林毅夫教授通过借鉴历史和实践经验，结合阐述"新结构经济学"的框架和理念等经济学分析，就发展中国家如何能够发展自己的经济，为那些在求索繁荣、通向富裕中的经济体指出了一条希望之路。因此，本书对于所有学习和研究发展经济学的专业人士、发展政策制定者以及关心世界经济发展的广大民众，都是一本十分难得的佳作。我认为，在阅读本书中有三点重要的体会需特别提出来与大家分享。

首先，发展经济学的理论框架和政策思路需要反思和变革。众所周知，发展经济学自二战以后才开始变成一个独立的经济学分支。这一学科早期的主流发展模式是一种结构主义范式：其目标是把贫困国家的产业结构转变成与高收入国家相似的模式。一般来说，结构主义学者会建议政府采取进口替代战略，通过公共部门的干预来克服"市场失灵"。采用这种方式的国家取得了初期的投资导向型成功，紧随其后的却是反复的危机和停滞。20世纪七八十年代以后，新自由主义华盛顿共识转变为发展的主流观点，其基本主张是私有化、自由化及稳定化，并把发达国家已建立起来的理想化市场体系推介到发展中国家。按照华盛顿共识改革并没有产生理想的结果，一些经济学家甚至将20世纪八九十年代描述为许多发展中国家"失去的二十年"。纵观过去数十年，遵循主流的发展范式，许多国家并未如预期那样走上经济起飞的发展道路，而另一些并不怎么被主流范式看好的国家，却纷纷创造了"经济奇迹"。因此，发展中国家正在呼唤新的理论框架和政策思路。林毅夫教授在这本书中没有简单照搬西方经济学界的主流理论和观点，而是在客观分析的基础上推动发展经济学的反思，提出了全新的新结构经济学，为发展经济学界的研究以及发展中国家和国际发展机构的政策制定指出了一个新的领域和方向。

其次，发展中经济体的发展政策制定要善于从历史、经济分析和实践经验中总结借鉴。在书中，林毅夫教授反复强调了这种观念。他认为："美好的愿望和雄心壮志如果没有适当考虑经济现实将导致工业化和发展的失败。""这样的错误不在于许多发展中国家所仿效的策略的设计和实施，而恰恰在于这些国家的政策制定者所设置的发展目标，与当时各自国家的发展水平和其禀赋结构不一致。"基于许多国家经历的经验教训和经济分析，林毅夫教授得出了新结构经济学的基本主张，他认为："一个经济体的禀赋及其结构在每一个特定的发展阶段是给定的，并随发展阶段不同而不同，因而经济体的最优产业结构也会随发展阶段不同而不同。"不符合比较优势的战略注定要失败。"在每个给定的发展阶段，市场是配置资源最有效率的根本机制。此外，政府还必须在发展过程中发挥积极而重要的协调或提供基础设置改进以及补偿外部性的作用，以促进产业的多样化和升级。"写到这里，我不禁联想起二十多年前，张培刚教授在倡导新发展经济学时，也曾主张：必须从社会经济发展的角度探根溯源，必须从发展中国家本国国情出发，制定发展战略。可见，从历史、理论分析和经验总结中吸取养分是多么重要！

最后，发展研究和政策制定的宗旨就是"建立一个没有贫困的世界"。我们知道，发展经济学的基本使命就是挑战贫困，帮助世界各国实现持续的动态增长以消除贫困和实现繁荣。对于身处发展中国家的学者，我们更应该担负起这种使命。在阅读本书的过程中，我始终能感受到这种责任和情怀。正如林毅夫教授在第二章中所言："我一直认为，一个人应该像李冰一样，为自己所生活的那片热土做一些促进繁荣、惠及千秋万代之事；作为一个知识分子应该像王阳明一样，拥有独立思考和知行合一的能力，并且即使在逆境之中也要为人民的利益而努力奋斗。这些努力为人生目标赋予了良好的含义。"林毅夫教授在世行上任的首旅就是非洲，而且4年间去了14次，是世行历任首席经济学家中去得比较多的，其目的就是践行世界银行倡导全球"零贫困"的目标。正是在这种强烈的责任感和使命感的驱动下，新理论和新方法的探讨才有其意义和价值。我想，这是广大发展研究者和政策制定者都应该始终铭记在心的。

本书的翻译包含了许多人的努力。在初译稿提供方面，王红建（第一、十章），程文（第二章），王丰阁（第三章），涂涛涛（第四章），李慧君、左月华（第五章），郑文（第六章），蔡正喆（第七章），盛长文（第八章），戴静（第九章）克服各种困难在很短的时间内完成了初译工作，然后由我和去年留美归国的赵洪春博士分别修改校正或者重译；另一方面，出版社委派责任编辑郝小楠等同志流水作业，直接加入到编校环节，她们在许多细节处理特别是与林毅夫教授同步出版的其他作品的文字表述风格统一方面发挥了重要作用。最后，我又通校审定全文。应该指出，由于时间紧迫，翻译、修改和校对的艰难超出了我们的预想，包括我在内的好多人数日熬夜奋战，在大家共同努力下终于能在短时间内完成了任务。在此，我向各位表示真诚的感谢！

最后需要说明的是，虽然我们尽力校译，但由于时间和精力所限，仍然可能存在不足之处，敬请广大读者批评指正！

张建华

华中科技大学张培刚发展研究院

2012年9月1日于武汉